U0965891

中学生心理健康教育主题课程设计系列丛书

主编　蒋薇美

中学生心理课
综合篇

中学生心理课综合篇教研组　编著

中国轻工业出版社

图书在版编目（CIP）数据

中学生心理课. 综合篇／中学生心理课综合篇教研组编著. —北京：中国轻工业出版社，2015.2（2021.1重印）
（中学生心理健康教育主题课程设计系列丛书）
ISBN 978-7-5184-0185-7

Ⅰ. ①中…　Ⅱ. ①中…　Ⅲ. ①中学生－心理健康－健康教育　Ⅳ. ①G479

中国版本图书馆CIP数据核字（2014）第298780号

总 策 划：石　铁
策划编辑：阎　兰　　　　责任终审：杜文勇
责任编辑：阎　兰　　　　责任监印：刘志颖

出版发行：中国轻工业出版社（北京东长安街6号，邮编：100740）
印　　刷：三河市鑫金马印装有限公司
经　　销：各地新华书店
版　　次：2021年1月第1版第5次印刷
开　　本：710×1000　1/16　印张：24.25
字　　数：183千字
书　　号：ISBN 978-7-5184-0185-7　定价：52.00元
读者热线：010-65125990，65262933　传真：010-65181109
发行电话：010-85119832　传真：010-85113293
网　　址：http://www.chlip.com.cn　http://www.wqedu.com
电子信箱：1012305542@qq.com
如发现图书残缺请与我社联系调换
141429Y2X101ZBW

本书编者

陈瑾瑜　楚冬梅　丁　蓉　姜企华　李雪梅
刘诗薇　马晓燕　乔　岩　沈　慧　王　磊
王栓柱　魏超波　吴俊琳　徐　枫　杨红梅
杨　艳　姚　俊　张　莹
（以上姓名按拼音排序）

总　序

《中小学心理健康教育指导纲要（2012 年修订）》指出心理健康教育的总目标是：提高全体学生的心理素质，培养他们积极乐观、健康向上的心理品质，充分开发他们的心理潜能；促进学生身心和谐可持续发展，为他们健康成长和幸福生活奠定基础。而“利用地方课程和学校课程开设心理健康教育课”是开展心理健康教育的重要途径，“心理健康教育课应以活动为主”。

如何利用学校的课堂阵地对学生进行心理健康教育指导，如何提高心理健康教育课的质量已成为急需解决的问题。《中学生心理健康教育主题课程设计系列》是教师们近 20 年的实践探索经验和成果的总结。

《中学生心理健康教育主题课程设计系列》的编写，以中学生成长发展的特点和需求为基础，重点围绕自我意识、人际交往、学习适应、情绪管理、生涯规划和生命意识等方面而展开，形成了《情绪辅导》、《生涯发展》和《综合篇》共三本系列丛书。参与本系列丛书撰写的作者，大多数都是心理学专业毕业的、学校心理健康教育的专职心理教师。他们对中学生的心理特点与需求、对青少年成长过程中可能遇到的困惑和问题，有深入详尽的了解，有具体有效的指导，从而积累了丰富的经验，形成了创新的课例。该丛书的出版凝聚了教师们的睿智和辛劳，是集体智慧的结晶、实践成果的汇集、教改成效的展现。

一堂优质的心理健康教育课，不是落实知识的清楚讲授，而是追求学生的感受强烈；不是强调学生的认真听讲，而是引导学生的积极参与；不是检查学生的认知掌握，而是促使学生的思考感悟；不是根据老师的主观设计，而是符合学生的需求兴趣。因此，一堂优质的心理健康教育课要体现的是目标的清晰、内容的贴切、方法的适合、氛围的感染、心灵的触动。而这一切在丛书的编写中，都表现得淋漓尽致，希望能对教师们有所帮助和启迪。

丛书围绕各个专题，分别从教学背景、教学设计、教学反思、教学建议和教学资源方面提供了详尽的内容。

在“教学背景”中，重点介绍分析了学情，根据中学生的心理特点和现状，提出了一些学生的困惑和需要解决的问题；“教学设计”部分提供了较为详细的教案，这些教案都在实践运用中取得了较好的效果，每个教案都包含教学目标、教学对象、教学准备和教学过程几部分，具有可操作性的特点，供教师选择和运用；“教学反思”总结了教师在上课中的感受和发现，提出了本教案的亮点与不足之处，提供教师思考和借鉴；“教学建议”的主要内容包括重点活动把握和实施建议说明，旨在让教师在备课过程中，对目标有清晰的了解和定位，对活动的开展有明确的思路和把握；“教学资源”部分是结合专题的内容、活动的开展，摘录了一些供老师和学生课堂运用的资料、故事、阅读书目等共享资源，希望能给老师有效的帮助。

建议教师在使用本丛书时，紧密结合本校学生的特点和实际需求，有选择地使用，切忌生搬硬套，更希望有自己的创新。希望通过本丛书的阅读和使用，能利于教师的学习和提升，观念的更新和把握；能利于教师清晰理解编写意图，提升心理课的质量和效果；能利于教师熟悉学生的心理特点和需求，提高心理课的针对性和有效性；能利于教师准确把握活动的意图和目标，规范操作提供的各种活动。

本丛书作者对心理健康教育课的实践和研究，始于20世纪90年代中期。近20年的探索，他们经历了一个漫长而艰辛的摸索过程：从对心理健康教育课的“一无所知”到“理解透透”、从心理健康教育课教材的“一片空白”到“硕果累累”、从对心理健康教育课教法的“一知半解”到“经验多多”。作者愿意借此丛书的编写出版，与大家分享我们的感受与体会，提供我们的经验与成果，希望能对教师们有所启发和帮助。

作者实践和探索还在继续，还要深入。作为一门新的课程研究，作者还有许多不足的地方，需要去提高。由于时间仓促，水平有限，会有不尽如人意之处，恳请学术界前辈、专家和同行批评指教。

蒋薇美

2014年10月于上海

目　录

第一部分

学习心理辅导

导 言

在青少年成长的过程中，学习是他们极其重要的任务。可是由于种种原因，因为学习而产生的一系列问题，却渐渐成为让学校、孩子及家庭困扰的问题，使学习不但不是一件愉快的事，反而成为巨大的压力和负担事件。李金钊（2003）对上海市800多名初一至高三的学生进行调查表明，目前中学生心理压力排名为：学习压力是最大的压力源，然后依次为自身压力、教师压力、同学朋友压力、父母管教方式压力、社会压力及家庭环境压力。有研究者对上海市4649名中小学生的心理现状进行调查，结果表明：中小学生亟待需要心理辅导的问题，居前十位的是：学习动机不正，学习习惯不良，学习能力不够，注意力障碍，自控能力差，自我中心，耐挫力低，学习焦虑，自卑和社交退缩。其中与学习有关的心理问题有七项，这也验证了困扰学生最多的是学习心理问题。

的确，作为学校的心理辅导教师，我们常常被家长问到的问题是：老师，我家孩子学习成绩不好，怎么办？被老师问到的问题是：这个学生对学习没有兴趣，怎么办？在心理辅导室，我们常常听到孩子们问：为什么我学知识，总是那么累呢？我怎样可以考得更好呢？

那么，学习心理辅导能够怎样帮到学生？它并没有教给学生ABC、123，但是它指导学生如何更好地记住ABC，更好地理解123，更有效地听课、学习，更好地面对成功和失败，更好地自我激励。从这个角度上说，学习心理辅导可能比学科家教更有发展的价值。它不仅能帮助学生更好地适应学校学习生活，还是促进青少年学生身心健康发展的必要条件，还有助于培养学生终身学习的能力。

第一章

我学习的理由

【教学背景】

从开始上学就有一个问题一直困扰着我们：为什么要学习？刚开始觉得学习是为了去学校和同学们一起玩耍。后来随着年龄渐渐长大，又认为学习是为了赢得老师的表扬。再后来，觉得学习是为了赢得同学们的羡慕的目光。再再后来，又发现自己是为了家长在学习。从进入中学开始，对为什么学习又产生了新的理解——开始真正认识到学习是为了自己，是为了学到更多的知识，是为了将来的事业打基础……

为了清楚了解现在学生的学习动机、意志力、能力、方法等现状，我们进行了以下调查：

调查形式：教师访谈、学生访谈及学生调查问卷。

调查内容：学习动机、方法、意志力、情感、价值观以及现状。

访谈及问卷统计分析情况：

（1）就学习动机而言，约有 60% 的学生表现出具有一定的学习动机，其中近 20% 的学生表现出有较强的学习动机。

（2）就学习意志力来说，约 80% 的学生认为，需要努力学习，但仅有 20%

的学生表现出具有一定的意志品质，并且这种意志品质在诱惑面前也是值得置疑的。这也是本次调查中暴露的学生问题最突出的部分。

（3）在学习方法上，有 40% 的学生认为掌握较好的学习方法，其中有近 30% 的学生会对自己的学习方法进行反思。

（4）从情感、价值观来说，很多学生认为现在认真读书、考好学校，将来可以找到好工作；部分学生过于功利将学习等同于生存攒钱的手段；还有部分学生提到喜欢学习，学习可以增长知识，提高自身素养。

（5）预备年级有约 95% 的学生，高一年级有约 50% 的学生认为，师长的教育督促对学习有促进作用。

从初、高中起始年级的调查对比中亦可以发现，随着年龄的增加，持有为自己学的动机的学生比例明显增大。故在低年级开始寻找并明确自己学习的理由是很有必要的。因此，本节课由视频片段导入“动机会影响人的行为”，故事讨论分享，引导学生思考内在学习动机与外在学习动机对学习行为本身的推动作用哪个更大，接着借用打分活动，引导学生去探索自身的学习动机是什么，从而思考自己的学习动机带给自己的影响，进而更深入地体会和明确自己的学习动机。

【教学设计】

教学目标

(1) 知道动机影响人的行为；

(2) 了解动机类型对行为的影响；

(3) 了解自身学习动机。

教学对象

初中一年级

课前准备

(1) 视频《功夫熊猫外传——虎妞的故事》剪辑；

(2) 每个学生一大一小两张彩色卡纸；

(3) 教师讲课 PPT 制作。

教学过程

（一）视频导入，引出话题

播放《功夫熊猫外传——虎妞的故事》视频（约 3 分钟）。

师：虎妞跟师傅学功夫的理由是什么？

生 1：没有人要跟她玩。

生 2：大家都怕她，没人喜欢她。

生 3：她力气太大，爪子又锋利。

生 4：别人都叫她怪物，她很自卑。

生 5：师傅说虎妞只是个小姑娘，虎妞需要重新认识自己，树立自信。

师：啊，虎妞希望大家都喜欢自己，能跟大家做朋友一起玩耍。那虎妞要学会控制自己，那虎妞学的过程是怎样的呢？

生 1：一开始老是出错，骨牌一抓就碎。

生 2：但虎妞没有放弃，耐心地跟师傅学，慢慢地就越来越好啦。

生 3：虎妞想着要成为大家的朋友，日复一日，月复一月……一直坚持到能控制自己……

师：虎妞因为大家刚才说的这些理由，认真努力地练习，终于跟师傅学成功夫，改变了自己，成为了大家的好朋友。这些理由就是动机，心理学家把能使人动起来的力量称为动机，也就是不论我们做什么事情都有自己的需要，自己的理由。

PPT：凡事都有理由，有理由支持的事，才能做得好、做得长久。

（二）故事分享：寻找理由（内部、外部动机）

1. PPT 小故事

孩子在为谁而玩

有一位喜欢安静的老人住在郊外，他的房屋旁边有一片美丽的草坪。有一段时期，一群孩子每天都在这草坪上踢足球，他们笑啊、闹啊，极大地影响到老人的安静生活。于是老人苦思冥想，希望把这些调皮的孩子赶走。老人用了很多方法，如好言相劝、威吓等，但都无济于事，孩子们每天都按固定的时间来这儿踢球，毕竟这片草坪太好了。

有一天，老人灵机一动，想出了一个方法。老人笑嘻嘻地对孩子们说："孩子们，欢迎你们每天来这儿踢球，我非常喜欢，我觉得自己也变年轻了。这样吧，为了感谢你们每天来这儿踢球，我每次给你们每人 10 元钱作为感谢。"孩子们很狐疑，但这是真的。老人果然给他们每个人 10 元钱。

孩子们很高兴，第二天又来了，一如既往地嬉笑、踢球。老人又出来了，说："很遗憾，我这段时间经济有点紧张，我只能给你们每人 5 元钱。"5 元钱也能凑合吧，孩子们还是兴高采烈地走了。

第三天，老人又说："孩子们，我最近比较穷，我只能给你们每人 1 元钱了。"小孩子一听就不高兴了，才一元钱，太少了。他们拿了钱，踢了一小会儿就走了。

第四天，来的孩子更少了，他们都愤愤不平："这老头太抠门了，我们这么辛苦地为他踢球，可他给的钱却越来越少。我们为什么要那么卖命地为他踢球啊？"

后来，没有一个孩子来踢球了，他们都忘了最初来这儿踢球是为了什么。只有老人独自偷偷地高兴，草坪上终于恢复了安静。

2. 小组讨论，推荐分享

听完了这个故事，请大家分组讨论一下，这个故事的寓意是什么？

孩子们起初是为谁而玩，玩的动机是外部的还是来自内心的？

后来是为谁而玩，发生了什么变化呢？是什么影响了这些孩子？

师评：在这个寓言中，老人的算计很简单，他将孩子们发自内心的理由“为自己快乐而玩”变成了外部的“为得到钱币而玩”，而他操纵着“钱币”这个外部因素，所以也操纵了孩子们的行为，达到了自己的目的。

能使人动起来的力量即人的动机分两种：内部动机和外部动机。如果按照内部动机去行动，我们就是自己的主人。如果驱使我们的是外部动机，我们就会被外部因素所左右，成为它的奴隶。如将外部评价当作参考坐标，我们的情绪就很容易出现波动。因为，外部因素我们控制不了，它很容易偏离我们的内部期望，让我们不满，让我们牢骚满腹，甚至明明是对自己有益的事也不愿再做。

结合我们自己或身边的同学，大家想一想，我们是在为谁而学习呢？

当然或许我们小的时候学习动机往往来自于他人，可是随着年龄的增长，我们的学习动机越来越多地来自于我们自己。

3. 头脑风暴：随机采访大家学习的理由

（老师营造气氛，说明动机并没有什么好坏之分）

师：在上课之前，老师做了个小范围的调查，收集了一些同学们的学习理由，跟刚才大家说得差不多，现在请大家来为这些学习的理由打打分。

（三）活动体验，理清理由

1. 讨论活动：为自己的学习理由打分

请给下面各种理由做 1—9 的打分，最好的，能产生动力最高、最长久的给 9 分；最糟的，不能产生动力或动力维持时间最短的给 1 分。分值越高说明动机越强，能很好地促进学习。

逐条出示，请学生打分并说明理由。

（1）让家长满意。

生 1：7 分；因为希望家长能开心。

师：大家差不多是这个分数吗，有没有不同意见？

生 2：我觉得只能给 4 分，有时候老是达不到家长的要求，我就不想学啦。

师：是认为为家长学，比较被动，学得不顺利的话，容易产生厌烦。

大家都发表了自己的意见，两个分数都有自己充分的理由，我们继续来看。

（2）将来能有好工作（略）。

（3）考上大学（略）。

（4）考上满意的大学（略）。

（5）学习本身就很有意思（略）。

（6）我喜欢多学些知识，成为一个知识丰富的人（略）。

（7）实现我理想的必由之路（略）。

（8）得到老师的赞扬 。

生 1：8 分；

生 2：我只给 2 分，如果得不到，是不是可以不要学啦？

师：能得到当然好，良性循环可以令动力自动增加 ，但确实也需要注意，如果一时得不到的话要怎么办呢？

生 1：不懈气，继续努力！

生 2：自己鼓励自己。

生 3：朋友的肯定也很重要。

（9）争取好成绩，好成绩带来的荣誉让人有好感觉（略）。

（10）令自己在人际交往中更有实力，更有信心（略）。

（11）读书是为自己，我自己要读书（略）。

（12）不来读书我也没地方去（略）。

（13）读书是改善境遇的方式（略）。

（14）其他你所能想到的理由（理由动力分值——自己评定——说明）。

师：老师也请有关的专家和老师替这些理由打了个分，给大家做参考。

学习的理由	评估值	说明
让家长满意	3	被动消极，易厌烦
将来有个好工作	3	没有深切的感受
考上大学	6	直接的理由，有行动则更好
考上满意的大学	8	动力大，也有压力哦
学习本身有意思	9	兴趣是良性理由
我要成为知识丰富的人	9	主动积极
实现我理想的路	9	有长远目标
得到老师的赞扬	5	成绩好不等于人际交往好
好成绩带来好感觉	6	没有荣誉会怎样
令自己在人际交往中有信心	4	绝对的吗
读书是为自己，我自己要	9	学习是自觉的事情
不读书也没地方去	1	上学成了消磨时间
读书是为了改善境遇	9	有动力也有压力
其他	自评	

（四）心灵语思：我的理由

1. 请大家根据刚才讨论的内容，尽可能多地整理自己学习的理由，要求理由具体、明确，在语思本上记录下来；

2. 可自定，也可请朋友和家长协助寻找或给出诚恳建议，确认最有自己特色、能最有效加强自己学习动力的理由 1 ~ 3 条，制作成一大一小两张提示卡片，小的放在铅笔盒里，大的放在家里，下节课展示（实物或照片都可）。

（五）结语

小故事：

有一个人工管理的道口傍晚时分发生了重大的交通事故，有关单位开展调查。调查人员向巡守员问了三个重要的问题：

“火车到达时是否在场执勤？”

巡守员回答：“依照规定，在场执勤。”

“是否提起警示灯左右摇晃警告来车？”

巡守员回答：“警示灯确实左右摇晃。”

“警示灯点燃了吗？”

此时巡守员犹豫了。

巡守员一切依规定办事，但是他忘了点燃警示灯。

与其说是需要一盏点亮的灯，倒不如说是需要一颗点亮灯的心。

学习也是如此，我们不缺智慧，我们需要点亮学习的心——点亮你心中的阿拉丁神灯吧。

希望我们每个同学都能找到那个最适合自己的理由，别忘记了现在我们同样坐在教室里学习，但不同的动机就会有不同的人生远程。

温馨提示：为中华崛起而读书。——周恩来

【教学反思】

对“我学习的理由”的探索和明确，是学生整体发展的需要、成长的需要和现实的需要。本课在设计上通过电影视频、小故事以及打分活动等探讨了动机对人行为的影响，引导学生思考：内在学习动机与外在学习动机对学习行为本身的推动作用哪个更大？进而引导学生去探索自身的学习动机是什么，思考自己的学习动机带给自己的影响，尝试明确和调整自己的学习动机，并在日常生活中进行学习动机的自我策动实践。

从教学效果上来看，熟悉又陌生的视频引用，成功地激发起了学生讨论的热情；“为谁而玩”的寓意剖析，很好地引发了学生的思考；特别是在“为理由打分”环节，出现意见分歧时，由不同意见的学生在相互探讨中进一步澄清并达成了群体共识，对个体行为产生的影响在后期课外延伸的动机策动反馈中得到很好的反映。但在最初进行理由的逐条讨论后即时出现专家意见后，学生的关注点会转移为自己的打分是否符合权威，而放弃自己个性的独立思考，这在以后的活动设计中应该引起我们的注意。

【教学建议】

为更能切合学生实际需求，上课的内容素材可有所替换和选择。

1. 视频导入活动可替换为故事导入

故事导入：我们知道使机器动起来的是人，那使人动起来的又是什么呢？接下来请大家听个小故事。

有一位董事长去巡视一条铁路，这时一位工人拿着铁锹远远地从前面跑起来，兴奋地说：你记得30年前，我们一同拿着铁锹修铁路的往事吗？没想到30年后你已经是一个事业有成的董事长，然而我还是一个铁路工人。说完不好意思地笑了。

董事长凝视着铁路，手高举着工人带来的铁锹充满感慨地说："当年我们同样为了每天30块钱而辛苦工作。不同的是，我在拿铁锹的同时已经看到了人生的远程。"

那大家思考一下是什么原因使得30年前一样的工人，30年后的境遇却不一样呢？或许我们今天一样坐在这里读书，可20年后或许我们每个人的道路也都不同。

心理学家把能使人动起来的力量称为动机，也就是不论我们做什么事情都有自己的需要。

2. 有关动机类型讨论可由假想活动和小测试替换

请大家和我一起做个假想活动：我想让大家都跑800米，现在你们告诉我你会跑吗？为什么？如果我说要是参加跑的有奖励、不跑的要受到惩罚呢？

大家列出来的原因各不相同，有些人是本身就愿意跑的，因为可以锻炼身体、因为我想拿第一、因为……当然也有一些人是因为我说有奖励有惩罚才愿意跑的，可还有人说无论怎么样我也不愿意。

由此可见，让人动起来的原因也是有差别的。换句话说动机是可以分成不同类型的，分为内部动机和外部动机，那你是属于哪一种类型呢？

小测试

(1) 在学校游戏中人们提供你两种角色，你会选择哪一个（ ）

A. 主角，非常光彩，很多人注意

B. 一个不显眼的角色，但是会让你使用很多演技

(2) 你被提供两种工作，你会选择哪一个（ ）

A. 薪水高的工作

B. 你真正喜欢的工作，即使报酬并不高

(3) 你必须从两门课程中做选择，你会选择哪一门（ ）

A. 容易的课程

B. 更有趣、更有挑战性的课程

(4) 这一学期中你至少要读一本书，你会选择哪一本（ ）

A. 从老师给的书目中挑一本

B. 从自己的书橱中挑选一本同样厚的书

(5) 两个人都邀请你，你会选择哪个人（ ）

A. 一个最受欢迎的人

B. 一个更有趣味但是不那么受欢迎的人

(6) 你觉得自己从哪里学到的东西更多（ ）

A. 从你能够得到优秀的课程中

B. 从你感兴趣的课程中

(7) 在决定运动项目时你会选择哪一种（ ）

A. 在运动项目结束后给最好的运动员颁发奖状的项目

B. 自己觉得有趣味的项目

(8) 哪一种情况下你会感觉不错（ ）

A. 打扫自己的房间，以便得到零用钱

B. 因为愿意而去打扫房间

(9) 总的来说在你做决定的时候什么比较重要（ ）

A. 外表

B. 意义

(10) 一般来说你对什么更感兴趣（ ）

A. 数量

B. 质量

计算A的个数__________B的个数__________

8个或以上的A是外部动机型，说明你很在意别人对你的想法。

8个或以上的B是内部动机型，说明你很在意自己的想法。

当然，或许我们小的时候学习动机往往来自于他人，可是随着年龄的增长，我们的学习动机越来越多地来自于我们自己。

3. 关于学习理由的评分

在本课时的教学实施中，笔者观察到学习理由的打分环节，是否出现、何时出现专家意见值得商榷。对学生个体而言，只要能激发其学习的动力，并能持久保持的理由就是其高分理由。

4. 尾声替换材料：两匹马力的凯迪拉克

几年前在俄克拉何马州的土地上发现了石油，该地的所有权属于一位年老的印地安人。这位老印地安人终生都在贫穷之中，一发现石油以后，顿时变成了有钱人，于是他买下一辆凯迪拉克豪华旅行车和一顶林肯式礼帽，结了蝴蝶领带，并且抽一根黑色大雪茄，这就是他出门时的装备。每天他都开车到附近的小俄克拉何马城。他想看每一个人，也希望被每个人所看到。他是一个友善的老人，当他开车经过城镇时，会把车一下子开到左边，一下子开到右边，来跟他所遇见的每个人说话。有趣的是，他从未撞过人，也从未伤害人。理由很简单，在那大汽车的正前方，有两匹马拉着。当地的技师说那辆汽车一点毛病也没有，这位老印地安人永远学不会插入钥匙去开动引擎。汽车内部有一百匹马力，而现在许多人都误以为那辆汽车只有两匹马力而已。心理学家告诉我们，世界上绝大多数人都和那辆汽车一样，我们所用的能力跟我们所拥有的能力相比，比值大约是2% ~ 5%。

找到并明确自己学习的理由，去发动你自己的凯迪拉克吧。

（徐枫　著）

第二章

兴趣是最好的老师

【教学背景】

1. 厌学：对学习不感兴趣

在学校中经常会接触到一些学习困难、学习适应不良的孩子，他们或是某门功课，或是某几门功课成绩不好，去询问原因的时候，孩子会很自然地告诉你，他对这门功课不感兴趣。对学习不感兴趣是有厌学情绪孩子的共性。

厌学的成因可能很复杂，可能和个体的成长经历、家庭背景、环境因素等有着千丝万缕的联系，甚至和考试制度也密切相关。学生的厌学自然成为教育无法回避与必须要深入研究与解决的问题，这也就引发了基础教育的诸多教育改革、教育研究、教师不断改进自身教学行为、现代教育技术的运用等，殊途同归，都是为了改善学生的厌学情绪，能够让学生更快乐、更主动地学习。但综合以上因素，我们所做的关注得更多的是外在因素，从利于学生成长的角度来说，我们也需要关注学生的内在因素，也需要让学生理解到学习兴趣的影响及如何培养学习兴趣。

2. 我感兴趣的与我擅长的

做自己想做的事情虽然是个理想选择，但我们经常会遇到我们不得不做的事情，这个时候，我们如果说我对这个事情不感兴趣，的确可以缓解我们的焦虑与担心，我们可能会不那么害怕与担心那个结果，但是也容易把“不感兴趣”作为一个挡箭牌，作为一个可以原谅自己的借口与理由，作为草草应付、不全力以赴的说辞。我们也有自己擅长的项目，投入完成这些事情，我们会觉得得心应手，其结果也大多是或者顺利完成，或者高质量完成，基于这样的结果，我们也更容易收到来自别人的肯定，也更容易获得自我成就感。但是考量我们所擅长的那些项目，刚开始的时候未必是我们所感兴趣的，或者是父母的要求、或者是不得不做的事情，但是当我们在其中体验到一定的成功感后，当我们投入自己大量的心血的时候，或许我们也开始渐渐地对它产生了兴趣。基于此，我们可以发现我感兴趣的与我擅长的两个部分是相互影响，可以互相转化的。

3. 初中生相应心理特点及需求分析

随着年龄的增长、生理心理的成熟、学习内容的变化等因素的影响，初中生在学习兴趣方面呈现了一些特点：首先，他们的兴趣有了一定的扩展，会对周围的很多事情和知识都产生不同程度的兴趣，他们的兴趣极为广泛；其次，相比于年幼的儿童，初中生的学习兴趣有了更明确的选择性与分化性，他们比较清楚地知道自己的学习兴趣，对有兴趣的学科有更大的主动性，但是学习兴趣依然受到老师、学科难度、自己学业表现等因素的较大影响；最后，年龄较小的儿童受材料的新异性、直接感觉到的趣味性影响更明显，但是初中学生变得更能从比较抽象与深层的思维活动中获得乐趣。但是同时我们也必须注意到，初中生的学习兴趣还存在一定的实用性和浅层性，受教师、环境、激励、自我表现等方面的影响还存在，所以学校教育中还是应该注意对这些因素的改善与运用。

兴趣是人对客观事物的选择性态度，它表现为人力求认识和获得某种事物，并且力求参与相应的活动。也可以说，兴趣是人对事物的一种认识倾向，是价值观的初级形式。兴趣通过情绪反应来影响一个人的行为积极性，即凡是从事自己感兴趣的学习和工作，人就会觉得心情舒畅和愉快，效率也较高；相反，如果从事自己不感兴趣的事，则可能心理动力不够，缺乏激情，效率也较低。一般来说，兴趣具有倾向性、广阔性、持久性等品质。兴趣的倾向性，即对什么发生兴趣；兴趣的广阔性，即兴趣的范围；兴趣的持久性，即兴趣的稳定程度；兴趣的效果性，即兴趣的力量。

我们耳熟能详的那句名言“知之者不如好之者，好之者不如乐之者”，它是出自《论语》，可见关于兴趣对学习的影响很早就有人关注。教育家赫尔巴特也提出，发展广泛的兴趣是教育的主要目标之一，并且认为主要是兴趣引起对事物的正确的、全面的认识，它导向有意义的学习，促进知识的长期保持，并且为进一步的学习提供动机。

基于以上的现状和原因，我们认为对初中学生进行激发兴趣的引导就显得尤其必要和重要。本专题就试图通过活动，让学生了解兴趣的作用及影响兴趣的因素，从而激发对自身学习兴趣的探索，努力培养学习兴趣。

【教学设计】

教学目标

(1) 知道兴趣对学习的影响作用，激发学生的学习兴趣。

(2) 知道影响兴趣的因素，发挥个体主观因素。

(3) 讨论并形成培养学习兴趣的科学方法。

教学对象

初中一年级学生

课前准备

(1) 小故事准备；

(2) 每一个学生一份任务表单；

(3) 教师讲课多媒体教学课件制作。

教学过程

（一）导入：讲故事

1. 教师讲故事

有这样一个故事，三个人正在一起盖房子。有人问他们："你们在干什么？"第一个人回答："我在挣钱。"第二个人回答："我在盖房子。"第三个人回答："我在建造一座人间最美的建筑。"后来，第三个人成了著名的建筑家。

2. 教师提问，学生回答

师：这个故事给你什么启发？导致三个人成就各不一样的因素是什么？

生 1：这三个人对于盖房子的态度不一样，第一个人的态度认为造房子只是为了挣钱，第三个人对于造房子的态度就更好一些。

师：嗯，有自己的见解，非常好，那在这样不同的态度之下他们有什么不一样的吗？

生 1：可能他们盖房子时的状态就不一样了，第一个人可能就觉得只要做好该做的就好了，就不会想其他的，对于一些有难度的事情，能应付过去就好了，但是第三个人可能就会想很多主意，包括设计之类的。

师：那他们怎么就对盖房子产生不同的态度呢？

生 2：可能第三个人他本身就喜欢这件事情吧。前面两个人对盖房子本来也就不喜欢。

师：那我们一般把是否喜欢做某件事情会叫做什么呢？

生：兴趣。

师：看来，兴趣确实是最好的老师，是引导我们走向成功的关键因素。

（二）找不同

1. 教师出示两张图片

请学生猜哪张图片中的主人公在做自己感兴趣的事情。（两张图片分别为：一张是聚精会神、情绪振奋的主人公；一张是垂头丧气、左顾右盼的主人公。）

2. 结合自己的实际经验，小组讨论

这两张图片的主人公在做事情的时候还有哪些不同之处。

说明：讨论过程中教师可以提醒学生从更开阔的视角去思考，比如做事情前的准备、做事情前的信心状况、做事情时候的心情感受、做事情的时候遇到挫折、做事情的时候遇到阶段性失败、做事情的结果等角度深入讨论。

3. 小组讨论，课堂交流

说明：在学生发言的时候，教师要适当进行板书。

师：说说你们小组找到两幅图还有哪些不同吗？

生 1：我们觉得人更愿意做自己感兴趣的事情，愿意花时间，也愿意动脑筋。当做不感兴趣的事情的时候，会不愿意做，希望早点结束。

生 2：做自己感兴趣的事情的时候会很开心，时间不知不觉就过去了，但是如果对做的事情不感兴趣，那个时候会很厌烦，会觉得难受，恨不得时间赶紧过去。

生 3：做感兴趣的事情，如果遇到难的、有挑战的地方，也愿意动脑筋想办法，然后克服难题。但是如果那是我不感兴趣的事情，遇到我解决不了的状况，我会更觉得烦躁，也就不太愿意想办法了。

生 4：自己感兴趣的事情，也更容易最后把它做好吧，要是自己不感兴趣的事情，有时候也不一定能做好，即便做完了，好像也没那么高兴与兴奋，就觉得没办法，必须要完成。

生 5：我们更愿意做自己感兴趣的事情。这个时候我们会感觉很开心，也会尽力做好。

生 6：我们也更容易做好自己感兴趣的事情。有时候我们对自己能做好的事情会更感兴趣。

师：看来，当我们做自己感兴趣的事情时我们会更投入，也会更容易做好，我们也会对自己更容易做好的事情产生更大的兴趣。

（三）我的兴趣我知道

1. 兴趣温度计

教师请同学们把目前的学习科目按照自己感兴趣的程度，在“兴趣温度计”上面标示出来，越感兴趣的科目温度越高。标示好之后，同学间相互交流。

2. 小组讨论

请同学们讲述自己最感兴趣的科目，为什么对这些科目感兴趣，以及这些兴趣是怎样培养出来的。

师：你感兴趣的科目是什么？当时是出于什么样的原因对这个科目感兴趣？

生 1：我最感兴趣的科目是语文，从小时候开始，我就比较喜欢看书，各式各类的书我都会看的，后来我的作文也写得挺好的，所以就越来越对语文感兴趣。

生 2：我感兴趣的科目是历史，因为历史老师上课的时候会讲很多历史故事，很有趣的。

生 3：我最感兴趣的科目是地理，主要是这些内容很有意思，老师会讲很多个国家、很多有趣的自然现象等。

生 4：我对数学感兴趣，每次解出一道很难的题目，我都会觉得很开心。

生 5：我对英语感兴趣，因为我英语成绩还可以，其实以前我不大喜欢英语的，后来有一次居然考试考得还可以，老师也夸奖了我，我就觉得其实英语我还是能学好的，慢慢地就越来越喜欢英语课了。

生 6：我对体育课感兴趣，觉得很轻松。

生 7：我对科学课感兴趣，因为可以动手做实验。

师：从大家的发言中，我们可以发现引起我们对某个学科产生兴趣的因素很多，有老师很幽默、这个学科很有意思这些外在的因素，也有我比较擅长这个科目、我自己的理想等这些我们自身的因素，由此可见，兴趣其实也是可以培养的。

（四）案例讨论

案例

丁丁是初一学生，其他学科的功课都比较优秀，但是数学是他觉得最头疼的科目，他觉得数学学起来很难，而且数学老师也相对比较严厉，所以他觉得他对数学一点儿兴趣都没有，每次数学课上，他虽然还不大敢睡觉或者做其他事情，但经常是神游太虚，做数学作业的时候，也大多做做样子、草草应付。数学老师也对他觉得很无奈，经常说丁丁其他功课能学得好，怎么就数学学不好呢？丁丁对此的解释就是，没办法，对数学就是不感兴趣。

教师呈现案例，并进行提问。

师：丁丁对数学不感兴趣，他学习数学的状态是怎样的？

生 1：不喜欢上数学课，上课的时候也不认真，经常走神。

生 2：作业也不好好做，有时候可能都不做，也有可能会抄别人的答案。

生 3：可能也不太主动回答老师的问题。

师：当丁丁学习数学的状态是这样的，自然我们也就很难期待他在数学学科方面有好的表现。数学可能是丁丁目前不感兴趣的，但是好像作为初中的学生，学数学又是他必须要做的事情。情况可以改善吗？

学生分小组讨论，并交流分享。

生 4：我们觉得他首先要找找自己学不好数学的原因，是底子差，还是学习方法不对，找准原因后，再进行努力。

生 5：他好像对于学好数学没有自信心，其实现在才初中，应该难度还可以的，要是赶肯定还是可以赶上来的。

生 6：上课的时候其实是很关键的，他上课的时候应该不要去想自己是不是对数学感兴趣，就应该专心，跟着老师的思路去思考，这样他才能学好数学。课堂上认真听了，课后作业也就应该可以更好地完成了。

师：大家给的建议都非常的具体，而且好多都是直接希望可以帮助丁丁把数学成绩提上来的具体建议。

生 7：等他成绩进步了，他可能就会对数学越来越有兴趣了，最起码不会像现在这样一点兴趣都没有了。

师：嗯，我们越来越清晰地看到，我们的学习兴趣存在一个循环。当我们学业成功的时候，我们会有积极的情绪，对自己也会有信心，这样，我们对活动的兴趣会出现或者增强，当我们产生兴趣后，我们会体验到更大的成功，会有更积极情绪，对自己也会更有信心。

说明：教师在总结的时候可以同时画图呈现这个循环，会更直观形象。

（五）总结

《论语》中有句名言："知之者不如好之者，好之者不如乐之者"，说的就是拥有知识的人不如爱好知识的人；喜爱知识的人不如以学知识为乐趣的人。努力体会学习中的乐趣，必然会引导我们收获学习的成功。

【教学反思】

本教学设计主要是针对学生的学习兴趣而展开，查阅相关文献或者资料发现关于学生的学习兴趣的学习辅导材料相对不是很多，很多辅导设计中都运用了名人的故事，但是我觉得名人故事的运用，显得距离学生的生活实际比较遥远，另外名人的成功历程虽然和他的兴趣投入肯定有关系，但是名人的成功因素毕竟还存在其他的因素，线索比较复杂，名人的成功故事对于我们普通人可能有借鉴，但是意义有限。所以，本教学设计中没有太多运用的名人的成功故事，更希望的是结合学生的生活经验，解决学生的实际问题。

导入环节是运用故事，比较简洁明了地直接导入话题，学生很直观形象地感受到由于兴趣程度的不同，而导致最后成功程度的不同。找不同的环节，借用一个简单的游戏活动，从寻找两幅图片当中的比较直观的，可见的不同，直至打开思路，寻找到从事兴趣不同的活动过程中个体在诸多方面，如情绪情感、行为投入等方面都存在不同，揭示出兴趣对成功的影响的内在机制。在学生充分交流与挖掘自己的学习兴趣基础上，学生感受到影响学习兴趣的因素，并开始逐步意识到，学习兴趣和学习成果之间是有内在联系的，学习兴趣也是可以逐步培养与产生的。案例讨论的环节则直接用学生实际生活中的事件，学生感觉非常贴近，有不少同学反应自己的状态就是如此，所以课堂讨论的气氛非常热烈，学生的资源被充分调动与运用。

本教学设计的不足之处在于限于学习辅导的话题，形式上稍微有点单调。另外学生生活实际案例的讨论，一方面可以调动学生引发学生的同感，学生愿意充分投入与讨论，但是另一方面，学生课堂生成的内容也会更多，教师要有极为敏锐的觉察，并有自己严密的思路，才可以更好地、适时地引导学生。

【教学建议】

（1）导入活动可以运用一些名人成功故事引出，但要注意名人故事的选择最好是近期大众媒体比较关注的名人，或者是学生群体非常喜欢与熟悉的名人。

（2）找不同的活动，也可以变成学生画四格漫画的形式，将班级学生分成两部分，一部分学生画的情境是主人公做自己感兴趣的事情，另一部分的学生画的情境是主人公做自己不感兴趣的事情。由学生讨论，续写故事，并用漫画的形式简单画出来，最后再由学生讲解漫画。课堂分析，当兴趣程度不同所导致的其他方面的不同。

（3）“我的兴趣我知道”部分，用兴趣温度计的形式相对比较直观，还可以用其他比较直观的形式，如请学生对各个学科按照兴趣程度进行打分，按照兴趣程度，在 1—10 分之间自由打分。

也可以请学生填写学科兴趣登记表，表格如下：

	最喜欢的	最不喜欢的	最擅长的	最头痛的	无所谓的
科目名称					
理由简述					

（4）案例讨论的部分可以结合学生学艺术特长方面的经历。现在的学生很多都有学习某一个艺术方面的特长的经历，比如有些学生在初一年级这个阶段就已经是钢琴九级，当时他们开始学习钢琴的时候，大多主要是父母的意愿，老师的要求等等，但是当他们获得一些成功的体验，获得别人的肯定，或者有过演出的经历后，他们现在会感觉到对这个方面的兴趣。

（5）教师引导学生讨论，揭示出兴趣的循环影响机制可以尝试用下图表示：

兴趣的良性循环

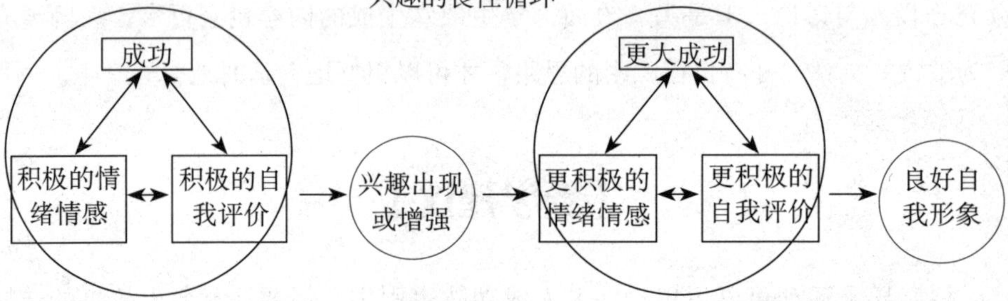

（徐枫　著）

第三章

时间哪里来

【教学背景】

“等我有了时间，我就去好好学习弹钢琴”，“等我空闲下来，我要慢慢做我想做的事情”，“将来我一定要去某个地方好好地旅游”……我们可能都曾有过类似的感慨？尤其是近期手边堆满了工作的时候，更是会感叹时间怎么这么不够用？社会竞争越来越激烈，生活节奏越来越快速，面对这样的情境，人们也不得不加速处理着似乎永远也干不完的事，也就越来越增添了对“时间”的渴求，每个人都希望手中有一根魔棒或者拥有超能力，可以把一天变为48小时，甚至更多，我们会觉得如果那样可能我们就可以有条不紊地处理事情了。

已经工作的人对于时间的感叹与渴求有特别强烈的感受，说不准还有人感慨，还是读书时代好，无忧无虑，可以有大把的时间和大把的青春让我们看自己想看的书，做我们自己想做的事情。学生族就真的没有时间使用与管理的困惑吗？他们真的是觉得时间多得都不知道该如何“挥霍”与“浪费”吗？让我们看看下面的现象与数据。

1. 学生们说：我们的时间总是不够用

作为学校心理老师，在接待学生个别咨询的时候，经常听到学生有这样的疑问与困惑：自己从早学到晚，每天不停地看书，忙得喘不过气来，根本没有时间去娱乐、放松，可为什么学习、生活却还是一团乱麻，没有丝毫改善？而有的同学不见得比自己多花时间和精力去学习，却学得既轻松、又快乐，是不是他有什么窍门或魔法？也偶有孩子抱怨，一天到晚的上课、一天到晚的做作业、各种兴趣辅导班等，为什么自己的时间无法自己来安排，都是被家长、被老师给排的满满当当，我们不快乐，因为我们没有属于自己的时间。

作为学校心理老师，在组织学生利用闲暇时间开展一些活动时、或者布置学生在课后完成一些活动任务时，能感受到孩子们对活动的兴趣与喜欢，但每每又听到孩子的抱怨，他们说："老师，我没有完成是因为我没有时间去完成。"或许这其中有孩子们的推诿，但仔细询问之后，孩子们会提到晚上作业要做到10点多，周末两天几乎排满了各种辅导班与兴趣班等。

作为学校心理老师，也经常看到孩子早晨进校时睡眼惺忪、上课时呵欠连天，与他们交流后，他们往往会说，什么时候有时间能好好地睡上一觉啊？

种种现象，不禁让人感叹，孩子们的时间是如此的紧张，为什么孩子的时间总是不够用呢？

2. 相关调查显示：我们需要适合的时间管理辅导

根据学校对初中学生曾做过的有关学习的调查显示，仅有69.8%的初中学生认为"我能管理好学习的时间"，学生在时间分配与管理方面碰到了诸多问题。学生具体提到的困境与问题为：

- 劣势学科没有时间复习
- 时间不够用
- 有时候觉得时间很多，动作就慢了，但最后却发现时间不够用
- 时间太紧张，有好多任务，无法分配
- 学习时间每天都不怎么一样，不好管理
- 在40分钟的听课时间里，面对枯燥乏味的课会去做小动作
- 没有时间来放松
- 不能在有限的学习时间内提高学习成绩

- 不知道怎么复习，怎么管理时间，让自己劳逸结合
- 复习时间不够
- 有时候受其他原因的影响，如拜访亲朋好友、外出购物，往往影响已经安排好的学习时间
- 40 分钟很难完全进入状态
- 空暇的时间不能合理安排
- 如何提高学习效率，节省时间
- 没有合理控制课后时间，以至于有时无法复习和预习
- 无法处理好复习与做作业的时间
- 为什么有的同学能够在短时间内有效率有质量地完成任务?
- 时间太瘦，指缝太宽
- 总有突发情况打破本来的时间计划
- 时间表没有弹性，有变动不知道该怎么调剂

……

对学生提出的问题进行归类与分析，我们可以发现初中生在时间管理方面存在的问题有：(1) 相当多的学生认为自己的大部分时间都是被安排、没有办法由自己控制与支配的，自己自由支配管理的时间很少，甚至几乎没有，这也就说明很多同学没有时间管理的意识。(2) 仅有少部分学生有时间管理的意识，而且绝大部分学生时间管理的自觉性和计划性不够。(3) 时间管理的具体辅导教育还不够。

以上种种现象背后都说明，开展对学生进行时间管理的辅导是十分必要。通过辅导让学生明白时间宝贵，了解自己的时间利用情况，并学习管理时间的方法。

【教学设计】

教学目标

(1) 意识到时间的宝贵，树立珍惜时间的观念。

(2) 了解分析自己的时间利用情况。

(3) 学习时间管理的方法，习得珍惜时间的行为。

教学对象

初中一年级学生

课前准备

(1) 活动需要的表格、纸条、纸片；

(2) 小故事准备；

(3) 多媒体教学课件。

教学过程

（一）猜谜语导入

1. 猜谜语

想象有一家银行每天早上都在你的账户里存入 86400 元，可是每天的账户余额都不能结转到明天，一到结算时间，银行就会把你当日未用尽的款项全数清零。这种情况下你会怎么做？请大家猜猜这是怎样一个银行？

学生回答。

2. 总结并引出课题

我们每个人都有这样的一个银行，它的名字是“时间”。每天早上“时间银行”

总会为你在账户里自动存入86400秒；晚上，它也会自动把你当日度过的光阴全数注销，没有分秒可以结转到明天，你也不能提前预支片刻。如果你没能合理使用这些时间财富，损失掉的只有你自己承担。不能回头重来，也不能预提明天。

引出课题：时间哪里来

（二）活动：撕一撕我的时间

我们大家每一天的时间是如何度过的呢？请大家一起来做以下活动。

1. 讲解活动规则

（1）给每个学生发放一张长24厘米、宽1厘米的纸条。

（2）这张纸条代表的是一天24小时，每个人想一想，自己平时的一天是怎样度过的。

(3) 把其他活动的时间撕下，留下学习做作业的时间，如睡觉用了多少时间，把它撕去；早晚洗刷、上学放学路上、吃饭、看电视、聊天等，所有活动分别用去多少时间，把它们一一撕去，最后剩下的是学习做作业的时间。

（4）小组成员相互比较各自的纸条。

2. 分享与讨论

给学生每人发放一张纸条，回想自己平日的一天是在怎么度过的，把睡觉的时间、上下学的时间、娱乐玩耍的时间、发呆的时间等一一撕去，留下自己学习、做作业的时间，并请小组内的成员相互间进行比较。同学们在撕的过程中很放松，很兴奋，比较的时候也很投入，同时也有很明显的情绪变化。

师：当你的纸条和别人的比较后，你发现了什么？有什么感受？

生1：好像大家留下的长度都不太一样。

师：嗯，长度都不太一样，这意味着什么呢？

生1：虽然我们都有同样的24小时，但是用于学习、做作业的时间长短却是不一样的。

师：嗯，现象描述的非常细致，别的同学呢？

生2：刚才纸条还挺长，撕掉一部分，再撕掉一部分居然就只剩下这么短了。

师：这样的长短变化给你带来怎样的感受呢？

生2：就觉得平时还没有怎么发觉时间是很宝贵的，但是看着这么短的纸条，就突然意识到时间真的过得很快的，留给我们做重要事情的时间其实并不多。

师：重要事情？能具体说说吗？

生2：主要是我们把很多时间都用于了其他事情了，比如看动漫、和同学聊天、睡觉之类的，但是用于学习的时间就不多。

生3：有的同学留下的还是挺长的，但是我留下的好像没有他的长。

师：这样的发现给你怎样的感受与思考呢？

生3：自己用于其他活动的时间太长了。

生4：真想把撕下来的时间再补回去。

师：有这样的想法是出于怎样的考虑呢？

生4：因为留下的时间太少了，这么短的时间怎么可能学得好呢，应该把撕下去的时间再补回来。

师：觉得那样我们会更有可能学好！那你这个想法现实生活中可行吗？

生4：已经发生的就没办法了，不过还没发生的还是可行的。

师：小小的一个纸条让我们感触颇深，想到了很多事情，看来我们彼此关于时间的使用状况是有很大不同的。接下来，请大家看一个案例，看看案例中的主人公是如何使用是时间的，他觉得时间不够用，你来帮他找找他的时间都到哪里去了？

提示：每人每天的生活是否完全一样？同学之间比一比，看谁剩得多，谁剩得少？留得少的，说一说时间都去哪儿了？留得时间最多的同学，大约留给学习多少时间？是如何做到的？还有的同学撕完之后又拣回来想补上，为什么？

（三）案例：谁偷走了他的时间

请大家看某一个同学的案例，想想看他是如何利用时间的？他觉得时间不够用，那你觉得他的时间都跑到哪里去了？

1. 案例呈示

早晨，数学课代表来到墨墨身边要收作业，墨墨很无奈地说，作业太多了，我没有时间做完。

昨天放学后情境重现：

16:30 放学后，从等公交车开始到回到家里，共花了一个小时。公交车上一直在神游。

17:30 边看电视边等吃晚饭，以及吃晚饭。

18:00 回自己房间，打开书包，准备制定今天晚上的计划：完成所有笔头作业（三门）、预习英语单词、背诵语文古文。

18:10 打开书本开始做作业，发现书桌上的一本故事书还没看完，明天图书馆要还，开始看书。

19:00 准备写作业，有一个同学打电话过来说自己的作业忘了，两人讲清楚作业后顺便聊了一下。

19:30 开始拿笔写作业，发现笔有点坏了，开始修笔，修完后摆弄整理了一下文具。

20:00 忽然想起明天的政治课轮到自己课前演讲了，于是打开电脑，准备查找关于最新科技发明的资料，找了部分资料后，忍不住又玩了会游戏。

22:00 实在太晚了，自己终于决定静下心来做作业了。

22:20 太困了，大脑混沌，思维停顿，算了，还是先睡觉吧。

2. 小组讨论

话题 1：墨墨的时间都到哪里去了？是谁偷走了他的时间？

话题 2：你觉得他可以怎样做，才能避免时间就这样浪费掉呢？

3. 全班分享

师：让我们一起看看墨墨的时间都到哪里去了？是谁偷走了他的时间？另外，你觉得他可以怎样做，才能避免时间就这样浪费掉呢？

生 1：我们组通过讨论发现，墨墨很多时间都是被他自己浪费掉了，比如吃晚饭前他去看电视了，其实这个时候他可以做作业的，还有就是在查资料的时候，他忍不住上网打了一会儿游戏，这也是浪费时间。

师：嗯，大家帮他找到了时间使用不当的地方。那你能具体说说他可以怎么做吗?

生1：不应该打游戏的，查好资料就应该做作业了。毕竟做作业是最重要的啊，游戏你可以等做好作业再打，或者是周末的时候打啊，作业明天要交的啊。

师：嗯，回答得很有逻辑，尤其是你提到，相比其他活动做作业是重要的，那也就提醒我们最重要的事情一定要随时放在第一位，把自己的精力和时间首先用于最重要的事情。

生2：墨墨在乘车的时候神游也是在浪费时间。

师：观察得很细致，那你们觉得在等车、乘车的时候墨墨可以做什么呢?

生2：可以背单词，可以回忆今天上课的内容，也可以在头脑中想想晚上都有什么事情要完成。

师：嗯，很好的意见呢，看来我们要善于利用这些边边角角的时间，比较零散的时间呢!

生3：我们组发现墨墨之所以会上网打游戏，是因为他要查资料，而之所以要查资料，是因为他本来应该准备好的政治课的演讲没有准备好，这也就说明墨墨做事情没有计划，我们给的意见是要列计划。

师：思考得很深入哦，你们觉得墨墨之所以有这么多应该事先做好的事情没有做好，才在这一刻显得那么的忙乱，所以你们给的意见是要养成列计划的习惯。我们其实看到墨墨也列计划的，怎么就效果不佳呢?

生3：要严格按照计划执行，并且要列好每件事情要完成的最后期限，在规定时间做好相应的事情。

生4：墨墨和他的同学聊天也浪费了很多时间。

师：可是同学是有事情需要墨墨帮助啊，那他更合适的做法是什么呢?

生4：帮同学的忙自然是一定要的，但是他不应该聊天，应该向同学说明自己的作业没做好，和同学约定好下次闲聊的时间。

师：嗯，如果这样的话可能就不会浪费时间，而且注意到了同学的感受。所以要明确果断地对打扰事件说不。

师：大家都非常的有智慧，已经掌握了一些时间管理的方法，我再把大家提到的真知灼见做个简单的总结。

教师总结方法，并重点强调：要事第一和列事情清单的方法。

时间管理的方法具体包括：

(1) 制定一个合理的目标：可实施性、有具体的时间限定、可衡量、写成书面形式，并预留一定的弹性时间。

(2) 养成列事情清单的习惯：在固定的时间来列出要完成事情的清单，并标记事情要完成的期限。

(3) 用好高效时间：我们在作息时间上有一些相似性的，如早上的时间是效率最高的，我们要把最重要的事情放在精力比较好的时间来做，不太重要的事情放在精力不太好的时间来做。

(4)“要事第一”的原则：把最重要的事情始终放在第一位去对待，去解决。

(5) 善于利用零散时间：比如等公交车或坐公交车的时间，可以用来回忆上课的内容，或者列列计划、安排。

(6) 明确果断地对打扰说“不”：在不期待被人打扰的时候，可以适时地拒绝对方的打扰，告诉对方你现在正在做重要的事情，可以商量一个方便的时间。

（四）故事：石头和沙子的启示

1. 故事讲述

一位教授给学生做讲座，他把一个瓷罐放在桌上。接着他拿来拳头大小的石块，把它们一块一块放进去。当石块满到顶部时，他问：“满了吗？”学生们回答：“满了！”这时教授又拿出些碎石，把它倒入罐中，又问道：“满了吗？”学生们肯定地回答“满了”，这时教授又拿出一筒沙子，把它倒入罐中，沙子填满了石块和碎石的缝隙。他又问：“满了吗？”学生不语。教授又拿起一筒水，倒入罐子，直到水浸到罐口。

2. 讨论

这个故事关于使用时间方面给我们怎样的启示？

师：结合我们今天的话题，你有什么启发？

生1：时间就像海绵里的水，你只要愿意挤，总还是能挤出来的。

师：嗯，有独特的见解，知识面也很丰富。那如果我们不是先放石头进去呢？

生2：那其他东西就很难放进去了！

师：这会给我们怎样的启示呢？

生2：要先把石块放进去，把重要的事情做掉。

师：非常棒，的确，时间管理的方法会有很多，老师希望大家首先养成这个“把重要的事情先做完”的良好习惯。

3. 引导

实验告诉我们，如果你不先把大石块放进去，你就再也没机会把它们放进去了。生活中总有很多琐碎的事情分散你的精力，甚至可能阻碍你的成功，你能做的就是分清哪些事情是重要的石块，哪些是沙子。

4. 结合实际

请学生结合自身实际，列出自己近期所需要完成的事情，并找出哪些事情是重要的石块。

（五）结束语

昨天的24小时匆匆而过，给我们留下了很多遗憾；今天的24小时正在进行，但也即将过去；而未来的24小时是我们通过今天的努力可以把握的。同学们，请把握自己的时间，把握自己的今天，唯有珍惜今天，才有可能拥有明天！请阅读古人留给我们的《今日歌》。

今日歌

（明）文嘉

今日复今日，今日何其少！
今日又不为，此事何时了。
人生百年几今日，今日不为真可惜。
若言姑待明朝至，明朝又有明朝事。
为君聊赋今日歌，努力请从今日始。

【教学反思】

有人说，如果你不会管理时间，你就不会管理生活。由此可见，如何使用并管理时间是一门关乎成功的学问。管理学中关于时间管理的相关资料与培训也有很多内容，如何在这些内容与材料中做取舍，并把这些材料有序地串联与承接就成为了本节活动设计的核心。

本节教学设计主要聚焦于学生在活动中学会分析自己的时间使用与安排的状况，并初步掌握一些时间管理的方法，活动设计与方法选择尽量考虑到初中学生的年龄及心理特点。正是出于这样的考虑，所以关于时间管理的方法主要则是“列事情清单，关注重要事情”的方法，并适时穿插“善于利用零碎时间”、“利用学习高效期”、“果断说不”等方法。

【教学建议】

再好的时间管理策略也需要一个不断学习、掌握并重复训练并形成习惯的过程，所以关于本节活动设计的教学建议是将课堂中形成共识的方法，在日常学习生活中利用工作表单的形式进行重复地训练。在重复训练并形成习惯的过程起码需要一个月左右的时间，即所谓的21天形成一个习惯的过程。以下工作单仅供参考：

列每日事情清单

待办事项	重要程度	计划用时	完成确认
1.			
2.			
3.			
4.			
……			

每日放学后时间使用状况分析表

时间	**事项**	**计划用时**	**实际用时**	**浪费**	**原因**
16:30—17:30					
17:30—18:30					
18:30—19:30					
19:30—20:30					
20:30—21:30					
21:30—22:30					

每日计划表

<table>
<tr><td colspan="5">年度学习目标：　　　　　　　　完成时间：
本月目标重点：　　　　　　　　完成时间：
本周目标重点：　　　　　　　　完成时间：</td></tr>
<tr><td>时间段</td><td>具体时间</td><td>计划事项</td><td>完成状况</td><td>备注</td></tr>
<tr><td>上午</td><td></td><td></td><td></td><td></td></tr>
<tr><td>下午</td><td></td><td></td><td></td><td></td></tr>
<tr><td>晚上</td><td></td><td></td><td></td><td></td></tr>
<tr><td colspan="3">追踪与检查：(反思今日时间使用状况)</td><td colspan="2">明日的活动成效决定于今夜周详的计划，并付诸行动。</td></tr>
</table>

（刘诗薇　著）

第四章

专心必胜技

【教学背景】

1. 老师家长这样说

校园生活中，学生大多数时间都是在课堂上度过的，学生课堂效率与学习效果息息相关。“上课认真听讲、积极举手发言”这是父母和老师经常叮咛在耳边的一句话。然而学生的课堂效率到底如何呢？经常有任课老师在家长会中讲到：试卷上一模一样的题目讲过好几遍学生还是做不对，错过的题目课堂上讲过但还是有人不会订正。再问到学生的课堂表现时，老师们反映主要是学生的注意力不够集中，容易转移，持续的时间不够长。有些同学会做小动作，玩桌上或抽屉里的小东西；有些学生喜欢东张西望，将关注点集中在周围的同学身上，而不是老师的授课内容上；同时还有些同学坐姿端正，看似在认真听，其实早已经神游很远了。

2. 学生们这样说

面对老师们的这些反映，我也对学生的课堂状况进行了一系列的调查。同学们普遍认为课堂的听课效率是非常重要的，但是有时候就是没有办法来控制自己不分心。在问到学生一般会因为什么事情分心时，他们提到的原因如下：

(1) 身体疲倦、打瞌睡

(2) 被老师批评后，还没办法从难受的情绪中脱离出来

(3) 因考虑一些生活事件而分心

(4) 目标不明确

(5) 有噪音干扰

(6) 一边学习一边做其他事情

(7) 长时间看书或学习

(8) 当所学内容太简单、枯燥，不感兴趣

根据学生所提到的原因，将他们分为外部干扰（如2、3、5)、学习习惯（如1、6、7）和内部兴趣与动机（如4、8)。

根据以上学生所提及的注意力分散的三大原因，再结合有意注意的目标性特点、有意后注意的兴趣逐渐养成的特点及注意分配的条件，在本节课教学中引导学习过程各环节的重要性及提升学习兴趣的方法，并对学生良好学习习惯的养成和应对外界干扰的方法提出指导性的建议。

【教学设计】

教学目标

(1) 体会集中注意力的重要性，了解分心的原因和情境。

(2) 掌握提高注意力水平的方法。

教学对象

初中一年级学生

课前准备

(1) 20 元人民币作为道具；

(2)“分心小人”图片。

教学过程

(一)导入

小活动

教师拿出20元人民币提问：有谁知道20元人民币的背后图案是什么？

大多数学生都答不上来。

面对与我们生活息息相关的事物时，为何有些同学对物件细节很清晰，而有些感到模糊呢？这就看我们平时有没有留意它、注意它。下面我们就通过一个活动来测测大家的注意能力。

(二)游戏：反口令

1. 游戏指导语

这个活动要求当我说出口令的时候，同学们要做出相反的行为。譬如当我说“点头”时，你应该——摇头；当我说“抬头”时，你应该——低头；当我说“起立”时，你应该——原位坐好；当我说“坐下”时，你应该——起立；当我说“向左看”时，你应该——向右看，当我说“举左手”时，你应该举右手。

师：我们先来预演一下，起立、摇头、抬头，好，听清口令，现在正式开始。

……（进行多轮游戏）

师：有哪些同学自始至终没有出现失误？能跟我们分享一下，你是怎么做到的吗？

生1：我就只注意听是“反口令”还是“解除反口令”，不管其他同学怎么做。

师：很好，你的目标很明确，找准关键词，并让自己不受他人的干扰。

生2：我觉得老师在正式开始之前让我们预演很重要，这样我就能做好充分的准备了。

师：事先的预演或准备让你更好地投入到活动中去。

2. 游戏活动的启示分享

要想做好这个游戏，就需要集中注意力，当大家集中精力完成任务时，不仅有较高的正确率而且还很迅速、有效率。那么这节课我们就来一起分享和体验，希望大家都能找到“专心必胜技”。

（注意：该游戏可以适当增加难度，可将“反口令”和“解除反口令”交替进行。）

（三）小调查

1. 思考

请每个同学想一想，除了睡觉之外，我可以持续注意 1 小时以上的活动有哪些呢？理由？

我可以________________1 小时以上。

我可以________________1 小时以上。

我可以________________1 小时以上。

生 1：打游戏、玩电脑，因为我喜欢。

生 2：听音乐、看小说，不要说一小时，就是三小时也没问题。

生 3：打篮球、骑自行车。

……

（学生积极踊跃地诉说着自己的兴趣爱好）

师：这些都是我们非常喜欢的事情，那除了这些，在我们学习中有哪些事情也要求持续在 1 小时以上呢？

生 1：做作业、复习。

生 2：考试。

生 3：如果老师拖堂的话，我们上课也要持续在 1 小时。

师：非常好，那这些事情也是我们非常感兴趣、喜欢的事情吗？

大多数学生齐声：不是。

生：这些事情是我们不得不做的事情，如果不完成后果就会很严重。

2. 小结过渡

看来我们在做重要而紧急的事情，尤其是自己喜欢的事情时可以持续长久的注意力。

师：大家发现了吗？我们可以持续一个小时以上的活动中有些是我们非常喜欢的（I like），还有一些是我们觉得重要的，必须要做的事情（I must）。大家觉得这两类事情哪一种更能让我们的注意力持久呢？

生（异口同声）：I like！

3. 怎样将“I must”转变成“I like”呢？

师：但是 I must 的事情都很重要，我们能不能想想办法将 I must 的事情向 I like 转化呢？大家有什么妙招？

生 1：可以每当你完成了一件重要的任务之后，就去做一下你喜欢的事情，比如听会儿音乐，来奖励自己。

师：嗯，这是一种自我强化、自我激励的方法。还有吗？

生 2：我会将做作业想象成我最喜欢的电脑游戏，每做完一项作业我就想象成过了一关。这样就会有趣多了。

师：你说得形象生动，我们可以利用想象，将它们想象成开心的事情。还有要补充吗？

生 3：事先做好充分的预习，这样上课的时候就会更加容易，当自己能跟上老师进度的时候，就会觉得这是一件有趣的事情。

师：更多地让自己体验到成就感也会让我们喜欢上。都说兴趣是可以培养的，我这里还有一个妙招，那就是在大家做 I must 的事情的时候，不断地告诉自己“我喜欢它”，渐渐的你就会有不一样的感受，大家不妨回去试一试。

（四）打败自己的分心小人

1. 教师引导，分析分心原因

师：有时候我们的思想总是很难被我们抓牢，我们每个人的头脑中都有那么一个“小人儿”在向我们招手:“嗨～看外面的天气多好啊～还是休息一下吧～那个小说最后的结局是什么啊?我的发型怎么样?”只要一不注意,这个小人就会打开门,跑出来。请问大家在什么情景下你的分心小人会跑出来,让你分心呢?它会跟你说什么?

生1:当我打瞌睡的时候,它会跑出来。它会对我说:“先睡一会儿吧。”

师:我们的精神状态会影响我们集中注意力。

生2:当接下来我还有班级活动的时候,我会突然想起来,就容易走神。

生3:被老师批评后,我还会一直想着那件事情,也很容易分心。

师:我们还会因为思考一些琐事或受情绪的影响而分心。

生4:当外面过道里有人在讲话的时候,我也会不自觉地向外看。

师:这是一种噪音的干扰。

生5:当所学的内容太枯燥时,或者我根本听不懂的时候,我就不想去听了。

2. 结合学生的实际,一起寻找解决的方法

师:刚才我们分享了怎么样将必须要做的事情转化为喜欢的事情。所以,当面对枯燥的内容时,可以用前面提到的方法,除此之外我建议大家多记笔记。对于听不懂的内容,课后可以多花点时间预习,跟上老师的步调了便会更有趣。除此之外,我们还会因为疲劳、外界噪音和琐事分心,对于这些同学我们有什么好的建议吗?欢迎大家来支招!

生1:我想对上课打瞌睡的同学说,要养成早睡早起的好习惯,提高作业的效率,晚上早点睡觉,养成科学的作息习惯。

生2:我觉得我们还可以准备些清凉油或风油精,还可以在打瞌睡的时候,请同桌提醒自己。

生3:我想针对噪音说几点:首先如果可以选择的话,我们要远离噪音的环境。其次,如果噪音不可避免,我们也可以学习毛泽东在闹市看书一样,闹中取静,去磨炼自己的意志。

师:当有一些琐事进入我们思想的时候,我们可以怎么处理呢?

生1:让自己尽量不要去想这些。

师：因为接下来要完成的事情也很重要，去想也是正常的，只是会降低我们的效率。怎样才能让我们暂时不去想呢？

（学生一片沉思）

师：这个时候我们不妨制定好计划，先完成手头的事情，然后划出一段专门用于思考的时间，在这个时间段内集中解决。

注意以下几点：

（1）养成良好的作息习惯，消除疲劳和身体上的不适。

（2）有明确的目标，在规定时间内完成相应的任务。

（3）营造一个安静、整洁的学习环境。

（4）划出一段时间专门用于思考琐事。

（5）养成课堂记笔记的好习惯。

（五）结束语

“分心小人”存在于每个人的头脑中，我期待通过今天的分享和交流，大家学习控制好它们，将它们拒绝在思想的大门外。

【教学反思】

“注意力”是学生学习过程中非常重要的伴随状态，也是学习心理辅导非常重要的内容。老师、家长和学生都对此十分重视，但往往这方面的教育浮于说教，对学生的指导性不强。

本节课从持续注意力在 1 小时以上的事件入手，让学生学会将必须要做的事情转化为喜欢做的事情。本课的教学设计重点在于找出分心的原因，并分享解决这些问题的方法，给予切实可行的方法和建议。在教学过程中，充分结合学生的实际，开放式的分享，较高的学生的参与度，达到较好的效果。

通过本课的学习，有学生反馈：“现在我知道怎样不去想分心的琐事了，做好手头的每一件事情，定好计划，利用下课或午休的时间再去集中考虑班级活动。”还有同学说道：“兴趣有助于集中注意力，我们可以将枯燥的事情转化为我们喜欢的，自我暗示的力量非常强大，告诉自己我喜欢，我们可能真的会慢慢喜欢上呢，也能集中注意力。”

【教学建议】

1. 本节课中“打败自己的分心小人”的活动也可以用具体的案例进行替代，通过案例分析，找出主人公分心的原因，并提出应对的方法。

例如：

A. 小明回到家里，将书包随便一丢，就坐到书桌前。书桌上杂乱的堆着各种各样的东西！有零食啊，游戏机啊，课本啊，参考资料啊，字典啊，漫画书啊，杯子啊等。小明打开书本开始做作业，可没过一会儿，他就开始戴起手机的耳机听音乐，拿着漫画书翻看起来，嘴里还嚼起了零食。（改善学习环境，清理书桌、挪开干扰思绪的物品。）

B. 小明收拾完了书桌，继续开始学习，等他刚静下心来，母亲就在他身边打开了电视，电视机里传来了连续剧《寻秦记》的声音，惹得小明心痒痒，不时地回过头去看，再也没有心思复习了。（创立良好的空间，尽可能拥有独立学习的空间，降低噪音的干扰。）

C. 经过小明的努力，小明有了属于自己的小书房，虽然在阳台上，但也不失为一个好的所在。这天他又在阳台上看书，可坐着坐着他就觉得坐不住了，拿着书来到了卧室，躺在床上继续看书，但看了半天也只看了一点点，思绪经常飘来飘去，胡思乱想，到后来干脆睡着了。（养成良好的学习习惯，在固定的时间、地点读书。）

但是由于分心的原因较多，在一节课内达成比较困难，因此建议可以根据学生的实际和需求，必要时可多加课时进行详细分解和引导。

2. 本节课的“反口令”游戏适合于初中生，对于高中生可以直接使用注意力测试来替代。

（丁蓉　著）

第五章

思维N次方

【教学背景】

在学校中，我们常常会发现这样的情况：

有些学生好像不太会“变通”。因此同样的问题，换种问法就出错；已知中换了一个条件，求的问题不变，学生却还是按照原先的已知条件去做；等学生仔细一看，就恍然大悟：“哦，原来马虎了！哦，原来换了一个条件呀，当时没看清！”就好像大脑刚跟自己开了个玩笑，遗漏了某些新信息。

还有一些学生，在学习过程中不断地累积知识，储存他们想要的信息；可是头脑中的信息却处于无序的状态。于是他们在学习中感觉知识点琐碎、繁多、学习枯燥，特别到了考试的时候，很多学生经常觉得好像复习了但又没复习全，考试时明明以前记得很好的知识点却怎么也想不起来。很多家长也因此焦虑，开始为学生报各种学习班，教师也陷入焦虑中，不断地找题给学生做，学生陷入题海战术的苦恼中。

这些现象，其实暴露了学生在思维上的一些问题。

思维是人脑对事物本质和事物之间规律性关系概括的间接的反映。思维是认知的核心成分，思维的发展水平决定着整个知识系统的结构和功能。思维品质反映了每个个体智力或思维水平的差异，主要包括深刻性、灵活性、独创性、批判性、敏捷性和系统性六个方面。在日常的学习过程中，教育者和学习者却仅仅关注于解决某个概念或者某个问题的具体解决方法，却忽略了问题解决和思维品质的培养。

此外，对锻炼思维的系统性大有裨益的是思维导图。想象一下，你有一座巨大的图书馆，里面装满了你想要知道的无数信息。在这座先进的图书馆里，决不会有任何信息胡乱地堆在地板上，一切都井然有序地放在你可以找到的地方，除此之外，这座图书馆还拥有出色的数据检索和存取系统，使你能够找到你头脑中一闪而过的任何想法。思维导图就是存在于神奇的大脑中巨大图书馆的出色的数据检索和存取系统。当学生善用思维导图后就会很清晰地发现自己头脑中的知识结构、存在的弱点与优势，学习也会更主动，也不再会陷入题海战术中不能自拔。

思维导图最初是20世纪60年代英国人托尼·巴赞创造的一种笔记方法。托尼·巴赞认为：传统的草拟和笔记方法有埋没关键词、不易记忆、浪费时间和不能有效地刺激大脑四大不利之处，而简洁、高效和积极的个人参与对成功的笔记有至关重要的作用。托尼·巴赞建议思维导图应包含以下几个特征：注意的焦点清晰地集中在中央图形上；主题的主干作为分支从中央图形向四周放射；分支由一个关键的图形或者写在产生联想的线条上面的关键词构成；比较不重要的话题也以分支形式表达出来，附在较高层次的分支上；各分支形成一个连接的节点结构。思维导图是表达发散性思维的有效的图形工具。它运用图文并重的技巧，把各级主题的关系用相互隶属与相关的层级图表现出来，把主题关键词与图像、颜色等建立记忆链接，思维导图运用左右脑的功能，利用记忆、阅读、思维的规律，协助人们在科学与艺术、逻辑与想象之间平衡发展，从而开启人类大脑的无限潜能。

关于如何培养学生的思维品质，尤其是创新思维的培养，并非一节课能够达成的目标，因此，本节课只是简单地通过几个活动让学生对思维的灵活性和创造性有所了解，而将更多的时间用于介绍和练习思维导图，以期对高中学生的学习有所帮助。

【教学设计】

教学目标

(1) 打破思维定势，提高创新思维能力。

(2) 增强思维训练的意识，探寻训练思维能力的方法。

(3) 学习绘制思维导图，提升思考技巧，并运用于学习生活中。

教学对象

高中一年级学生

教学准备

(1) 活动道具：直径 4 米的绳圈；

(2) 1—30 的数字信息卡片；

(3) 多媒体课件 PPT。

教学过程

（一）导入

我们最需要的是多脑并用的人才：一是思维的多向性。他们考察和审视问题是多角度的、全方位的；二是思维的独立性。他们突破惯性思维，具有强大的创造力。

——中根千枝　日本著名人类社会学家

师：你如何理解这句话？

生：死记知识是没用的，思维灵活的人才更容易获得认可，取得成就。

师：的确如此，21 世纪是人才的世纪，人才的最高本质在于创造，开发创造力的有力工具在于思维方法，思维越活跃，解题就越容易，下面就让我们进入到思维训练中来吧。

（二）活动一：九点连线

用几条直线（四条、或不超过三条呢）把下面九个黑点连起来，条件是：这些直线将穿过所有的 9 个黑点，而且要一气呵成。

图例

答案

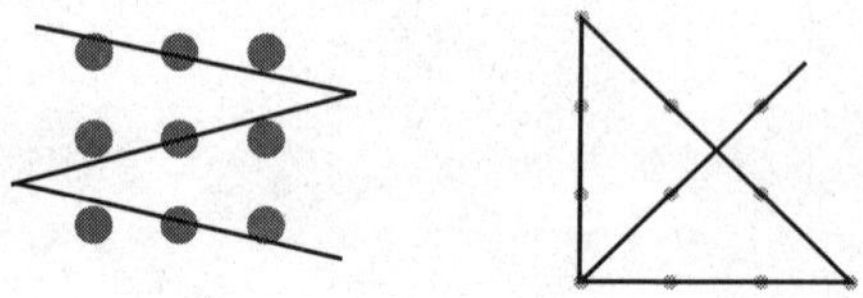

师：你成功了吗？你是怎样做到的？

生 1：曾经做过此题，打破思维定势很重要。

生 2：虽然没有成功，但看了同学的答案还是很有启发的，希望后面的思维训练中的表现会更好。

师：答案不止一种，你是否也想到了要“突破思维定势”来完成任务呢？下面再让我们在“急速 60 秒”的游戏中实现新的思维突破吧。

（三）活动二：急速 60 秒

全班分成 10 人一组，活动开始前各组可以讨论 5 分钟，最快完成任务的为优胜组，获得奖励“每人一根棒棒糖”。

1. 活动要求

(1) 每组有两次进场机会，每次进场时间为 60 秒。

(2) 任务是在 60 秒时间内，把场内一个绳圈内 1 － 30 的数字信息卡片按照数字顺序交给老师。

(3) 每队进场后，绳圈内只能有一名队员，只有绳圈内的队员能接触圈内卡片。

(4) 老师会站在绳圈边等各组队员交卡片。

2. 活动开始

(1) 5 分钟讨论。

(2) 各队入场完成任务。

3. 公布图片答案

1- 衣服 2- 鸭子 3- 雨伞 4- 少林寺 5- 一只手 6- 追捕逃犯（开溜）

7- 红旗 8- 长城（八达岭）9- 青少年拒绝喝酒 10- 十字架 11- 筷子

12- 十二生肖 13-K（扑克）14- 下午两点 15-food（食物）16- 石榴

17- 石器时代 18- 成人仪式 19-19 只蝌蚪 20- 从 1992 年至 2012 年

21-2000 年（21 世纪）22- 鸳鸯 23- 乔丹 24- 二十四节气歌

25-5*5 26-26 个英文字母 27-3 的立方

28- 二八定律 29-2012 年 2 月（有 29 天） 30 6 月的最后一天

4. 交流分享

(1) 在游戏过程中自己有什么感受？

(2) 你所在的小组是否成功地完成了任务？为什么？

(3) 你觉得如果要完成此任务，还可以尝试哪些方案？

(4) 联系生活实际，你想到了什么？

生 1：我觉得这是不可能完成的任务，如果时间再多些就好了。

生 2：虽然没有成功，但我们组还是排序图片最多的组，还是很高兴的，我们认为将卡片信息进行对号整理和排序最为重要。

生 3：我们组在第二次时由一个人将卡片从圈子里全部扔出来，然后大家开始一起排序，明显快很多。

生 4：可以由一个人将卡片从圈子里全部扔出来，每个同学要进行联想，图形与数字的转换等思维转换。

生 5：完成这个任务的方案可以是这样的：各小组第一次进去时，先后获取相关信息并整理，前一组的人进去看了卡片，就将所整理出来的数字给后面组的人参考。然后，由后面的小组采用一个人进入圈内将所有卡片投到圈外，圈外同学派一人负责叫号，其他人每人手上三张卡片，各自按预先整理好的数字对应表确认手上的号码。叫号人喊“1，2，3，4……”点到某号时，拿到该号的人迅速将卡片放到叫号人手上。

生 6：也可以一个人把所有信息卡片都扔出来，每人拿 3 个，之后对于叫到的号码，觉得自己手中是这个号码的同学，快速轮流交到老师手里。

师：竞争是人的本能，而合作是人的智慧，因此如果要完成这个任务，打破思维定势和团结合作很重要。思维模式就要由考虑“我们小组要力争突破第一”到“各小组之间的信息交流共享，会完成这个任务”的转变。

生 7：学习上，借笔记，有的同学的笔记全，有的同学笔记不全面，但你所缺的也许就是不全的那一小部分，也可以说离成功就差那么一点，人很多时候不可能面面俱到，就想 40 分钟的课你不可能从头认真到尾，所以不要吝啬交流，既然有共同的目标为什么不可以一起向着它努力呢？

生 8：虽然没有成功，但老师还是给了我们每人一支棒棒糖作为奖励，还是很开心的。其实很多事不一定会达到预想目标，但只要肯努力、尽全力，依然会获得属于你的“奖励”。

师：正如同学们所说，只要肯努力，肯用心就会获得“奖励”。思维越练越活，多种形式的解题是培养思维力的好方法，但有时同学们不断地向大脑储存，疏于整理，就像是把思维的通路给堵上了，想使思维训练更有效，使通路顺畅，我们还需要掌握一些新的思维方法，比如“思维导图”，接下来老师就和同学们一起来了解一下它。

（四）活动三：绘制思维导图

1. 绘制思维导图的七个步骤

（1）从一张白纸的中心开始绘制，周围留出空白。

（2）用一幅图像或图画表达你的中心思想。

（3）在绘制过程中使用颜色。

（4）将中心图像和主要分支连接起来，然后把主要分支和二级分支连接起来，再把三级分支和二级分支连接起来，以此类推。

（5）让思维导图的分支自然弯曲而不是像一条直线。

（6）在每条线上使用一个关键词（用联想来扩展思维导图）。

（7）自始至终使用图形。

例：关于“水果”的基本思维导图

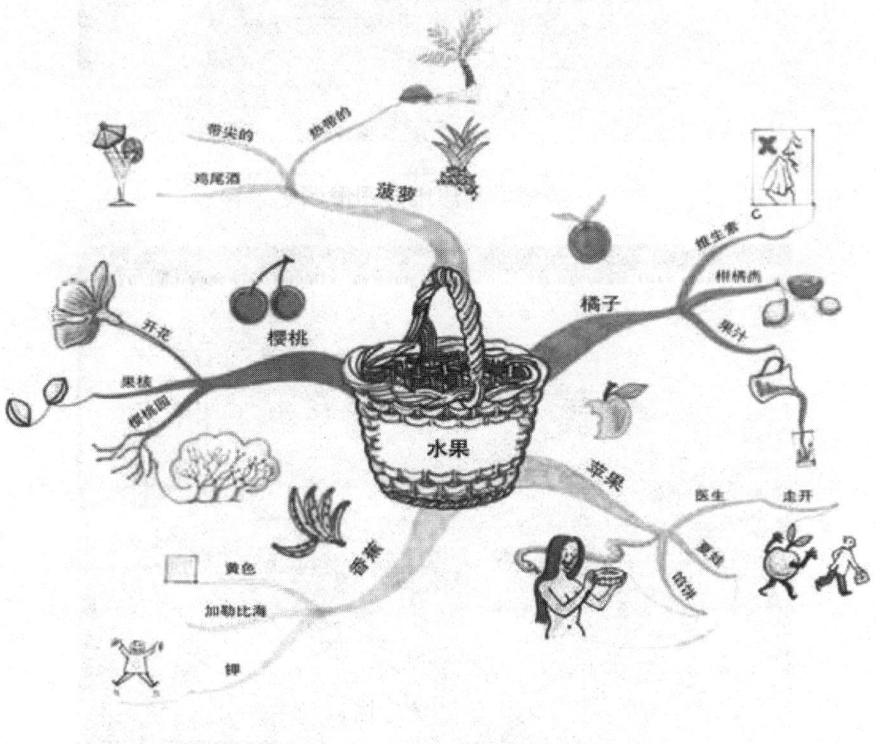

2. 请学生选择一门学科，运用思维导图整理某一章 / 节的笔记

以某同学绘制的思维导图为例（因为时间紧，还没有用颜色和很多图形再做进一步的整理和区分）。

历史学科思维导图图例

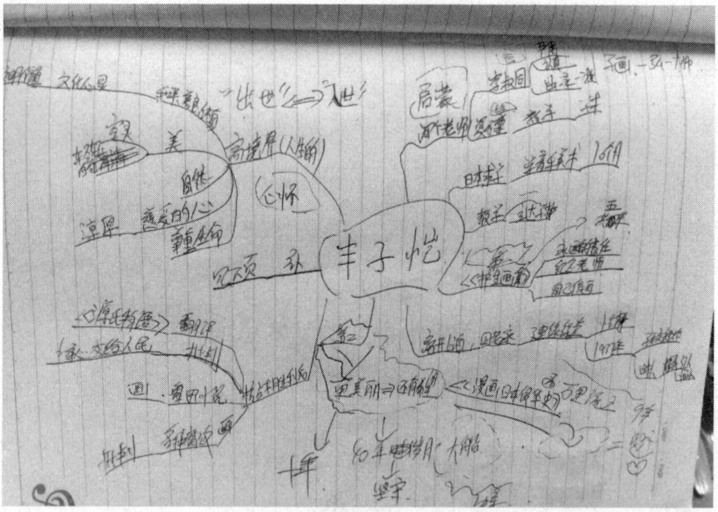

英语学科思维导图图例

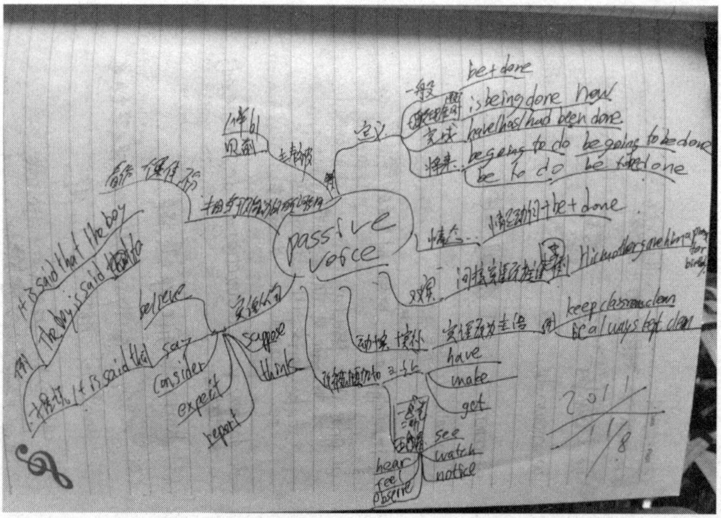

物理学科思维导图图例

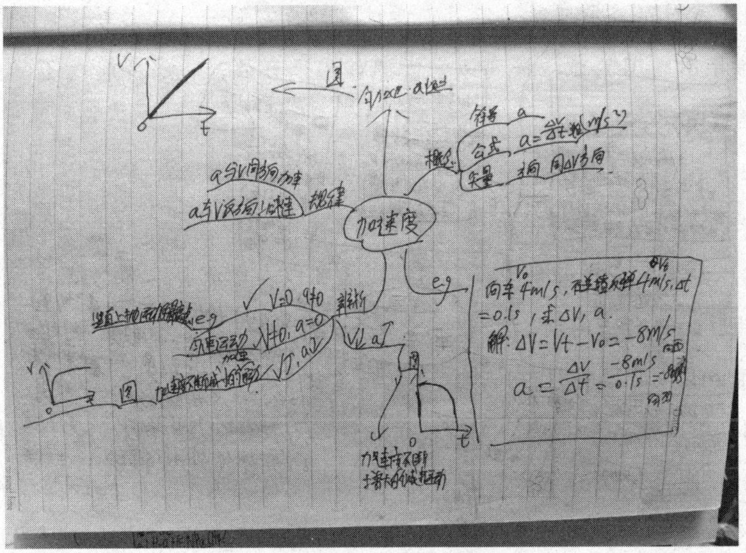

化学学科思维导图图例

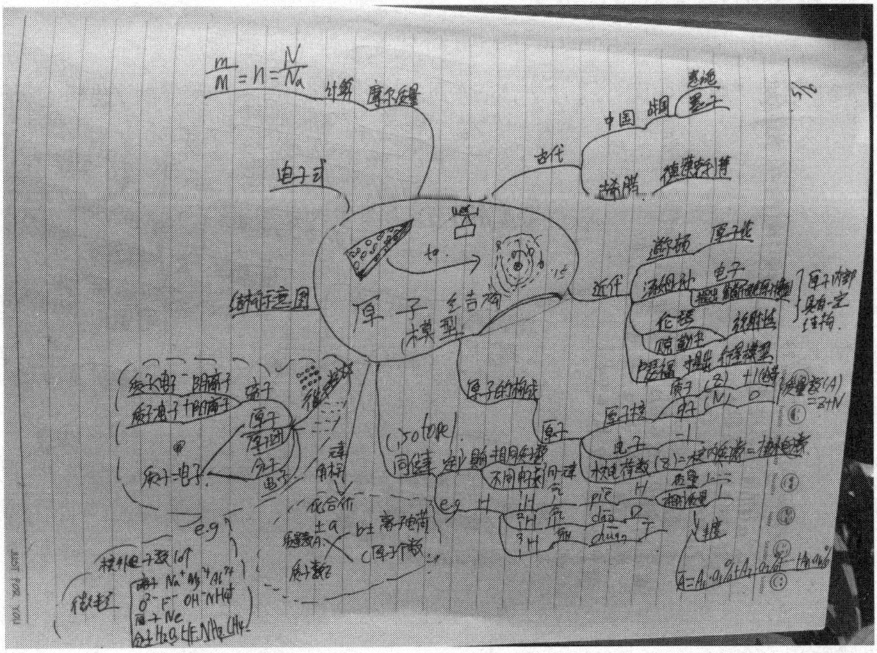

3. 交流分享

生 1：我曾经在初三时，在外面学过“开发右脑——思维导图”的课程，觉得用思维导图整理笔记，提高课堂听课效率很有效，所以目前我还一直在用这种方法整理笔记。

生 2：第一次接触思维导图，感觉有些像“头脑风暴”的方法，但是因为可以加入颜色和图形，觉得很直观，图像记忆更清楚些。

生 3：觉得学了思维导图很有用，以后可以在考前将老师总结的要点运用思维导图的形式进行一番自我整理，这样每门学科只要记几张图就可以了，考前就不会再紧张，担心还有些知识记不到而焦虑了。

生 4：很喜欢思维导图。它打破了传统的一记到底的思维定势，这样可以使我觉得学习是件轻松的事，可以灵活地、清晰地、联系实际地去整理知识，而且关键的知识要点一目了然，同时运用色彩可以很清楚地将熟练、不熟练、难的知识分类。

4. 课后练习，教师督促指导

(1) 运用“思维导图”的方法，每周对各学科笔记整理一次。

(2) 运用“思维导图”的方法，对遇到的困惑问题进行方案、结果选择的设计。

【教学反思】

本节课重点在培养学生关注思维训练的意识，提供学生思维训练的方法，从而使其在今后的学习生活中更多地参与到自我的思维训练当中，改善思维品质。在思维训练中学生遇到的障碍更多的是思维定势，种种原因不愿求教于人，以及没有有效的思维训练的方法。本节课针对学生在以上方面存在的问题给予相应的训练指导，效果明显，同时也带给学生心灵强大的冲击，共同在愉悦的气氛中顺利地完成了教学目标。

本课通过“九点连线”的活动，学生开动脑筋，打破思维定势，最终完成任务；通过“急速 60 秒”的活动，学生意识到争取团队的合作再加上打破思维定势，是取得成功的关键，思维的火花在交流中成长；通过“思维导图”的学习，将放射性思考具体化，依据知识间的关联性分层分类管理，使知识更有系统化，从而帮助学生找到提高学习效率的又一有效方法。

本节课的活动也同样可以在初中生中开展训练，实践证明，学生越早掌握“思维导图”的方法与应用，学习的愉悦程度越高，学习的效果也越好。同时为了能让学生在今后的学习生活中更好地运用思维导图这个工具，养成“运用思维导图”的方法定期复习总结的好习惯，教师最好在前几个星期持续地给予学生督促与指导。

【教学建议】

(1) 可在课前对学生的思维能力进行一些了解，这样在设计“急速 60 秒”活动中根据班级的情况选择数字信息卡片的数量。

对于“急速 60 秒”活动中的数字信息卡片，教师可以根据谐音、意义、图形、结果等多种方式自行编制图片，灵活运用。同时这个活动可根据班级学生思维能力水平进行数字信息卡片数量的设定，比如思维活跃度水平高的班级可以设 30 张卡片，而思维活跃度水平低的班级可以设 20 张卡片。

(2) 思维灵活度的训练可以用打破思维定势故事“丢失了 100 元”代替“九点连线”活动，也可以运用逆向思维的故事“抽烟与祈祷”代替“九点连线”活动。

丢失了 100 元

三名学生一起住宿，结账时住宿费为 3000 元，所以平均每人 1000 元给旅馆的服务员。当服务员将 3000 元交给老板时，老板说可以优惠 500 元。服务员便拿了五张 100 元的钞票准备退还给学生。但又一想，三个人分 500 元无法平分，于是就偷偷抽出 200 元放进自己的口袋，只退给每个学生 100 元。但她仔细一想，三个学生等于每人付了 900 元，共 2700 元，加上自己揩油的 200 元，共是 2900 元。起初的 3000 元中，还有 100 元究竟到哪里去了？

答案：这种计算方法不对。三名学生最后所付的款是 2700 元，服务员从中揩油 200 元，因此 2700 元减去 200 元，旅店老板实收 2500 元。当题意改成每人平均付 900 元时，与 3000 元的计算已不发生任何关系了，以 2700 元加上 200 元的方式计算，毫无意义。

抽烟与祈祷

一位教徒在祈祷时犯了烟瘾，就问神父："祈祷时可以抽烟吗？"神父狠狠地瞪了他一眼说："不可以！"另一个教徒在祈祷时也犯了烟瘾，他向神父问道："抽烟时也可以祈祷吗？"神父赞赏地说："当然可以了！"

（楚冬梅　著）

第六章

轻松应考攻略

【教学背景】

每到考试前，学校心理辅导室都有点儿人满为患的感觉——有的是来诉苦的："老师，我们又要考试了，这次哦，居然是统考！"有的是来抱怨的："要是没有考试该多好！"有的是来求助的："老师，我最近一段时间复习不进去，怎么办？"有的是来祈福的："老师，你有没有什么好办法，让我考试的时候发挥好一点？"

凡此种种，构成了一幅考前众生相。考试在即，学生往往倍感压力，出现了各种各样的担心、困扰，也表现出各种身体症状，比如吃不下饭、睡不好觉。还有一些学生，在考场上也状况倍出：忘记了那些平常熟悉得不能再熟悉的课文、解错了那些平常轻松就能做对的题目，总是对着一道题反复检查等，严重影响了考场发挥和考试成绩，而前一次考试的失败又带来了对下一次考试的担心和焦虑。

这些现象，是学生在面对考试时产生的生理与心理反应。心理学称之为应激反应，即当生活中出现了刺激性事件并超过了个体的能力所及，个体为了应付这些改变而做出的许多反应，包括生理上的、行为上的、情绪上的和认知上的。适度的应激反应，有助于提升个体的适应能力，促进个体的发展和成长；但过度的应激反应，则容易造成情绪困扰、认知失调，甚至出现生理疾病。

在考试情境刺激下，受学生个体的认知、评价、个性、特点等影响而产生的以对考试成败的担忧和情绪紧张为主要特征的心理反应状态，我们称之为考试焦虑。这在中小学生中非常常见。2008 年的一项针对上海市所有中小学生的心理调查，选取 5 个区的 3662 名中小学生为样本。结果表明，近九成学生时常遭遇“考试成绩不理想”。结果显示，考试不理想、学业压力大、人际关系矛盾等位居前列，是对孩子打击最大的事情。新浪网曾进行了一次考生备考状态调查，揭示了考生的压力指数。调查发现，一定比例的中学生处于轻度考试焦虑水平，其中有些存在着中度考试焦虑，更有甚者则存在重度考试焦虑问题。

一般来说，如果学生对考试结果过分担心和过高期望，而造成过度的考试焦虑，容易使学生的情感体验、行为表现和生理过程发生剧烈变化，尤其是使大脑的智力活动因突然受阻而发生紊乱和阻抗。在考场上，考试焦虑对学生的临场发挥影响较大，表现为：学生感知觉能力降低，试题易被看错、看漏；注意力的稳定性和持久性下降，易分散，难集中；记忆混乱，易遗忘；思维力降低，分析、判断和推理迟钝，甚至出现思维短暂空白，严重的学生还会出现晕场等。

分析容易出现考试焦虑的学生，主要有这样几种原因：(1) 个体属于焦虑人格特质，希望自己考试准备充分，发挥正常；(2) 家长对学生的期望很高，如果达不到期望往往会对学生进行责怪，这也造成了学生对考试的担心；(3) 有些学生认为考试考得不好，是证明自己的能力不行，会给自己的未来带来许多负面影响，因此，对考试的期待很多，担心自己失败；(4) 以往曾经有过考场发挥失利的负面经验，却不知道如何应对，因此担心再次发生。

当然，还会有一些学生存在这样的问题：他们对考试焦虑这个现象有恐惧感，不知道这种现象是否正常、担心自己是否存在这种问题、不知道怎样克服这种问题。因而，也需要帮助他们正确认识这种现象，并学习一些应对的方法，以提高缓解考试焦虑的技巧。

对一节课心理辅导活动课来说，无法改变影响学生考试焦虑的所有因素，但是可以确实帮助学生正确认识焦虑对考试成绩的影响，也可以帮助学生学习一些缓解考试焦虑、保持考场心态的方法，提高学生的应考技巧，使他们获得更为积极和正面的考场经验。

【教学设计】

教学目标

(1) 正确、理性地认识过度焦虑对考试的影响，觉察自己的焦虑水平。

(2) 学习和掌握一些调整考试过度焦虑的方法，以应对过度焦虑带来的负面影响。

教学对象

初中三年级学生

课前准备

视频资源准备。

教学过程

（一）导入：考试这件事

师：今天的课有所调整。为了检查大家前两次上课有没有专心，所以我们今天要来进行一个考试。请同学们把课本收起来，留下一支笔就好。

（等学生们都收好东西，进入考试准备状态，再问）听到考试，你的感觉是什么？或者你的第一个念头是什么？

请几位同学发言。

师：考试的确会带给大家不同的感受，从小到大，我们经历了许多考试。我们为什么要考试？考试是什么？请大家以接龙的方式来进行。

以“考试是……”为首，自由联想接成一个完整的句子，句子内容越有创意，越接近真实越好，例如：“考试是令人头皮发麻的开始。”

活动以接力的方式进行，发言的人不得重复。

（二）考试紧张会怎么样

师：(出示一张坐标图，横坐标表示紧张程度，纵坐标表示考试成绩。）请同学们根据自己的经验，画出一条线，来表示“紧张程度”与“考试成绩”之间的关系。

生 1：是一条直线。越紧张，成绩越好。

生 2：是一条直线，但是越紧张，成绩越差。

生 3：是一条曲线，越不紧张和太过紧张，成绩都不好。

师：三位同学画出了三条不同的线，看来，他们有不同的经历，能不能请他们说一说？

生 1：我每次在大考的时候，都会特别紧张，也特别认真地准备，背啊默啊，结果，总是考得不错。

生 2：我就恰恰相反，每次大考的时候，我都特别紧张，担心这个没准备好那个没准备好，结果真的就考不好。反而是那些小考，我更轻松，考得更好。

生 3：我觉得每个人的情况不一样。就我来说，我觉得是太紧张或者太不紧张，成绩都不好。

师：的确，像同学们所说的那样，每个人的情况不同。那么“紧张程度”和“考试成绩”之间到底有没有关系，有什么样的关系呢？（讲述）

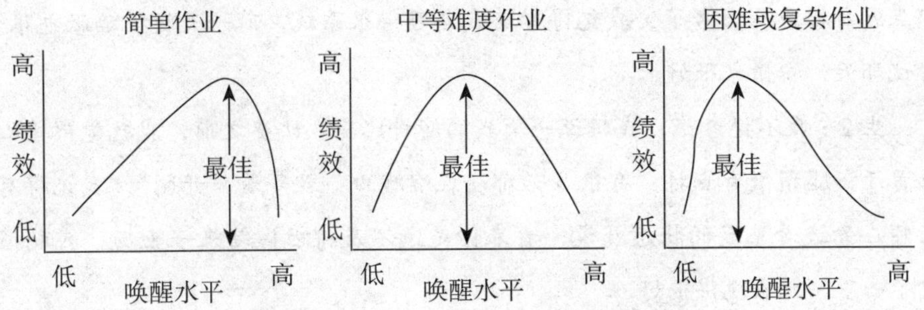

心理学家耶基斯和多德森的研究证实，动机强度与工作效率之间并不是线性关系，而是倒u形的曲线关系。具体体现在：动机处于适宜强度时，工作效率最佳；动机强度过低时，缺乏参与活动的积极性，工作效率不可能提高；动机强度超过顶峰时，工作效率会随强度增加而不断下降，因为过强的动机使个体处于过度焦虑和紧张的心理状态，干扰记忆、思维等心理过程的正常活动。

上述研究还表明：动机的最佳水平不是固定的，依据任务的不同性质会有所改变。在完成简单的任务中，动机强度高，效率可达到最佳水平；在完成难度适中的任务中，中等的动机强度效率最高；在完成复杂和困难的任务中，偏低动机强度的工作效率最佳。

师总结：看来，焦虑是一种普遍存在的心理现象，它会影响我们正常的学习和生活，但也能成为一种建设性的力量，促进我们为了完成任务而努力；松弛有度，轻而不松、紧而不慌，才能让自己正常、甚至超常发挥！

（三）主题活动：我的考场最佳状态

师：看来，我们需要对自己的焦虑水平有明确的了解，才能调节好自己的状态，发挥最好的水平。让我们一起回忆一下，我们的考试状态最好的时候，是什么感觉？那时我是怎么做到的？

生1：我记得有一次期中考试考英语，我考得非常好。那次考前，我就觉得自己胸有成竹，好像有很多知识点都清晰地印在脑海里，看到考题，那些知识点就都排着队出来了。我记得考前我复习得很系统，前一天晚上睡眠也很好，考试那天，心情也很好。

生 2：我不说考试，我想说一次我的演讲比赛。比赛之前，我就觉得手心有点冒汗，腿稍微有点抖，有很多话都堵在喉咙口，就等着“开闸”。我记得有个老师在旁边看见我的状态就说，看来你是迫不及待啦！结果一上场，我稍微镇定了一下，就表现得很好。

生 3：我也同意刚才 ×× 的感觉。其实有时候，状态好的时候有种略略眩晕的感觉，但是这种感觉又不能过头。（学生笑）要稍微再调整一下，冷静一下。

生 4：我好像没他们这么激动。我觉得是心情比较愉快，看什么都觉得高兴、开心的时候，就容易发挥得很好。我妈好像特别擅长这个，每次考试前，她做出来的菜颜色都很漂亮，早上叫我起床的时候，也不会很凶，还会想办法开个玩笑什么的。

师分享：刚才同学的分享都非常有价值，说明大家对自己的考试状态都有一定的自我觉察能力。总结大家刚才的分享，我们会发现良好状态的表现为：心跳略快有兴奋感，思维活跃有流畅感，情绪愉快有冲动感，注意集中有警觉性。

（四）保持我的好状态

师：当我们过于焦虑的时候，会出现什么状况呢？有什么需要我们一起来讨论解决的吗？

生 1：考试的时候会突然忘记本来就会的东西。

生 2：会睡不着觉。

生 3：会觉得看题目都看不清楚，心跳得特别快。

……

师板书并总结：是的，过度焦虑时，我们会出现如下一些状态：

生理上：胸部不适、心跳加快、呼吸急促、面红或苍白、胃部或腹部不舒服甚至腹泻、尿频，情绪上：紧张不安和不愉快、容易激动或生气，警觉性增高，入睡困难，注意力不集中，对光和声音敏感。

师：那么，大家有什么好的解决办法可以互相交流吗？

生 1：如果睡不着觉，可以索性起来背背书。听说深呼吸也可以的，不过我从来没有试成功过。

生 2：其实自我暗示也很重要的，如果老是对自己说：考不好考不好，也就没有办法考好了。

生 3：要是在考试的时候想不起来了，不能着急，往后面做，说不定后面有道题目跟这道题目有相通之处，就想起来了。

师分享：

(1) “舌尖效应”及其应对方法：考试中总有这样的情形，一些很熟悉的事情，就是一时想不起来，当事人有一种“明明快想出来了”的感觉，最常见的情形是想用的字眼或词语已经到了舌尖，就是讲不出来，因此心理学中将这种现象称为“舌尖效应”。面对这种现象，可运用联想回忆法：就是在头脑里回忆所有和知识有关的事件和情景，能够让我们迅速地找到线索，从而找到信息之间的联系，回忆起有关的内容。

(2) 紧张激动及其放松方法：当人过于激动时，容易出现睡不着觉、看不清东西等现象。可运用肌肉放松法，让植物性神经系统得以松弛。它最主要的原理是先让人先感受紧张，再体验松弛。要放松什么部位，就让这个部位先紧张，在放松。如：头部放松：用力皱紧眉头，保持 10 秒钟，然后放松；用力闭紧双眼，保持 10 秒钟，然后放松……

(3) 自我暗示法：在心中反复默念自我暗示短语。短语的内容根据自己的目的而定，但尽量要简短、具体、直接和肯定。如：注意力集中；我能考好等。在自我暗示的同时，要在头脑中浮现出相应的形象来，以加强自我暗示。

（五）轻松应考我能行

师鼓励总结：从小到大，我们经历了那么多次考试，有失败，更有成功；而今后，我们还将经历许多次的考试。既然无法躲避，那就欣然面对。有了有效的经验，有了大家的陪伴，轻松迎考我能行！

（视频播放《永不放弃》）

【教学反思】

对考试心态的辅导，许多心理辅导教师设计过许多很好的活动，可供选取和借鉴的材料也很多。可是，作为一节有效的考试心态辅导活动课，其关键并不在于内容的多少，也不在于老师传授了多少，而在于是否适合自己的学生的需要，是否在课堂上真正让学生有所交流、有所体验、有所获得。因而，一次有效的考前心态辅导课，需要对学生进行访谈、了解，确定课堂讨论的重点内容。

就本节课而言，“我的考场最佳状态”是一个非常新颖而有效的活动。说它新颖，是因为很多辅导都是关注了焦虑的、失败的考试状态和经验，而教师的这个设计则是从正面帮助学生强化良好的考试状态；说它有效，是因为唤醒了学生对自己最佳焦虑水平的认识并为后面调整焦虑状态做了很好的铺垫。

此外，考试焦虑影响及其调整则是一个分享经验的活动。教师采用的是先调查学生的困惑，再进行指导的方法。这样的做法有针对性，但也对教师的知识储备提出了较高的要求，需要教师进行详细的教学准备。

当然，要获得一次成功的考试体验，除了考试心态的调整以外，还需要平常的学习方法和良好的复习准备的配合，这需要提醒学生。另外，如果在课堂辅导过程中发现了特别容易焦虑的学生，需要进行个别辅导。

【教学建议】

1. 导入部分可用“考场经验大回顾”替换现导入的情境模拟

最近一年，我经历了多少次考试？

我从容应对的有________次，

大获成功的有________次，

手忙脚乱的有________次，

功败垂成的有________次。

有人说，考试猛于虎也；

有人说，大考大玩，小考小玩，不考不玩；

我要说，______________________________

2. 可用于表明心态对比赛结果的影响的活动

数青蛙比赛

“一只青蛙一张嘴，两只眼睛四条腿，扑通一声跳下水；两只青蛙两张嘴，四只眼睛八条腿，扑通扑通跳下水；三只青蛙三张嘴，六只眼睛十二条腿，扑通扑通扑通跳下水；……”

数青蛙的游戏，以前都玩过的呢。现在，让我们来做一次比赛吧！

3. 为帮助学生感受心态对考试的影响，可运用故事：秀才赶考

版本一

从前，一个村庄有两位秀才，一个姓王，一个姓李。他们一同进京赶考，路上他们遇到了一支出殡的队伍。看到那口黑乎乎的棺材，王秀才心里立即“咯噔”一下，凉了半截，心想：“完了！赶考的日子居然碰到这个倒霉的棺材。”于是，王秀才心情一落千丈，走进考场后，那个“黑乎乎的棺材”的影子还在他心里，挥之不去，致使文思枯竭，结果名落孙山。

李秀才自然同时看到那口“黑乎乎的棺材”，开始心里也“咯噔”了一下，但是他转念一想：“棺材，棺材，那不就是有‘官’又有‘财’吗？好兆头！看来这回我要鸿运当头了，一定高中。”于是，李秀才心里十分兴奋，情绪高涨，走进考场，文思泉涌，果然一举高中。

考完回到家后，两个秀才都无限感慨，各自对家人说：“那‘棺材’真的好灵啊！”

版本二

从前，有位张秀才进京赶考，这是第三次了，他早早地寻得常住的旅店，积极备考。考试前几天他做了两个梦：第一个梦是梦见自己在墙上种大白菜；

第二个梦境是他在雨中戴了斗笠还打雨伞。张秀才感觉这两个梦寓意深刻，于是第二天一早起来就赶紧去找算命先生解梦。算命先生还没有完全听完秀才说梦，就连拍大腿直率感叹地说："您还是回家吧！你想想看，在高墙上种白菜不是白费劲吗？戴斗笠打雨伞不是多此一举吗？"张秀才一听，觉得讲得有道理，心灰意冷，回旅店收拾行李准备退房回家。店老板好生奇怪，问张秀才："您明后天不就是考试吗？怎么今天要赶回家？"张秀才告诉店老板析梦之事。店老板听后，大笑起来，说："嗨，有如此好梦，我也会解梦呢。你想想，在墙上种菜不是高种（中）吗？戴斗笠打伞不是说明你这次不怕，有备无患吗？我觉得，你这次一定考中。"张秀才一听，觉得店老板说得更有道理。于是继续住下，积极备战，精神振奋，参加考试，张秀才果然中了个探花。

4. 用于激励学生面对考试，坚持不懈的视频：《永不放弃》

这是一段橄榄球运动员训练中，教练让队员进行死亡爬行时发生的故事。原本以为不能完成 15 米的队员，却蒙眼、负重完成了横跨球场、大约 50 米的距离。这样的奇迹是怎样发生的？这段视频，让每个面临挑战的人都热血沸腾！

（杨红梅　著）

第七章

考试的失败与成功

【教学背景】

1. 学生恐惧考试的现象

考试本来是作为考查学生知识水平掌握状况和教师教学效果的有效手段，本来应该是学生学习环节中很自然的一个环节，但是曾几何时，很多学生都患有了“考试恐惧症”。还真是印证了流传很久的那句俗语：“考考考，老师的法宝；分分分，学生的命根。”那么何谓“考试恐惧症”呢？具体来说，也就是害怕考试，通常表现为孩子考前产生害怕心理，引起身心的一系列不良反应。考试过程中往往表现为紧张焦虑、头晕出汗、记忆模糊、精神不集中等情况。除心理反应外，严重的还可能引起生理上的头痛、胃痛、腹痛。比如，“拿到卷子觉得每道题都眼熟，就是想不起来怎么做；常常试卷答到一半，又返回去检查有没有漏做的题；平时成绩不错，考试时却常犯些低级错误；考前睡眠质量差，经常莫名兴奋或焦虑；在考场上出虚汗、手抖、脑子一片空白……”。这些，可能都是考试焦虑症的具体表现。

2. 学生恐惧考试的原因分析

学生为什么会如此厌恶考试，甚至是恐惧考试呢？这其中的原因自然是极为复杂的，但比较直接的原因，往往与考试过后，学生对考试的成功与失败的感受，学生考试后家长、老师或其他重要他人的态度、行为，学生对以上种种现象的想法有直接的关系。考试失败可能给学生带来希望的落空、自信心的受挫、更大的压力、父母的责备等。学生对种种现象难免会有自己的解读，如果解读不当，则容易让学生对考试产生厌恶与恐惧的情绪，而学生这些负性、消极情绪又极容易泛化为对学习的兴趣缺失、对自我学习能力的怀疑与动摇，这样难免会进入厌学的消极循环中。

3. 学生对待考试成败的感受

在处理学生个别咨询的过程中，我们会发现，学生绝大部分的学业困惑均来自于考试前的担心和考试后的郁闷，以及对于如何应对考试的疑惑。也有学生个案表明，学生考试后的情绪、想法以及应对方式对于学生的自信心，对某门学科学习的兴趣、对接下来考试的担心等都有直接的影响。尤其值得我们关注的是，部分学生直接表明，自己对某门学科丧失学习的兴趣，对某门学科不愿付诸努力，就是由于自己的某次考试后，惨遭失败的打击太大，周围人对自己负性情绪的关照不够，导致自己逐步丧失对该学科学习的兴趣，形成恶性循环。

我们从这些现象以及现象背后的成因解读中不难发现，对于学生考试后的心理感受、想法应该引起教育工作者的极大关注。如何帮助学生了解自己的归因特点并初步学会合理归因的方式就是本课要着力解决的问题。

【教学设计】

教学目标

(1) 了解自我的归因特点。

(2) 认识不同归因方式的影响。

(3) 初步学会合理归因的方式。

教学对象

高中一年级学生

课前准备

(1) 游戏材料准备；

(2) 归因特点调查表与学生案例；

(3) 多媒体教学课件。

教学过程

（一）导入：考试的抓与逃

1. 介绍规则

班级同学按照位置分成若干个组，每个小组的组员围成一个圈，所有的人都将自己右手的食指放在右侧、并与肩部水平、朝上，左右放在相邻的队员的食指上。教师开始讲一段文字，当文字中出现一个“考试”的词语时，队员的左手要去抓相邻队员右手的食指，并且，自己的右手食指迅速逃开。

2. 材料示例

前一段时间，我们参加了进入高一以来的第一次大型考试，也就是我们的期中考试，这是一次系统全面的考查，是对各门功课的阶段性的考查。考试前，我进行了认真周密的复习。我相信在测查中会取得理想成绩。

3. 交流活动感受，引出课题

活动给你带来怎样的感受？你会想些什么呢？

4. 教师引导

游戏过后有的人从容淡定地逃脱了，也有的人稍不留神地给抓住了，有的人开心，有的人遗憾，也有不少的同学会去总结成败得失的原因，一场考试某种意义上也犹如我们的游戏，总是几家欢喜几家愁。我们今天就一起来讨论考试的“失败与成功”，并一起找找失败与成功的原因。

（二）我来找一找

1. 说说考试成与败

请学生交流本次考试过后自己的心情感受，以及自己对于考试成败的原因分析。

师：期中考试刚刚结束，请你来说说考试过后的心情感受。

生1：这次考试我悲剧了。

师：真遗憾，那你觉得是什么原因导致了这场悲剧呢？

生1：数学我们班都考得不太好，题目太难了。

生2：我这次考试其他的还可以，正常吧，不过英语考得比较烂。

师：英语不理想的原因是什么呢？

生2：我本来英语就不好，复习的时候也有一些内容没弄懂。

生3：这次考试我考得实在太烂了。

师：嗯，能感受到你心理的难受，找过原因吗？

生3：可能自己没复习好吧，正好那段时间家里……

师：看来不少同学都表示自己这次考试不太理想，那有没有发挥比较棒的同学也来说说呢？

（经同学们鼓励，生4站起来。）

师：首先要祝贺你哦，和大家分享下这次考试成功的秘籍。

生4：我这次考试还不错，主要是我复习工作做得比较细致，我不仅照着书上复习，我还认真看了笔记本，还有以前考试的卷子，对于不太懂的也及时地问老师了。

说明1：教师可以在这个时候说明对自己的学习、参与活动、工作成败的原因做出判断的过程在心理学上被称为“归因”。

说明2：如果学生描述心情感受有困难，教师也可适时要求学生用一种颜色、一种味道来描述自己考试后的心情感受。

2. 归因方式小调查

大家对本次考试的成败都尝试着进行归因，结合自己以往考试的经验，你觉得一般来说，你是否会从以下方面寻找原因呢？完成归因方式小调查。

调查材料

如果你认为符合或比较符合自己的，请在下面相应的题目后的（　）中打“✓”。

当你在学习中遭遇到失败时，你认为会有哪些原因？

1. 家中没有人指导我解答疑难作业……………………（　）
2. 我不喜欢任课教师……………………（　）
3. 学习科目过于枯燥……………………（　）
4. 平时养成了懒散的习惯，不愿学习……………………（　）
5. 家里环境差，没法学习……………………（　）
6. 我没有找到有效的学习方法……………………（　）
7. 父母不关心我的学习……………………（　）
8. 我学习缺乏恒心和毅力……………………（　）
9. 班级学习风气不好……………………（　）
10. 我不会妥善安排学习时间……………………（　）
11. 学校令人讨厌……………………（　）
12. 我学习基础不好，跟不上……………………（　）
13. 老师的教学方法不适合我……………………（　）
14. 我自己努力不够……………………（　）
15. 运气不好，复习的内容总是不考……………………（　）
16. 身体不佳，无法集中精力学习……………………（　）
17. 考题总是太难……………………（　）
18. 我对学习没有兴趣……………………（　）
19. 情绪不稳，常被无端的情绪干扰……………………（　）
20. 本身能力不够，根本不是学习的材料……………………（　）

在你所选择的内容中再选出5个最主要的,按照重要性由大到小来写(写题号):

__________ __________ __________ __________ __________

如果你认为还有其他原因请写出来____________________

3. 教师总结

我们会发现有些人习惯从自己身上找原因，我们称为内部归因；而有的人习惯从外在环境找原因，被称为外部归因，我们可以用刚才的调查结果来检测你是哪种归因特点的人。如果你更多地选择单数题，可能你比较习惯于外部归因的；如果你选择的答案更多的是双数题，可能你比较习惯于内部归因。

4. 过渡语

看来考试成功与失败过后，不同的人会找出不同的原因，那不同的归因方式对我们的学习又会有怎样的影响呢？带着这样的思考，让我们一同走进“我来猜一猜”。

（三）我来猜一猜

考试后分别对几位同学进行了采访，请根据他们的回答，猜猜他们接下来的情绪感受、行为表现，并预测他下阶段的学习及考试的成效可能会是怎样？

1. 呈现采访案例

你觉得导致本次考试失败的主要原因是什么？

小能：“我想我太笨了，学习上没有天赋。”

小努：“最近我心思不在学习上，不够努力。”

小任：“这次考试太难啦。”

小运：“换了老师，新的教学方式我不习惯。”

你觉得本次考试取得成功的原因是什么？

大能：“因为我的学习能力比较强，比较擅长学习啦。”

大努：“我很努力，为这次考试准备得很充分。”

大任:“因为这次考试题目比较简单啦!”

大运:“运气!运气!我运气比较好而已。”

2. 结合案例讨论分享

师:请根据他们的回答,猜猜他接下来的情绪感受、行为表现,并预测他下阶段的学习及考试的成效可能会是怎样?

生 1:我觉得小能会有一种破罐子破摔的心理,他可能从此就不好好上课,不做作业,也不好好学习了。

师:嗯,这是一种可能。

生 1:这样,他的成绩就会越来越差了。

生 2:我想说的是小任,他就会觉得这次考试失败和我是没有关系的,主要是老师出卷子太难了,那他可能就期待下次老师出的题目简单点。

生 3:大努既然认为是自己的努力才取得这么好的成绩,那他在接下来的学习中应该还是会继续努力的,这样可能他的成绩会越来越好。

生 4:我觉得大运认为是自己的运气比较好,那他可能就会祈祷自己一直有好运气,但这个很难的,也说不准的吧。

生 5:我觉得大能很自信,对自己的学习能力很满意,不过也有一点骄傲的感觉。

生 6:我觉得小运的想法不合适,你可以慢慢想办法去适应老师的教学方法啊,如果一直这样把原因推给老师的话,自己不努力,可能下次考试还是不好,有点找借口的感觉。

教师小结:对成功与失败进行不同角度的原因分析,可能会对我们的心理感受、行为表现有进一步的影响,我们要对自己的成功与失败进行合理的分析。

(四)我来议一议

1. 教师呈现案例,分小组进行讨论(为了调节课堂气氛,也可以运用课堂表演等形式)

案例:期中考试后,小柯在自己的空间里写了这样一段话:

其实考试前就能想象到自己这次考试成绩不会很好，但成绩发下来后，看到自己考得这么惨，甚至数学差点挂科，对自己的打击还是很大，觉得很难接受。很不喜欢这样的自己，做什么事情都没有动力，也没有了以前对学习的热情，不得不承认上学期期末考砸以后，自己就有点自暴自弃，也时常怀疑自己是不是就如人家说的，已经江郎才尽，自己的天资聪慧不过如此。想想未来真是迷茫。虽然爸爸没说什么，只是要我好好找找考砸的原因。但是找原因又有什么用呢？

2. 结合案例讨论分享

看了小柯的日志，你有什么感受？请以小组为单位展示本组成员的观点，其他小组做不同的分享或补充。

师：看了小柯的日志，你有什么感受？

生：我觉得他这次考试失利可能和他的状态有关系，他不是说作什么都没有动力，也没有了以前对学习的热情吗？

师：嗯，这是你的推测，那从日志中，你觉得是什么导致他没什么动力吗？

生：以前的考试对他的打击太大了，使他对自己丧失了自信心。

师：对自己丧失自信心？

生：对啊，他觉得自己的聪明已经用完了，没有办法继续学好了。

师：恩，分析得很清晰，当他认为期末考试的失败是因为自己不聪明后，他就变得没动力，对学习失去热情，自然他这次的考试也就不理想。这好像是个恶性循环，怎么办？

生：这次失败他应该好好找找原因，其实并不是他不聪明，可能是因为他没有很努力、或者他的学习方法有问题、或者他积攒了很多没弄懂的知识。

师：嗯，他需要分析清楚原因，多找自己可以努力的方向，并付诸实际行动。

3. 教师小结

(1) 考后归因对学习行为有明显影响。

(2) 初中生归因方式有一定的顽固性。

(3) 要客观分析自己的成败的原因。

(4) 尽量先从自身寻找可以改变的因素。

(5) 学习效果的改善需要合理的归因和积极的行为。

（五）结束语

当我们合理地寻找成败的原因，并带着健康的心态，投入积极的行动，我们一定会收获风雨后的成功。

【教学反思】

本活动设计主要是围绕学生面对考试成败的话题进行讨论，该设计主要抓的是如何进行原因分析，也就是归因。学生如何对这次考试的成功与失败进行原因分析，对于其情绪调整、下阶段的学习行为都是有一定的影响的。

导入过程的游戏活动借鉴了心理培训中“阿水的故事”这一经典游戏，学生对于游戏活动非常的兴奋与热烈，有的同学稍有遗憾地被抓，有的同学胜利地逃脱，一个简易的游戏活动让学生的注意力得到很好的集中，也让学生的情绪被感染带动，与考试话题的关联是自然流畅的，总体来说对于课程导入是可行且成功的。但是要注意的是这个游戏最好是学生之前接触过的，对规则有一定的熟悉程度，因为如果是第一次进行这个游戏活动，游戏规则的澄清与适应需要一定的时间。学生在交流感受的时候，也有一些学生会自动进行活动成败的原因分析，与课题内容十分贴切。

有了学生的参与体验，学生与话题相关的感受就很容易讲出来。接下来的自我归因分析，可以帮助学生更好地了解自己的归因方式，也暗示学生自己的归因方式也存在一个习惯的模式。“我来猜一猜”活动引导学生思考不同的归因方式所带来的不同的影响，基于学生的丰富的学习经验，这部分的讨论还是比较深入的，学生之间也存在观点的碰撞，甚至有些观点和经典的理论也存在一定的出入，但其实对于了解目前学生对该问题的认识还是很有帮助的，比如在课堂中我们就发现，学生会比较倾向于将考试成功归因为外在的偶然因素，这其实是为了获得同伴交往的便利；学生会把考试失败归因于一些外在的偶然的因素，有时候是为了缓解考试失败的焦虑与不安的感觉。

【教学建议】

虽然该教学设计对归因是个初步的尝试，也结合学生的年龄特点及认知方式就归因的内容进行了一些筛选与组织，但是也存在可以改进的部分。

首先是案例的讨论对于学生的认知水平来说稍微显得有点深，如何让学生在原有的认知水平基础上，比较形象直观地感受到，消极型的归因方式有时候会使人陷入恶性循环中，我们要尽力培养自己的乐观型归因风格。

第二，可以发现学生考试后的成功与失败的话题中可以讨论的内容其实是很丰富的，比如说学生的情绪感受、学生下阶段的行为等，虽然彼此间有一定的关联，但是归因内容的讨论稍显理性，在这之前最好有一节课可以是让学生充分暴露自己考后的情绪感受，只有在这个基础上，才能更激发学生的改变与提升。

导入的游戏环节也可以运用其他一些参与性强的、竞技类的游戏代替，请学生对游戏的成败寻找原因,直接导入归因的课题,比如某相关教学设计运用“穿针引线”的游戏导入归因，由每组派两位同学参加，一位同学拿针，一位同学拿线，在 5 秒钟内将线穿过针孔，其他同学予以监督，并计时。接着请参加游戏的同学寻找游戏中的成功和失败。

案例讨论部分是结合学生生活学习实际展开，学生是否有强烈的意愿参与讨论就与案例的普适性有密切关系，所以案例的选择一定要符合学生的生活学习实际，有一定的矛盾性，有一定的代表性。

（刘诗薇　著）

第八章

成功的奥秘

【教学背景】

我国著名教育家叶圣陶先生说："什么是教育？简单一句话，就是养成习惯。"爱因斯坦说："什么是教育？当你把所受过的教育都忘记了，剩下的就是教育。"什么是忘不掉的？习惯就是忘不掉的，它是一种自动化的、稳定的行为，学习习惯又不同于学习方法与学习技能。俄国著名教育家乌申斯基说："良好的习惯乃是人在其神经系统中存放的资本，这个资本不断地在增值，而人在其整个一生中享受着它的利息。"

肖恩·柯维的《杰出青少年的七个习惯》是美国中小学生人手一册的书，美国升学考试必考科目之一，它直接影响着美国人的素质，由此可见拥有良好的习惯是多么的重要。

提高中小学生学业效能，实现真正意义上的"轻负担、高质量"的目标，前提必须是学生也要拥有良好的学习习惯。良好的学习习惯能促进学生身心健康成长，取得好的学习成绩，使学生受益终身。初中预备年级是小学阶段向中学阶段的过渡，预备年级学生正处于长身体，长知识的关键时期，可塑性大，是对其进行良好学习习惯培养的最佳时机。

对初中学生来说，他们从不同的小学升学而来，各小学对学习习惯的培养侧重点不同，学生又在学习过程中养成自己的习惯具有个性化差异，因此，在初中阶段，对学习习惯进行梳理和培养就显得尤其重要和必要。

但是，初中学生的学习习惯培养和小学生存在不同：首先，初中生已经具备一定的自我觉察和调控的能力，因此，要注重激发他们自我检查、自我养成学习习惯的动机；其次，在学习习惯的培养过程中，要关注到个体差异，不强求每个人的学习习惯保持一致，而要让学生结合自己的个性特点养成有效的学习习惯。

因此，在本节课的设计中，并没有面面俱到地介绍学习习惯，而是重点在于唤醒学生对养成良好学习习惯的关注意识，并提供学习习惯自我检测和梳理的工具，让学生具备尝试改变一些习惯、养成一些习惯的能力。

【教学设计】

教学目标

(1) 了解良好的学习习惯是提高学习成功的关键；

(2) 确信习惯是可以改变的，建立改变不良习惯的信心；

(3) 了解培养良好的学习习惯的方法，并付诸行动去尝试改变。

教学对象

初中一年级学生

课前准备

(1) 准备阅读资料、制作多媒体课件；

(2) 学生训练卡片、反馈表；

(3) 学生自做信息卡：通过查阅书籍、搜寻网络找到一些好的学习习惯及其影响的案例；

(4) 学生结合“初中生学习习惯调查问卷”，以及信息卡，绘制三色图谱。

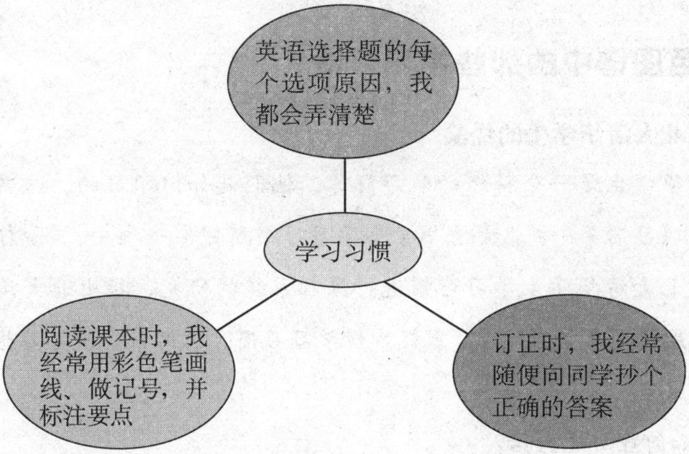

红色（正上）圆代表亲身试用过的对学习很有帮助的学习习惯；黄色（左下）圆代表别人试用过的，自己没有拥有的对学习很有帮助的学习习惯；绿色（右下）圆代表自身存在的对学习有负面影响的学习习惯。

教学过程

（一）游戏导入：交叉双手游戏

请将双手张开，两手交叉；大拇指在上的手换成在下的形式，再次交叉双手；请你多做几次交换后的交叉，直到觉得舒服了为止。

师：活动后，你有什么感受？

生：开始不舒服，后面好些。

师：习惯是人们在一定情境下自动化的去进行某种动作的需要或特殊倾向。习惯的力量是强大的——人们经常按照习惯进行思考和活动。

行为科学表明：一个人每天的行为中有 95% 来自于习惯，而只有 5% 的行动是创造性的行动。性格其实也是一堆习惯，是若干习惯的集合体。

习惯是可以改变的；习惯的改变在开始阶段会带来不舒服感；多重复，习惯成自然。

（二）三色图谱中的那些学习习惯

1. 介绍北大清华学生的经验

北大清华学生是一个特殊的学习群体，他们是如何学习的，这常让人觉得很神秘。在《习惯第一：北大清华学生学习习惯研究》一书中，“阶梯式学习法课题组”对北大清华学生学习习惯进行深入系统的研究，指出北大清华学生取得优异学习成绩的关键性因素：重视常规学习习惯，抓好常规学习习惯，就是学习效果好的法宝。

师：你如何理解这句话？

生：学习习惯还是很重要的，好的习惯可以使我们学习更好。

师：的确，好的学习习惯可以提高我们的学习效率，使学习变得轻松，取得学习上的成功。

2. 结合课前调查，交流三色图谱

其实，我们的同学也都从小养成了很多好的学习习惯，并从中获益。我们已经运用学习习惯自查表，对自己的学习习惯进行了测试、梳理。

下面就让我们结合三色图谱，交流我们已有的、要培养的学习习惯：

（1）交流分享图谱中的红色圆的内容

例：

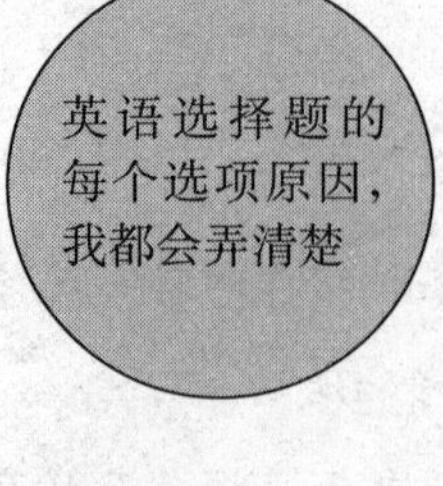

师：通过刚才的交流，你发现了什么？

生：越是学习好的同学，红色圆越大，拥有好的学习习惯越多。

生：学习好的同学红色圆越大，说明好的学习习惯确实是学习成功的关键。

(2) 扩大图谱中的黄色圆

通过刚才的交流，你还发现了哪些好的学习习惯，可以进行今后的实践，将其添加到图谱中的黄色圆中。

例：

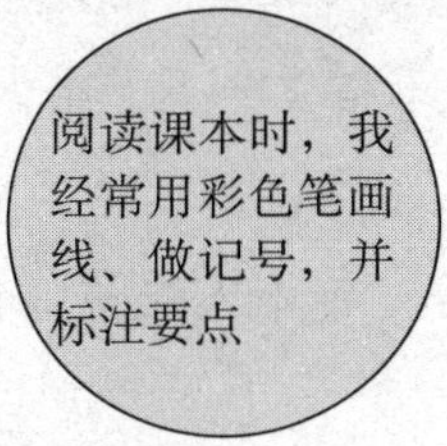

(3) 直面自己需要培养的学习习惯

在那个绿色圆中，写着阻碍了我们学习进步的习惯，好好看着它，你想过要改变它吗？

（三）培养良好学习习惯的秘籍

师：想要在学习上有所提高，我们还要改变阻碍我们进步的习惯，你觉得很难改变自己的不良的学习习惯是为什么呢？

生 1：每个人都有缺点，所以不改没什么大不了

生 2：想改变，也尝试改变，但却未成功

生 3：学习习惯都形成了 6 ～ 7 年，改不了的

生 4：不知道怎样才能培养一个好的学习习惯

1. 富兰克林和他的妙方

富兰克林戒除恶习的妙方

本杰明·富兰克林大概算得上美国历史上最有影响力的伟人，他博学多

才。他是爱国者、科学家、作家、外交家、发明家、画家、哲学家。他自修法文、西班牙文、意大利文、拉丁文，并引导美国走上独立之路。

但是，就连富兰克林也有不好的习惯，正如他自己清楚的那样。与众不同的是，他下决心想方设法改变它们。他不愧是一个发明家，他为自己制定了一个戒除恶习的妙方。他首先列出获得成功必不可少的十三个条件：节制、沉默、秩序、果断、节俭、勤奋、诚恳、公正、中庸、清洁、平静、纯洁、谦逊。

在那本不朽的自传中，他提及了使用这个妙方的方法。“我打算获得这十三种美德，并养成习惯。为了不致分散精力，我不指望一下子全做到，而要逐一进行，直到我能拥有全部美德为止。”

他的妙方中，有一点借鉴了毕达哥拉斯的忠告，每个人应该每日反省。他设计了第一套成功记录表：

“我制做了一个小册子，每一个美德占去一页，画好格子，在反省时若发现有当天未达到的地方，就用笔作个记号。”

他认为一段时间只专注一项修炼，才最有效。头三个星期只专注“节制”，每天检查自己为人处世是否“节制”，第四个星期盯住下一项，并对前一项复习巩固……三个十三星期的轮回，他的举手投足，接人待物发生了根本性变化。

当富兰克林七十九岁时，写了整整十五页纸，特别记叙了他的这一项伟大发明，因为他认为自己一切成功与幸福受益于此。

富兰克林在自传中写道：“我希望我的子孙后代能效仿这种方式，有所收益。”

师：本杰明·富兰克林是怎样戒除恶习的呢？

生 1：他认识到不良习惯带来的严重后果，认识到改变它们的重要性和迫切性，所以下定决心改变。

生 2：他确定要改的习惯，就统筹安排，逐一击破。

生 3：他做了成功记录表，反省检查，坚持对于习惯的改变很重要。

师：有些同学开始下决心要改掉不良的学习习惯，可信心不足。

行为心理学研究表明：不管是行为还是想法，21 天以上的重复会形成习惯；90 天的重复，会形成稳定的习惯。

2. 总结方法

师：同学们可以补充一些你知道的培养良好习惯的方法或介绍一下你自己的好习惯养成的方法。

（1）重要性思考——下定决心。

降低自信←人格完善

↑

不良的学习习惯→升学就业→收入←舒适的生活

↓

考试焦虑←心理健康

（2）可行性分析（拒绝为自己寻找借口）——树立信心。

- 目的：提高数学成绩。
- 学习习惯：每天做一道错题集上的错题。
- 分析：题难，需时 30 分钟，而你除了作业外剩余时间只有 1 小时，你还要洗漱，整理书包，还想休息……怎么办？

（3）统筹安排，逐一击破（分段实现大目标）。

（4）习惯仿佛一根缆绳。

（5）借东风——寻找支持系统（不断充实自己）。

- 励志书籍：名言警句，杰出人物传记。
- 家人、朋友鼓励、支持、监督。

（6）坚持不懈，直到成功。

（四）回音壁：立即行动，培养良好的学习习惯

请同学在绿色图谱中选取其中的一条，自己设计一张改变习惯的训练表。

例：

（1）确定要改变的不良的学习习惯。

（2）制订改变的具体措施。

（3）把训练卡放在醒目的地方，你每天都能看得到的地方。每天检查一下自己是否坚持了新习惯。

（4）在训练表上写上一些激励自己坚持新习惯的话！

师：好习惯在你无意识中自动为你管理，为你服务，为你效忠终身。良好的学习习惯，将是人生一笔极其宝贵的财富。

哈佛大学有一座大厦命名为“威廉·詹姆士大厦”

播下一个行动，收获一种习惯；

播下一种习惯，收获一种性格；

播下一种性格，收获一种命运。

祝愿同学们能够培养更多的良好的习惯！下节课我们来交流一下你的习惯训练表，你决心培养的好的学习习惯是什么、执行情况、心得体会。

【教学反思】

通过课前“初中生学习习惯调查问卷”以及与任课老师的交流，了解到学生因学习习惯差而严重影响学习成绩的事实，并听到学生渴求改变不良学习习惯的呼声和对改变自身不良学习习惯难以成功的叹息，从而确立了《成功的奥秘——拥有良好的习惯》课题的教学目标：帮助学生认识拥有良好习惯是获得成功的奥秘，让学生感悟到培养良好的习惯人人都能做到，指导学生学会如何培养良好学习习惯。

课堂教学过程中，通过交叉双手的游戏方式，让学生感悟到习惯是可以改变的，促使学生产生再次尝试改变不良学习习惯，培养良好习惯的内驱力。学生结合“初中生学习习惯调查问卷”，以及信息卡，绘制三色图谱，通过分享红色圆部分内容，使学生直观而深刻地了解自己学习习惯的现状，而且经过对比会发现越是学习好的学生，红色圆部分越是大，好的学习习惯越多，体会到良好学习习惯是学习成功的关键，激发培养好的学习习惯的信心。扩大黄色圆部分使学生意识到更多有效的学习习惯，为今后行动树立方向。

通过运用多媒体教学手段，引经据典，用大量丰富而生动的实际事例使学生感受到了培养良好习惯的必要性和可能性，从而激发了学生塑造自身良好习惯的愿望，了解了培养良好的学习习惯的方法；同时在对事例的分析和方法的介绍上，让学生结合自己的实际情况一起分析，培养了学生发现问题、解决问题的意识和能力，激发了学习兴趣，也创设了交流、探究和共享的课堂教学氛围。

本课的回音壁是留给同学自己操作的，自行设定希望培养的好的学习习惯，培养了学生自主学习的能力，满足了不同层次学生的学习需求。通过老师、家长、同学的监督指导，切实地帮助学生在现实生活中培养起好的学习习惯，从而提高其自我实现的能力。在今后的课程中可以继续设计一些活动，比如评选“习惯毅力之星”，“好习惯超人”等，对学生培养新的习惯进行鼓励，给予更多的动力。

另外，通过《学生反馈表》，使教师更多地了解到学生对课堂知识的掌握情况以及对于教学形式、内容方面的看法，不仅加强了教师和学生之间的沟通，也有利于教师在教学方面的进一步提高。

【教学建议】

1. 关于学习习惯调查表和三色图谱的运用

学生学习习惯调查表的内容较多。如果在课堂上完成，有可能因为时间问题而让学生无法认真地完成。因此，建议在课前完成，并让其根据此调查绘制三色图谱。

为了更好地激发学生的积极性，还可以结合学生的三色图谱评选“好习惯超人”、“好习惯毅力之星”：

（1）好习惯超人：针对红色图谱内容多的学生进行评选；

（2）好习惯毅力之星：即对于绿色图谱内容减少或红色图谱内容增多的学生进行奖励，也就是新的习惯培养过程的评价。

这样做的效果是：既鼓励了学生培养好的学习习惯的风气，注重学习过程的监控，又改变了仅以成绩论英雄的评价方式，使之更为多元化。

2. 学生红色图谱的补充内容，可与教师的总结相结合

例：

(1) 上课要认真听讲，跟住老师的思路；做好课堂笔记（记下课堂内容的要点，自己受启发的地方）。

(2) 基本做到当堂的内容当堂消化，大胆提出问题，积极参与讨论。

(3) 遇到不懂的问题，自己独立思考；实在解决不了，向同学和老师请教。

(4) 做作业前先看笔记，复习当天的知识点；作业保持独立完成。

(5) 课间适当休息；利用课余时间问问题，或背文科的内容。

(6) 找到适合自己的学习方法，劳逸结合。

3. 利用按时完成作业例子

将学生如何培养“按时完成作业”的学习习惯的例子，应用到“立即行动培养良好的学习习惯”的活动中，学生会有清晰的理解。

例：拖拖总是各科作业都不交，一问，他的理由很多，不是没听清老师的要求，就是不会做，所以不做。有些时候是交作业了，可交来的作业是抄同学的。最好的情况是迟交。

训练方法：

（1）目标：良好的学习习惯——按时完成作业。

（2）定改变的具体措施。

- 准备一本备忘录，记下当天的作业，和同桌核对一下是否有漏记的作业。
- 回家第一件事是做作业。
- 遇到难题，多思考，看笔记或打电话问同学，理解了再做。
- 撤走学习的小天地里有诱惑的东西。（小说、小食品、游戏）
- 家长检查作业的完成情况。
- 睡觉前检查是否将第二天要交的作业放到书包里了。

（3）连续不断地坚持 21 天表格，记录做的项目和没做项目的理由。

	周一	周二	周三	周四	周五	周六	周日
第一周							
第二周							
第三周							

（4）把激励的话贴在醒目的地方提醒自己。

——我一定能坚持下去

——我要全力以赴把这件事做完

——我要战胜我的惰性

——我一定能成功

4. 可适当运用课后反馈表

课后学生的反馈表有助于了解学生的听课效果，便于教师调整教学形式或内容，更被学生所接受，同时也有助于对学生培养好的学习习惯或改掉不良习惯以指导。

学生反馈表

亲爱的同学这是一份关于你的听课情况的调查，请你根据自己的实际情况如实填写，谢谢你的配合！

一、请你根据自己的实际情况，在相应的空格处打✓

内容	十分清楚	一般了解	不清楚
1. 你是否知道什么是习惯			
2. 你是否了解习惯的特点：习惯可以改变；只要多重复，习惯成自然			
3. 你是否认为良好的学习习惯是获得学习成功的关键			
4. 你是否了解自己的学习习惯			
5. 你是否认识到改变不良习惯的重要性			
6. 你是否建立了改变不良习惯的信心			
7. 你是否掌握了改变不良习惯的方法			
8. 你是否结合了自己的实际情况，确立了将要培养的良好习惯，并付诸行动去尝试改变			

二、请谈谈你对这节课在教学形式、教学内容方面还有哪些看法？

____

____

____

（乔岩　著）

第二部分

生命意识辅导

导　言

通过关注生命、尊重生命、珍爱生命、欣赏生命、成全生命、敬畏生命的教育教学活动，达到帮助学生理解生命的意义，呵护生命的尊严，提升生命的品质，实现生命的价值，从而拥有享受美好人生这样一个目的。直白一点说，在消极的层面上就是为了让人不会自杀，也不会去杀人；在积极的层面上则是为了告诫人要尊重自己和他人的生命。

笔者在编写课程的时候，遵循了以下三个原则：

第一，体验、感悟与认知相结合的原则。生命教育不是一个学科课程，不能以认知为主，它的重点是体验和感悟。我们的课程是希望通过学生们的体验使学生能感悟到一些东西。所以，每一节课里都设计了体验活动，要使学生通过感悟过程，迸发出心灵的火花，使学生终身难忘，促使学生素养的提升。体验活动可以根据当地的实际、学校的实际、本班的实际而灵活运用。

第二，课堂教学与课外活动相结合的原则。我们在设计教学时不是一味要求生命教育在课堂中完成，有些活动可以通过班队会完成，有些体验活动还可以在家庭、在社会实践中完成。

第三，真实性原则。这是最重要的一点，生命教育如果不真实，虚伪、虚假就达不到教育的目的。真实才有真知，真实才有真情，真实才有真感。

第九章

生命体验记录
——生命可贵，真爱无限

【教学背景】

“生命，那是自然会给人类去雕琢的宝石。”——诺贝尔

《上海市中小学生命教育指导纲要》中指出：生命教育应遵循“认知、体验与实践相结合”、“发展、预防与干预相结合”、“自助、互助与援助相结合”以及“学校、家庭与社会相结合”四个基本原则。心理健康教育有别于传统学科课程，它不是专门的心理学知识讲授课，并不注重学习系统的心理学理论知识，而以让学生获得充分的心理体验、发展自我为目的，是助人自助的过程。

十余年来的心理健康教育经历令笔者感受到，虽然孩子们有很强的自主性，渴望在生活中展现自己的能力和个性，但遗憾的是不少孩子在生活上和精神上受到无微不至的呵护，甚至是过分的保护，这反倒有可能抑制了孩子的自我保护的意识和欲望，缺少对自己生命负责的意识。部分孩子将父母的付出视作理所当然，并未切实感受生命的宝贵，在行为上出现不爱惜生命，甚至无视自己及他人生命的价值。

基于上述认识，借鉴情境体验式教学模式，笔者设计了本节心理辅导活动，期望通过活动，让学生亲身体验看管小生命过程中的喜怒哀乐，体会生命是需要爱惜和保护的，并通过分享感悟呵护生命的不易，感悟生命不只属于自己，而且属于所有爱你的人。

【教学设计】

教学目标

（1）学习看管小生命，体会生命是需要爱惜和保护的。

（2）通过活动体会、感激父母养育之恩，感悟生命属于所有爱你的人。

教学对象

适合初中预备年级（相当于六年级）、初一、二年级学生。

对于预备年级学生着重体会、感激父母的养育之恩；初一、二年级可促使学生在此基础上，引发如何实现生命价值的思考。

教学准备

（1）生鸡蛋、塑料袋、彩色笔、心形彩纸，并准备回家作业所需“魔豆”。

（2）设计告家长书、护蛋日记及采访父母记录纸；

（3）分享活动一周前布置护蛋活动；

（4）制作 PPT 课件、准备相关录像。

教学过程

（一）第一阶段：布置活动（一周前）

（1）本单元活动选用“鸡蛋”来比喻及象征“小生命”，向学生解释要令生命获得延续是需要保持鸡蛋的完好，就如同其他小生命般需要小心的守护及照顾。每位同学每晚睡觉前，要在自己的鸡蛋写上当天的日期，及画上一个爱心标记，表示他当天成功保护了这个小生命。

(2) 请每位同学准备生鸡蛋、塑料袋、彩色笔等材料。

(3) 各位同学在鸡蛋上写上自己的姓名、蛋宝贝的姓名及当天的日期，孩子们的责任是要每天将鸡蛋保管在身，携带着往返学校和家中，在这星期内小心看管保护这只鸡蛋（小生命）使其不会被打破。

(4) 每位同学要在护蛋日记上简单描述当天的护蛋经过、心得、感受。如果在护蛋过程中不慎将鸡蛋弄破，同学应将弄破鸡蛋的过程简单描述在当天的护蛋日记上，待上课时和老师同学分享。

（二）第二阶段：课堂分享

1. “保护我的蛋宝贝”活动回顾

建议：可以通过多媒体制作视频等，通过声、影、文字的结合，将学生引入氛围。

各位同学，大家做了一周的蛋爸蛋妈一定都有很多故事吧，让我们先来看看我们糯糯同学和他的“阳光宝贝”的故事。

请一位学生代表，将自己在七天的“保护我的蛋宝贝”活动中的故事与大家分享。（下图是学生分享时的作品，也可通过图来表示）

1

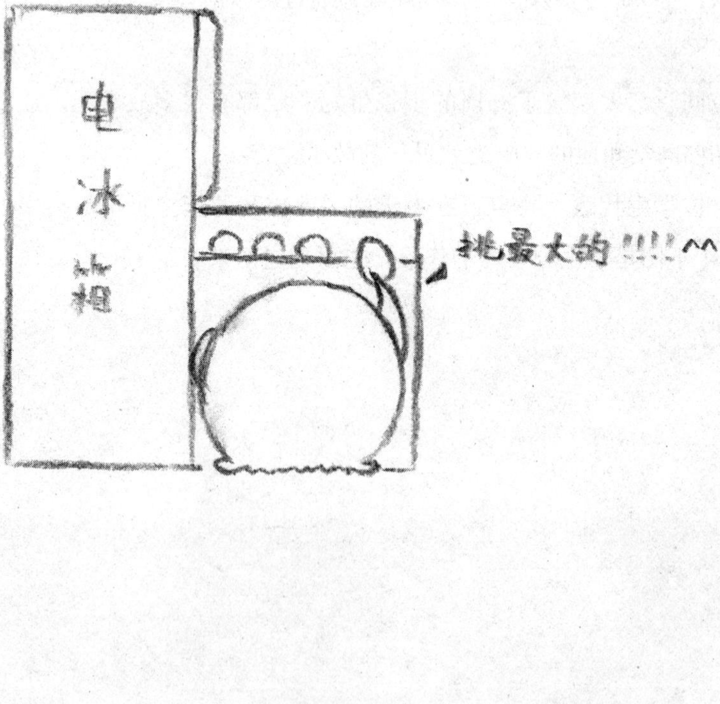

2

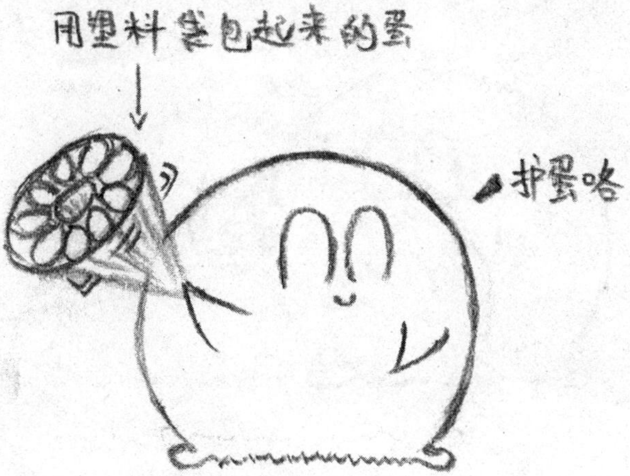

3

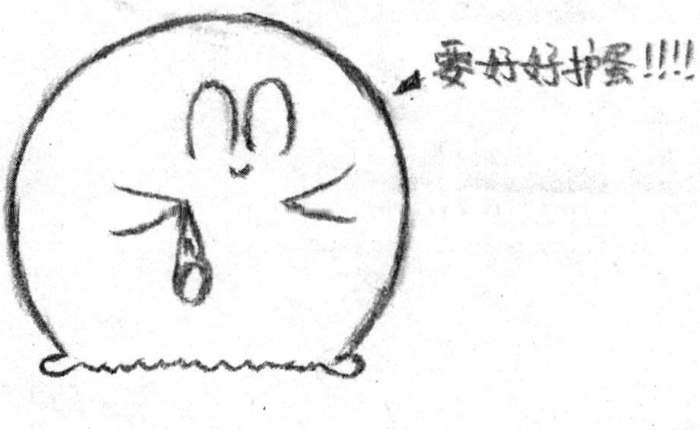

4

5

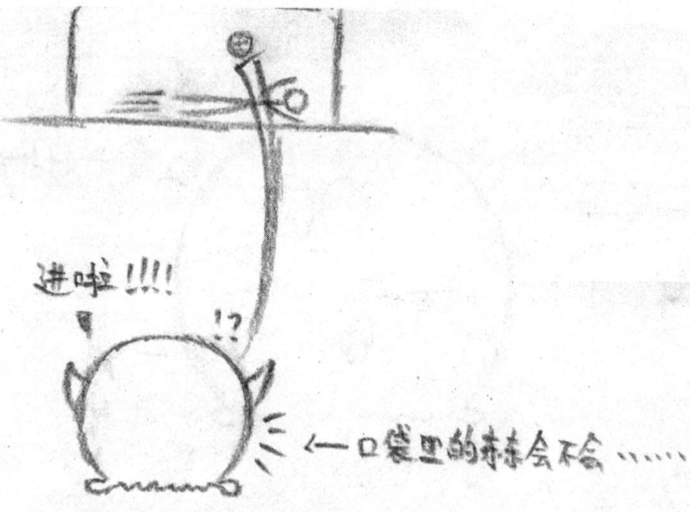

6

要没事，嘿，嘿。

今天，我一不小心，没有注意，把装蛋宝宝的盒子一下子扔到了桌子上，结果蛋宝宝碎了☹

今天，我的“阳光宝贝 2 代”出世了，我一定要好好地保护好这个蛋，不让蛋宝宝再一次受到伤害。

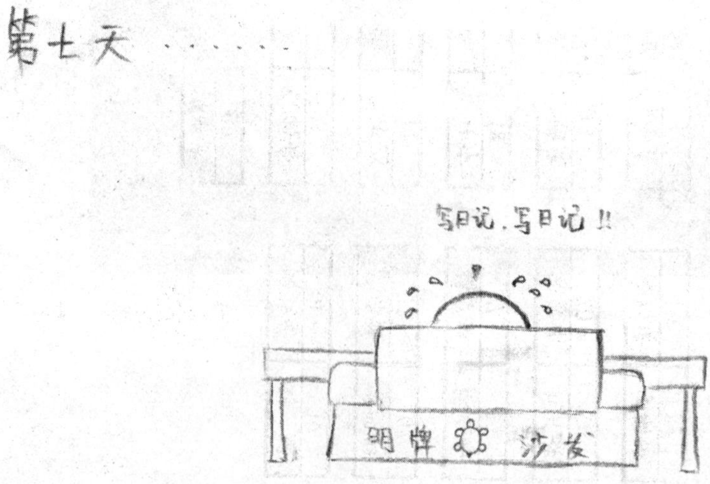

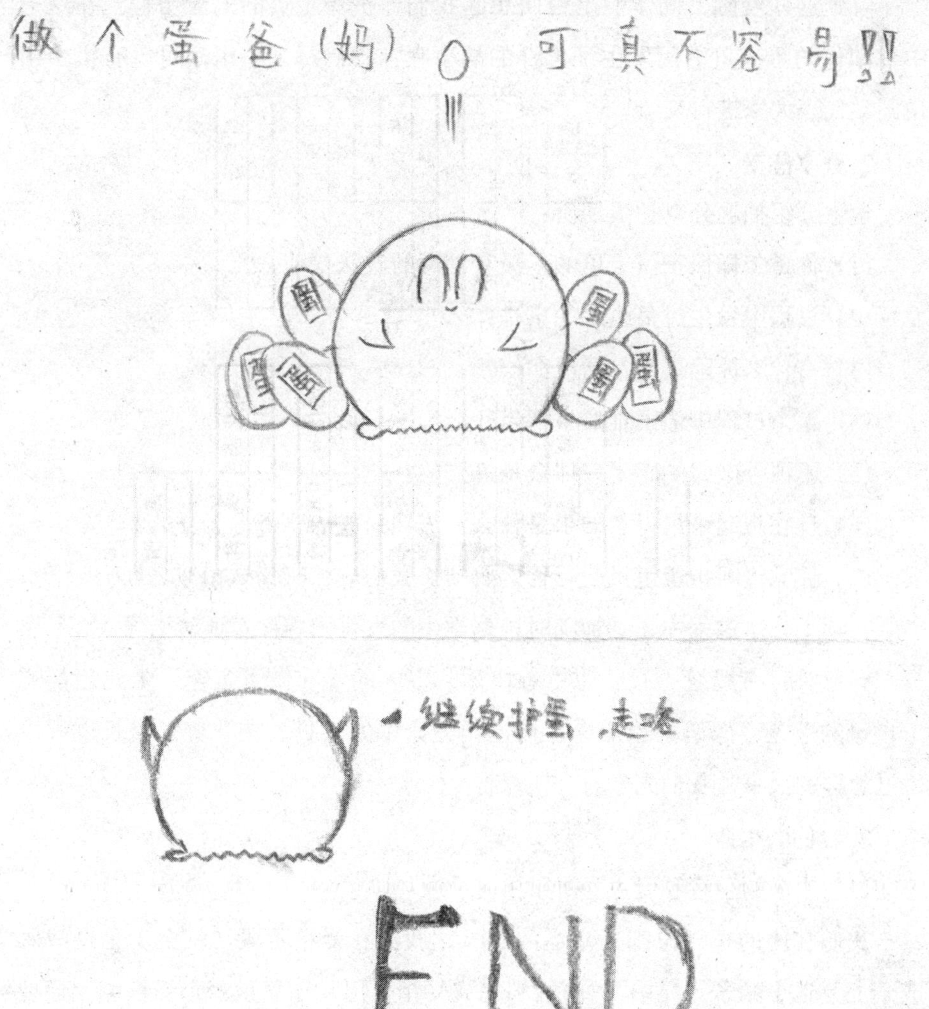

61

看到这些漫画，同学们是否回想起我们保护蛋宝贝的七天历程？在这七天中你和你的蛋宝贝之间发生了怎样的故事呢？我们每个小组都可以有机会由一位同学代表大家进行交流。

2. 分享感受

学生分组抽题分享护蛋经历：

（1）你是怎样保护蛋宝贝的？最有创意的做法是什么？

（2）过程中发生过最尴尬的事是什么？

（3）有什么惊险事件？情况如何？

（4）整个过程中最困难的事情是什么？

（5）不慎弄破时的感受或体会是怎样的？

（6）现在想起来最得意的事是什么？成功完成的感受是怎样的？

（7）你觉得呵护蛋宝贝与爸爸妈妈呵护我们成长有什么相似之处吗？

在学生分享过程中，老师随时根据学生的发言内容注意适时引导。

有意外、有尴尬、有欣慰、有快乐，很多同学在做了蛋爸、蛋妈后都想到了自己的爸爸、妈妈，想知道在自己作为家中的宝贝，在孕育、成长过程中发生过怎样的故事，我们先来看一段录像。

3. 我们的生命

（1）生命的孕育和诞生（精卵相遇录像片段）。

我们在座的每一位都是幸运的50%，我们在受精阶段，就至少已经战胜了成千上万亿个精子“兄弟”，而胜利完成受精作用，才只是一个受精卵，还要经历母亲的十月怀胎，从胚胎、胎儿、胎儿出生、婴儿、幼儿、儿童，成长到少年，成为一个中学生，这其中还会有些什么故事呢？

老师将事先准备的一则学生熟知的身边人的经历作为引子。

（2）点滴在心头——采访父母。

请学生分享自己从小到大曾经遇到过的小意外、小故事。

的确我们从一个受精卵，经历母亲的十月怀胎，从胚胎、胎儿、胎儿出生、婴儿、幼儿、儿童，成长到少年，成为今天在座的各位学生，期间只要一次疏忽或照顾不周，生命可能就此消失了，而我们今天健康地坐在教室里，可见我们在过去是多么勇敢、强壮而无往不胜的，父母们又为我们付出了多少。

相信同学们现在的心情和我一样都不平静，有不少话想向爸爸、妈妈说。

①心语心愿。

请把此时此刻你最想对爸爸、妈妈说的心里话写在这心型彩纸上，回家后记得要亲手交给他们哦。

学会完成心语心愿，并请愿意的同学交流分享。

②生命如此宝贵，我们应该如何对待自己的生命呢？

听了同学们的话，老师真是要感叹生命不易。其实每一个生命都是一个奇迹，世界最伟大的也莫过于生命及它的过程了。生命的过去是坚强的，她的现在和未来都应该一直坚强下去，生命来之不易，生命是可贵的同时也是脆弱的，一旦失去了，就不会复生，那我们究竟应该怎样对待我们的生命呢？现在如果碰到了诸如学科成绩不理想、某某老师不喜欢、家长有时不理解、有时因误会受批评等少许完全可以解决的困难，我们可以怎么做呢？

4. 拓展活动

不知道同学们有没有听说过《杰克与魔豆》的童话故事。

相传：在这棵巨大的豆子中蕴涵着传奇而神秘的灵性，当你轻轻唤醒它并成为它的主人时，它就会为你带来祝福和幸运！老师送给每位同学一颗，希望同学们像爱护你们的蛋宝贝一样用爱唤醒它、照顾它，并留意“魔豆”的成长变化，每颗“魔豆”都有老师对大家的祝福。

学生反馈

护蛋日记一

第一天

今天我是第一天“怀上”了一只蛋——Peggy，不知情的人听了也许会很奇怪，但是我做的的确是一件正经事。今天不用出门，我便抽空为它做了个小屋，周围垫满了纸巾，因为听我的一个好友说他的小宝贝已经换了第四个了。

第二天

五月二日我约好了同学一起逛街购物，见到了同学也许太兴奋了，我竟然忘记Peggy在我的包里乖乖地待着，我把一本本厚厚的书和一件件衣服往包里塞。结果Peggy碎了，我真是糊涂，我不禁自责起来，幸好当初我妈妈没有犯下我这个错误。

第三天

我又养了一只蛋，名为小贝，可怜的小贝待遇可真是差，我只不过是随意地用手帕包住了它的身子。不过我答应它以后一定给它做个窝，不是我偏心，是因为我太忙了。今天我的小贝就在我的口袋里将就了一天。

第四天

今天我办到了我答应过小贝的事情，还带它到外头去呼吸了新鲜空气。下午到妈妈单位去接她回家的路上，车子颠簸着，我的心被紧紧拽着，害怕小贝被颠碎了，下车了才深深吁了一口气。

第五天

我可以担保今天小贝是安全的，因为我既不用坐车，又不用逛街。不过处处都得小心。我是带着蛋宝宝去散步，怕它寂寞，我走在路上，视线就集中在两个地方，小贝与地上。不过麻烦还是够麻烦的。

第六天

可以说，今天是最艰辛的，我要出门旅游，虽然路途并不遥远，但是却坐车行驶过坑坑洼洼的马路，到码头，再乘船到达目的地。小贝是没碎，我却比任何人都麻烦。妈妈以前可真行啊，我不由得感叹。

第七天

终于到了最后一天，不过小宝贝还是有危险。今天不但要骑车，还要跑这跑那。骑车时我把小贝安置在车上,总不能在最后一天翻船吧。参观的时候我还是把蛋带在了身边，真不方便。可是谁叫这是我的职责呢。

这七天让我深深感受到了母亲的辛苦，在母亲节到来之际，我真心祝愿妈妈节日快乐！

护蛋日记二

第一天 4 月 27 日（星期三）

今天是我认养蛋宝贝的第一天，一早我就从冰箱里挑了一个最小的鸡蛋（我觉得越小越好保护吧）。我在蛋宝贝外面套了一个塑料袋，万一碎了也不会弄得一塌糊涂，并取了个名字：波利。因为波利是我玩的游戏中一个很可爱的东西。

第二天 4 月 28 日（星期四）

今天是第二天，昨天一天都提心吊胆的，生怕波利会碎掉。上体育课时，不敢剧烈运动只能坐在椅子上，做广播操的时候也只能减少动作幅度，小心翼翼地保护好口袋中的鸡蛋，千万不能碎！！！上课的时候也小心，尽量不碰到桌椅，安全地度过每一天。

第三天 4 月 29 日（星期五）

我的波利已经保护了两天了，其他同学的蛋宝贝很多已经碎了，但是我的还是安然无恙，我好开心啊。这意味着我要更好地保护，我比以前更当心了，就连吃饭都放在口袋里。在中午，又有一个蛋宝贝牺牲了，我真的感到恐惧、害怕。害怕因为我的不小心就使波利送命。

第四天 4 月 30 日（星期六）

今天一起床就感到会有不好的事情发生，我好怕啊，做操的时候，有好几次波利就差点从口袋里掉出来，上体育课又差点被我同学坐扁，吃饭的时候又险些从杯子里掉了出来。哎，不幸终于发生了，在放学前我被五一的到来冲昏了头，一不小心波利从杯子里掉了出来，掉到了地上，蛋清留在塑料袋里，我赶紧扔进了垃圾桶。哎，我的护蛋历程只成功四天便失败了。

第五天 5 月 1 日（星期天）

我的第一个波利牺牲了，所以我重新选了一个新的鸡蛋，取名为：波波利。有了失败就会有经验,所以对这一次的领养我有了更多的信心。我先用放手表的盒子做了一个波波利的小屋子，以免它再次夭折，我捐献出了我的护腕包住了波波利，再用一个塑料袋套住了它，最后把它放进我为他做的小屋里。这样子，一天下来，波波利安然无恙，我也松了一个口气。

第六天 5 月 2 日（星期一）

今天是我护蛋的倒数第二天，虽然已经失败了一次，但是毕竟失败乃是成功之母嘛！在保护波波利的时候我不再那么紧张了，我只是时时刻刻小心，避免波波利受到伤害。在洗澡的时候，我就把波波利放在桌子上，吃饭的时候也把它放在我看见的地方，睡觉的时候波波利就会安全地躺在我的桌子上。

第七天 5 月 3 日（星期二）

今天是我保护蛋宝贝的最后一天了，在经历了七天的护蛋后我懂得了要保护好一样东西是多年的困难，是多么的艰苦。所以我们要学会去珍惜、保护好它们，让它们不受到伤害。在最后一天的保护中我也一如既往地保护波波利，最后波波利没有夭折，也为我七天的护蛋历程画上了一个圆满的句号。

点滴在心头一

——听爸爸妈妈讲我的故事

请在假日期间，采访自己的爸爸、妈妈，将采访的结果填在下面的记录纸中。

1. 当爸爸、妈妈发现有了你这份“爱的结晶”时，是怎样的心情呢？

妈妈说自己兴奋得想哭，爸爸光顾着让她“安静”一点，都忘记了是什么心情的，不过后来回想起来真的是很开心，也很幸福。

2. 你在妈妈肚子中的那段时光，爸爸、妈妈采用什么方式来呵护你呢？

我妈妈以前是个特别坐不住的人，所以在怀我的时候爸爸就一直让我妈妈睡觉，因为这样就可以避免一些意外伤害了，可就是因为那段时间妈妈一直吃了睡、睡了吃，所以真的胖得很恐怖。

3. 在爸爸、妈妈孕育、抚养你的过程中，曾经发生过什么特别让他们担心的小意外、小故事吗？

妈妈说怀我的时候医生告诉过她会有流产的可能，当时爸爸很担心（当然妈妈也是），然后妈妈每天除了三餐就必须再吃一块大排、一个鸡蛋、一杯牛奶、一个苹果。后来每次出血妈妈都会担心那是不是我的一个手臂，或者是一条腿，直到把我生下来，发现我是“完整无缺”的才总算是结束了这种“地狱般”的担惊受怕的日子。

我到现在还清楚地记得每当妈妈看到大排、鸡蛋、牛奶、苹果时的表情，要知道这些可都是她当年的恶梦啊！

4. 当时，爸爸、妈妈是怎么想怎么做的呢？

记得妈妈说当时自己也没想太多，只是在兴奋之后觉得多了一种责任，除了每天要当心好自己肚子里的小生命，还必须放弃很多东西，就像工作、娱乐、休闲……不过真的做了妈妈那种幸福是别人体会不了的。

爸爸则表示自己每天要照顾妈妈实在蛮累的，可是再累也不能倒下，不然谁照顾妈妈呀！当护士跑出来告诉爸爸我出生了，他是除妈妈外最开心的那个了。

5. 听到爸爸、妈妈讲起这些往事，你的感觉如何？有何感触？

听他们滔滔不绝地侃着这些“陈年旧事”，我真特别后悔，后悔小的时候不该这么任性，给他们添了这么多麻烦，每一次闯祸，总要妈妈来帮我收拾麻烦，很过意不去。妈妈生我的时候是剖腹产，所以每次看到那道疤，总觉得妈妈好辛苦。做完这次采访更加深了这种感觉，所以现在开始我要尽量减少给妈妈带来的麻烦，长大了嘛，到底要帮家里分担一点啦！以后每次吃妈妈做的菜都不嫌这嫌那了，每个菜都尝尝，不让妈妈白辛苦，再难吃都要尝一口！（当然啦妈妈做的也没难吃到那个程度啦 ^-^）

点滴在心头二

——听爸爸妈妈讲我的故事

请在假日期间，采访自己的爸爸、妈妈，将采访的结果填在下面的记录纸中。

1. 当爸爸、妈妈发现有了你这份“爱的结晶”时，是怎样的心情呢？

当爸爸妈妈发现有了我这份“爱的结晶”时，他们很兴奋，因为他们一直想要个孩子，直到结婚一年后才有，他们说：不管是男孩还是女孩，他们都会喜欢。

2. 你在妈妈肚子中的那段时光，爸爸、妈妈采用什么方式来呵护你呢？

我在妈妈肚子中的那段时光，爸爸、妈妈采取了很多方式来呵护我。

妈妈经常听音乐进行胎教，后来我考进上海人民广播电台少儿合唱团可能就与胎教有关；妈妈还吃了很多难吃的但对胎儿有益的食物，如：核桃、猪肝、血豆腐等。

3. 在爸爸、妈妈孕育、抚养你的过程中，曾经发生过什么特别让他们担心的小意外、小故事吗？

在我十几个月的时候，爸爸到新疆出差五个月，奶奶也回自己家了，家里一下子冷清了。妈妈每天在上班之前把我送到托儿所，下班后再把我接回家，然后做饭、洗衣、收拾房间，再给我洗澡等，这个时候我就自己玩。在托儿所的时候，老师不让随便说话，五个月后爸爸从新疆回来发现我不再爱笑、爱说，变得内向。

4. 当时，爸爸、妈妈是怎么想怎么做的呢？

他们很担心，也很心疼，仔细研究怎么让我恢复从前的快乐。他们利用周末带我出去见世面，到处游玩，和爸爸公司的老外叔叔们一起照相，到爸爸公司支援的对口农村接受教育……还教我识字，给我讲故事，让我学习舞蹈、美术……奶奶又来照看我了。终于，功夫不负有心人，我重又变成了一个活泼、开朗的孩子。

5. 听到爸爸、妈妈讲起这些往事，你的感觉如何？有何感触？

采访结束后，妈妈的眼睛已经有点湿润了。我觉得他们能把我养到这么大真的很不容易。想起上次到医院看儿科见到那些怀抱病重的小婴儿的爸爸妈妈们焦急的样子，感到生命是多么的脆弱。我在童年里已经接受了父母太多的爱，我想现在应该是给他们爱的时候了。创造一个生命并把他养大是多么不容易啊！

点滴在心头三

——听爸爸妈妈讲我的故事

请在假日期间，采访自己的爸爸、妈妈，将采访的结果填在下面的记录纸中。

1. 当爸爸、妈妈发现有了你这份“爱的结晶”时，是怎样的心情呢？

开心、兴奋，并有些担心：“怎样才能照顾好我这个小宝宝呢？”

2. 你在妈妈肚子中的那段时光，爸爸、妈妈采用什么方式来呵护你呢？

给我“早期教育”，和肚子里的我每天说说话。有空的时候，多听听一些柔和的音乐，读一些童话故事给我听。

3. 在爸爸、妈妈孕育、抚养你的过程中，曾经发生过什么特别让他们担心的小意外、小故事吗？

小时候因为贪玩，我常常喜欢玩一些惊险的东西，结果有一天手“啪”地一下，敲碎了玻璃，玻璃又不巧划破了我的手臂，划得手上鲜血直流。妈妈冒着大风大雨抱我去医院。

当我出生三个月时，拉稀，拉到脱水。那时家里没有电话，妈妈马上跑到外面打公共电话求助姨妈和外婆，最后终于把我送到瑞金医院。

4. 当时，爸爸、妈妈是怎么想怎么做的呢？

第二件事情发生的时候，爸爸不在家，妈妈在家里急得哭了出来。因为那时我第一次生病，妈妈又没有经验，所以马上打电话求助姨妈，姨妈在上班好不容易才请到假，她和外婆赶到我家，先送我到日晖医院，医生说太严重了要送到瑞金医院。瑞金医院的医生说我是拉得脱水了，需要打点滴，妈妈就坐在我旁边，陪了我一整夜，连眼也没合过……

5. 听到爸爸、妈妈讲起这些往事，你的感觉如何？有何感触？

> 我听了之后很感动，想到父母这样为我日夜劳累，忽然发现自己有时候真的很不懂事。比如说有时候想要买一样东西，就缠着妈妈给我买，他们天天关心着我，照顾着我，谢谢他们。

【教学反思】

正如心理学家科恩所指出："个人亲自参与过的情境在心理上要比他从旁观察过的、特别是仅仅听说过或读到过的情境更为重要。"由于本活动创设的"保护我的蛋宝贝"的具体情境符合学生的年龄特点，因此极大地点燃了学生的参与热情，大家积极投入，发挥创意，纷纷兴致勃勃地加入"蛋爸""蛋妈"的行列，为后面的活动环节打好了基础。经过一周的亲身体验后，教师在心理辅导活动课上搭建了交流平台让同学进行分享。分享前教师延续情境创设环节，借助多媒体技术，通过声、影、文字的结合，制作了有感染力的视频《生命》并轻松自然地导入。紧接着由一位学生代表将自己在七天"保护我的蛋宝贝"活动中的故事用漫画的形式与大家分享。生动活泼的形式创设了温馨、生动的活动情境和课堂气氛，并将学生的思绪带入之前设定的活动情境之中，在此基础上，引导学生分享一周活动的体验。

分享环节中则时时关注每一个学生的发言，留意着学生自由交流，发现教师主动引领的切入口，随时引导于对话之中。例如一位同学在介绍自己的"护蛋"经历时说，自己在骑车回家时由于骑得太快而担心自己身上带着的"蛋宝贝"掉出来砸坏，这时候教师马上把握时机说"你在快速骑行的过程中担心你的蛋宝宝，而我们也在为你俩的安全捏一把汗！"从辅导效果可见这种自然流露，反而更容易让学生产生触动。

分享的体验感受有意外、有尴尬、有欣慰、有快乐，很多同学在做了"蛋爸、蛋妈"后都想到了自己的爸爸、妈妈，想知道在自己作为家中的宝贝，在孕育、成长过程中发生过怎样的故事。捕捉学生关于"你觉得呵护蛋宝贝与爸爸妈妈呵护我们成长有什么相似之处吗？”的讨论契机，自然而然地过渡到了下一个环节：生命的孕育和诞生——我们每个人从胚胎、胎儿、胎儿出生、婴儿、幼儿、儿童，成长到少年，成为一个中学生，这其中所经历的故事。由于同学们仍沉浸在自己当“蛋爸、蛋妈”的酸甜苦辣中，这时候能够比较顺畅地换位从父母的角度来看待自己的成长，由学生的主体感受引发，这时候学生自然有兴趣、有真情实感。

在学生的情感上有了这样的准备后，紧接着尝试进一步引导学生的思维向纵深拓展，引发学生认识和感悟生命的价值，热爱自己的生命，进而尊重、关怀、欣赏他人的生命就水到渠成了。学生从“护蛋”活动中体会到了呵护生命的不易，从而让他们设身处地了解父母养育自己的艰辛。分享各自成长过程中的点点滴滴，使学生脑海中的父母之爱更为丰满和厚重，在受父母恩情感动的同时，对自己生命的存在意义得以更深入地进行思索，以此达到了教学目的——为了自己，也为了那些爱自己的人尊重、珍惜生命。

以下摘录了部分家长和学生对于本活动的反馈，从中可以看到大家对此的收获：

爸爸妈妈鼓励的话

1. 每一个生命都是很珍贵的，但要使自己真正活得有价值，就应该靠自己的努力实现目标和理想。

2. 看着你小心地呵护着你的蛋宝贝，相信你已明白一个生命的孕育是多么的珍贵、神圣和艰辛，那么请爱护自己、磨炼自己、成就自己，做一个对自己负责的人，这便是对父母、对社会最好的回馈！

3. 一个星期的护蛋活动使小孩子更有爱心，希望她能更爱妈妈，更多地照顾需要帮助的人。

4. 你有这样的爱心，我们很高兴，望你在今后的生活中，用你的爱心告诫自己、指导你的行动。

5. 懂得保护小生命，是一个成熟的起点，能够再成熟一点不仅在于保护，而且也要懂得栽培。

6. 孩子你已经长大，爸爸妈妈希望你像爱惜生命那样来关爱别人，尤其是帮助和照顾好弱势群体，用爸妈对你的爱来回报整个社会。

7. 懂得爸爸妈妈的辛苦，就应珍惜自己的幸福，努力用功读书，珍惜生活。

8. 我们认为，你从“我的蛋宝贝”中实际体察做保护人的责任，对自己成长很有益。

9. 做任何事情都要细心，要有恒心，要持之以恒，从而达到预想的结果。

学生的话

1. 这七天很不容易，尽管碎了三只蛋，但是我认为这是值得的！因为这让我体会到母亲带我们长大的辛苦，我们才七天，而母亲把我们养大要十几年！时光流逝，转眼间，我们长大了，愿希望的小舟能跟随着母爱越飘越远！

2. 完成了七天的任务，我也松了口气，这下我才感到当妈妈的不易，又要护好孩子又要正常生活，能做到的人太少了，通过这次考验后我深刻感受到母亲的不易。

3. 通过采访爸爸妈妈我感受到的是血浓于水的亲情，是父母对我的爱，我每当听到这些小故事，都会感到很幸福很感动，也有一股感激之情油然而生，感谢父母给了我生命，感谢他们对我的关爱。

本课也存在一些有待改善的方面。这堂课的教学目标定制比较全面，设想太好，这样容易在上课的时候出现“赶”的情形，而这是心理辅导活动课要不得的，一定要根据学生的当堂情况随时调整。在备课定制教学目标的时候要灵活一些，要因人而异。对于六年级以下年龄的学生来说目标和意义并不需要拔到那么高，而更应该通过帮助学生解决一些具体问题来加深体验过程的印象，自然而然地获得深刻的感悟。

【教学建议】

心理辅导活动的价值引导不在于课堂的灌输与说教，而在于活动前的预设与情境的创设。理想的境界，是能够设计有一定意蕴的情境，通过启发学生自己感悟生成学生健康成长所需要的价值观。学生和老师在自然而然的交流中互相促进，同时，教师又可不露痕迹地引领着学生。

在分享活动之前应该已有一系列活动建立班内互信的团队气氛，从而营造一个充满乐趣、乐于分享的课堂环境。

教师在第一阶段护蛋过程中，就要观察学生的反应及行为，多关心学生活动的进行情况，经常讨论与分享。

教师在分享阶段前要收集学生的护蛋日记，并细心阅读，保留精彩及有代表性的日记。

分享过程中，在感知、体验、明理之后，教师要引导学生对自己过去的行为和经历进行反思与评价，从而调整自我，寻求新的成长。教师要重视小结、过渡、提升的环节，自然调控课堂，避免生硬的过渡与拔高，使学生产生被动、被迫思考的现象。调控时能否引起学生思考兴趣，会直接影响升华体验的效果。

【教学资源】

告家长书

亲爱的家长：

学校今天开始组织学生进行为期一周的护蛋体验活动，也是在母亲节前让孩子借此活动体会妈妈怀孕的辛劳，进而能知恩、感恩、报恩，了解生命的不易。老师在学校已引导孩子如何以爱心、细心护蛋，可以取名、做窝、说悄悄话等，体会父母对孩子殷切期盼与疼惜的心。孩子把蛋带回家时，如何保护可由孩子自行决定。您也可陪着孩子一起对蛋说话，若孩子不小心弄伤了可想法补救，若全破了（请立刻换蛋，怀第二胎）也请勿责怪孩子，可以借机引导，爸爸妈妈要把孩子平安健康地养大是多么不容易啊！希望孩子可以在有趣的活动中，有所收获。

在此也向天下辛劳的爸爸妈妈致敬，您辛苦了！

××老师

PS. 日记是写一天中护蛋的点滴、事件或心情。

我的蛋宝贝——生命体验记录

班级________ 姓名__________ 学号________ 蛋宝贝的名字__________

活动结果：最后我的宝贝蛋变成（ ）

1. 怀着鸡蛋，我的感觉是 ____

____。

2. 我的生日是________年______月______日________时。

3. 我在妈妈肚子里的表现是：____

____

4. 我知道妈妈怀孕很辛苦，我应该：____

____

5. 妈妈好伟大，我要 ____

____

6. 如果遇到怀孕的人，我应该________________，这样能够保护小婴儿和妈妈的安全。

7. 如果再有一次机会，要如何保护宝贝蛋？________________________________

____

爸爸妈妈鼓励的话：____

____

请画出自己怀蛋宝贝的模样

护蛋日记

月　　日（星期　　）

月　　日（星期　　）

月　　日（星期　　）

月　　日（星期　　）

月　　日（星期　　）

月　　日（星期　　）

月　　日（星期　　）

月　　日（星期　　）

（陈瑾瑜　著）

第十章

认识我的特殊朋友
——尊重欣赏他人的生命

【教学背景】

每当在新闻媒体看到产生心理危机、意欲轻生者遭冷漠围观起哄，最后生命凋零的新闻，我都有一种想法，要和我的学生们探讨这个话题。尊重生命的价值，不但要尊重自己的生命，更要尊重他人的生命。人一定要有同情心，要有基本的善良品质。人有同情本能，就是看见别人的生命有了危险，遭到了威胁或损害，他会设身处地去感受，他也会难过。一个人要能够对别人有同情心，就必须具备两个条件。第一个是要有健全的生命本能，对自己的生命有一种敏锐，爱自己的生命。如果对自己的生命是麻木的，这样的人心已经变得像石头一样，石头对自己是没有感觉的，这样的人对别人的生命就必然是冷漠的。第二个条件是要能够推己及人，由爱自己的生命而体会到别人也是爱他自己的生命的，这样才能够对别人的生命怀有一种同情。

一旦着手准备教学设计时，因为觉得不知从何入手而苦恼，怎么样设计可以真正触动孩子的内心，怎样尽量避免自杀带来的负面影响，这些担忧让我感到颇有些棘手。本活动是一个尝试，试着从特殊朋友这个角度切入，逐步靠近设想的主旨——尊重欣赏他人的生命。从残疾人开始引发思考，希望通过游戏化的直接体验，使学生能体会到生命的多样、生命的美好、健康的可贵，懂得感恩珍惜。

校园生活中，在一个集体内，总会存在一些身体、学习或交往上稍稍弱一些的孩子，这些孩子在班上时常会感到缺少尊严，这样的“特殊朋友”需要关爱。本活动从个人与他人的关系着手，使孩子通过亲身体验去感受残疾人生活的艰辛，在亲历的过程中将情感转化为对残疾朋友关爱的意识，培养学生的同理心，达到将之衍生到善待周围人的生命，对他人的生命抱珍惜和尊重的态度，学会尊重，学会关爱，学会宽容，学会共同生活的最终目标。关爱生命，不仅是关爱自己的生命，还要关爱他人的生命。生命的存在只有在相互关爱中才有可能，也只有在爱他人中，自己的生命才能获得真正的提升。

【教学设计】

教学目标

（1）让学生初步体验残疾朋友生活的艰辛。

（2）培养学生的同理心，培养关怀特殊朋友的意识。

（3）关心身边的“特殊朋友”、尊重与珍爱他人的生命。

教学对象

适合初中各年级学生，可根据不同年龄有不同侧重点。

低年级学生着重帮助其体验残疾朋友生活的艰辛，培养学生的同理心，培养关怀特殊朋友的意识。对于高年级学生可以注重帮助他们惜福感恩，以科学的态度对待生命，尊重和热爱生命，从而珍爱自己的生命，实现自身的价值。

教学准备

（1）班集体中“特殊朋友”情况的调查；

（2）体验活动设计、活动所需眼罩、皮筋等用品；

（3）准备有关的影片、视频

（4）PPT 课件制作

教学过程

（一）认识特殊朋友

看到标题，想到什么？

激发动机：欣赏影片《乙武洋匡》，了解乙武洋匡的故事。

1. 乙武洋匡介绍

1976 年 4 月 6 日生于日本东京，由于自传《五体不满足》而广为知名，出生就有“先天性四肢切断”症（无双手和双脚），医生说，这源自一种罕见的基因紊乱。

2. 心得分享

（1）这部影片中你看到了什么？

（2）你有怎样的感觉？

3. 情景讨论

如果你恰好是乙武洋匡的同学（或者父母、朋友、老师、邻居），你会有什么感觉？你会怎么做呢？

“第一眼看见乙武洋匡，我心里想到……”

（二）体验活动

让我们来部分体验乙武洋匡这样的特殊朋友的生活。

创设情景：

小美人鱼为了王子，跟海巫婆交换了自己的视觉、听觉和一只脚、一只手，现在的她如何过生活呢？我们一起来体验。

1. 体验四肢残疾和失明

活动规则：全场设小助教 4 人，过程中细心观察，并监督提醒同学按规则进行体验活动。

2 人一组：

A——体验失去一只脚、一只手。

B——体验失去视觉。

（1）A 体验、B 陪同保护，危机情况方可搀扶，A 到指定地点取眼罩回座位并用一只手替 B 戴好。

（2）B 体验、A 陪同保护并仅用语言引导，B 到指定地点取水给朋友 A。

（3）心得分享——过程中你有什么感觉？

经历了这些考验，想想看，在体验过程中：

最大的感受是什么？

哪些地方你觉得最困难？

你希望周围人怎么对待你呢？

如果现在的你第一次看见乙武洋匡，你会怎么想呢？你的想法会改变吗？

乙武洋匡现状的介绍：

简单介绍，乙武洋匡身边人的态度、做法——真正的尊重

父母：“好可爱啊！”妈妈的心情不是惊讶、悲伤，而是喜悦。他的父母从不认为他是残障者，不但带着他到处跑，还将他送进一般的学校。他们不刻意帮助他做任何事，养成他不依赖人的独立个性。

老师：为了避免乙武洋匡因为坐电动轮椅产生优越感，及丧失锻炼体力的机会，高木老师禁止他乘坐。老师认为：“现在当然可以尽量宠他，但他迟早必须独自生活。而我的职责，就是替他考虑他的将来。”

邻居：从小长得像玩具熊宝宝的乙武洋匡，颇受邻居的欢迎。

同学：乙武喜欢打篮球、棒球、桌球、游泳及爬山。在从事这些运动的过程

中，他从未受到排斥，同学甚至于为他设定他专用的“乙武规则”，使他能持续对运动的兴趣。

在家人与老师的帮助下（特别是母亲），克服了许多行动上的不便，一路完成学业教育，并读到早稻田大学经济学系，曾接受日本电视台TBS的工作，负责“新闻的森林”节目企划与播出。

2007年4月挑战小学教职，在东京一所小学教授社会科学、科学及道德课程。他相信，以一名教师的“言传身教”，能把诸如坚强、友爱、互助、宽容等好品质传递给学生。

乙武洋匡在书里说到，对他而言，幸运及幸福都是周遭的人所赐，如果失去了他们，他的人生将是一片黑暗。因为他们让他体会了人生最重要的一件事——“活着的尊严”！

2. 体验失去听觉

全体一起看“无声”新闻。

新闻材料：女子欲轻生，遭路人冷漠围观起哄。

打开电视关心一下国家大事，听不到声音的你，猜猜他们在说什么？

如果你也是围观者，你会怎么做？

引出关于“特殊朋友”的思考。

心理遇到危机也是“特殊”需要关怀。

每个人都有可能成为“特殊朋友”。

（三）自杀阻击战

你知道吗？

- 每年的9月10日是“世界预防自杀日”；
- 自杀占我国人口死亡的第5位原因，也是15至34岁人群的第1死因；

1个人自杀至少会对6个亲友产生严重影响；如果发生在学校或工作场所，则可能对数百人产生影响。

自杀的人主要分为两种：一种是典型的抑郁症患者，另一种就是所谓的一念之差的人。但无论是哪一种，他们选择死亡的心情都可以理解。一个人选择死亡，是一定有他自己的理由的，倘若当时他觉得自己能够活得下去，他是肯定不会自杀的，谁不想活着呢，再说那也需要勇气。他肯定有他的痛苦，一时半会儿也不知向谁求助。脑子里是一片黑暗，哪里还看得见希望的曙光，做出糊涂事也就难免，就算事后后悔，也已是来不及。

作为旁人，如果我们平时细心一些，也能及时发现欲图自杀人的倾向，从而有效帮助他们。

- 你了解自杀前的征兆吗？
- 你可以做些什么来帮助那些有自杀意图的人呢？

1. 自杀征兆

（1）言语征兆：

- 生活真没意义。
- 我没有希望了。
- 如果我死了，问题就解决了。
- 我死了，你会哭吗？
- 活着真没意思。

……

（2）行为征兆：

- 总在危险的地方（水边、桥上、公路旁等）徘徊；
- 神情恍惚、自言自语；
- 情绪低落、萎靡不振、寡言少语、自我封闭、不愿与人来往；
- 情绪反常、焦躁不安、常常哭泣、举止怪异，像变了一个人似的；
- 食欲不振、失眠、叹气、发呆；
- 无缘无故地收拾物品、整理房间、向人致谢、与人诀别；
- 把自己珍视的东西送人；
- 对家人或朋友流露出眷念之情，叮嘱他们好好照顾自己；
- 明显的自伤行为；

- 关注安眠药等自杀方式；
- 时常在言语文字中流露出想死的念头，有时候会以开玩笑的方式出现；

……

2. 拯救行动

（1）平时：

- 征得对方同意，陪伴对方，耐心倾听，关怀接纳；
- 少说多听，让对方尽情发泄；
- 恰当运用肢体语言表达关心，如拥抱、拍肩；
- 借助深呼吸、散步、简单运动等帮助对方放松；
- 鼓励对方多休息；
- 认真对待对方想自杀的念头，理解他的苦楚；
- 让对方感觉自己并不是形单影只，大家能帮助他一起面对问题、缓解困境；
- 若对方当时自杀倾向性很高，不要让他独处，并严格控制自杀工具；
- 必要时劝导对方寻求专业人士（心理咨询师、心理医生等）的帮助。

（2）突发：

- 稳定对方情绪，不要对他大喊大叫，也不要轻举妄动；
- 及时报警；
- 用关切平和的语气和对方聊天，引导对方说出苦闷。

（四）特殊朋友在身边

大家想想在我们的身边有没有一些“特殊朋友”呢？他们在生活中遇到哪些不同的困难？

我们身边是不是也有些我们平时不够关爱，不够宽容，不够尊重的个体呢？

回答问题总要遭到嘘声的同学、脚骨折的同学、成绩不够好的同学、新加入集体的同学、体育测试总有困难的同学……

我们是不是可以从他们的角度去理解他们的苦恼、忧伤？我们可以怎么做呢?

与人为善，学会尊重，学会关爱，学会宽容。

我们的班集体就是一个温馨的家，无论哪一个伙伴生病了、犯错了、落伍了……我们都不能去嘲笑他，更不能伤害他。而是去关心他，帮助他，让他能够在我们的大家庭中慢慢站起来，改变“特殊的状况”。

（五）心心相印

分小组完成。小组全体成员协作,设计可帮助特殊朋友的一种工具或用品(在活动单上画出并说明)。

（六）生命契约

有一组图片，看了非常感动，让我想起了一句话：“当我们为明天穿什么鞋子而烦恼时，却看见一个没有脚的人”。我们经常被一些小事困扰，也偶尔会遇到看似无解的挫折，而当我们用最积极乐观的态度去面对时，却发现一切并没有想象中的艰难。珍惜感恩我们所拥有的一切，像这位勇敢的小男孩一样，活出自己的精彩!

感动的瞬间

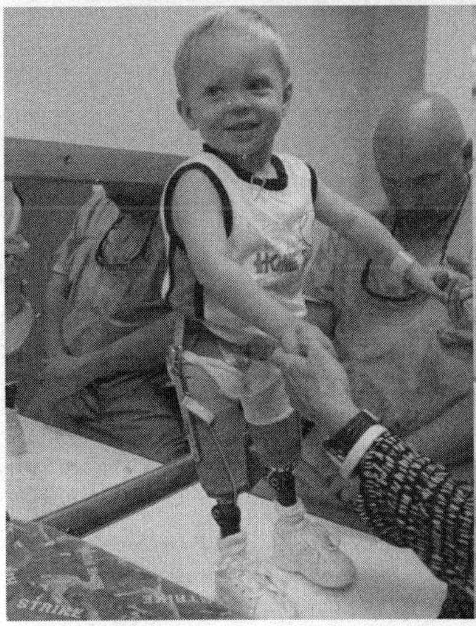

我愿意欣赏生命
我相信努力的生命最美丽
所以活着就有力量

我愿意珍惜生命
我相信历练的生命最独特
所以活着就有价值

我愿意热爱生命
我相信创造的生命最丰富
所以活着就有希望

我愿意尊重生命
我相信有尊严的生命最骄傲
所以活着就有爱
让我们一起努力，欣赏、珍惜、热爱尊重生命

【教学反思及建议】

并非每个人的生命轨迹都相似。有些人因为身体的障碍经历了常人无法想象的艰难，因而显得有些与众不同。社会没有理由抛弃任何一个人。只有尊重生命的与众不同，才能使每个人享受到关爱。曾经有报道说德国汉堡有一座博物馆，名为“黑暗中的对话”。参观者 8 人一组，每人一根手杖，由一名盲人导游带着，进入伸手不见五指的展馆，体验失去光明的 60 分钟。在一片漆黑中，参观者只能通过手杖慢慢向前挪动。盲人导游轻车熟路，告诉参观者沿着她的声音往前走。参观者经历森林、市场、海港、坐船等不同情境，用触觉、听觉、嗅觉来感知身边的一切。“黑暗中的对话”让参观者知道：盲人的世界虽然与我

们五光十色的生活不同，但也绝非我们想象中的黯淡无光。据“黑暗中的对话”统计，100% 的参观者 5 年后都不会忘记这次非一般的经历，90% 的人会自觉地关注盲人的生活。这个博物馆的成功之处，就在于用一种体验式的“游戏”，揭示深刻的社会意义。

游戏体验是本活动的重要阶段，希望通过角色互换扮演，让学生不但可以对肢残、盲人等残疾人多些了解与尊重，也能增加人们对彼此的需要感。在活动环节要注意提醒学生体验是最重要，不要仅仅去竞争速度，作为老师来说安全是最高原则，在选择场地和路线时应尽量选择安全、存在一些小障碍的路线。此外每一组都要让参与者既有体验的机会又有观察的时间。

需要提醒的是，在女子欲轻生，遭路人冷漠围观起哄的视频呈现前后，铺垫和引导十分重要，避免讨论局限于对人性冷漠的批判，要留意自杀事件的负面影响，能够以留意、关爱身边产生心理危机的朋友，学习获得相关的识别和干预的技能为重点。

特殊朋友的种类很多，我们希望学生能从活动中感悟到的是多些尊重生命中的与众不同，多些设身处地地体谅残疾人的不便，多些对于自己生活的感恩和珍惜，在进行这部分教学的时候要避免生硬的说教，点到即可。

（陈瑾瑜　著）

第十一章

生如夏花
——把握生命的每一分钟

【教学背景】

生命的价值不在于时间的长短，而在于我们是如何度过的。

（The value of life lies not in the length of days，but in the use we make of them.）

——蒙田

“生命教育不仅只是教会青少年珍爱生命，更要启发青少年正确认识生命的本质、完整理解生命的意义，积极创造生命的价值；生命教育不仅只是告诉青少年关注自身生命，更要帮助青少年关注、尊重、热爱他人的生命；生命教育不仅只是惠泽人类的教育，还应该让青少年明白让生命的其他物种和谐地同在一片蓝天下；生命教育不仅只是关心今日生命之享用，还应该关怀明日生命之发展。”生命教育有广义与狭义两种：狭义的生命教育指的是对生命本身的关注，包括个人与他人的生命，进而扩展到一切自然生命。广义的生命教育是一种全人的教育，它不仅包括对生命的关注，而且包括对生存能力的培养和生命价值的提升。

在青少年日常生活中较之物质追求的迷失、社会道德的衰落、身心发展的不顺、自杀行为的发生，更多出现的问题是对于有限岁月的虚度。关注生命，热爱生命，这是人类永恒的话题，也是一个有些宽泛的话题，它包括生命的宝贵，生命的价值，生命的意义等。自我控制能力、自我约束能力，以及合理安排利用时间的习惯的养成是青少年的一项重要任务。人生有长有短,但总的来说,人生是有限的！同样长度的人生有质量高低之分，即人生宽度和高度不同。我们可以通过价值澄清，来努力拓宽人生的宽度和高度，本课题贴近学生的生活，可以激发他们对生命的热爱，对生命质量的追求以及对人生的感悟。本课借助几个操作简单的心理游戏以及日常情境，透过价值澄清法和自由联想法的思辨过程，培养学生时间管理的能力，使他们更加充分地认识自己，正确地设计自己的人生。

【教学设计】

教学目标

（1）帮助学生认识到生命的有限、时间的珍贵，从而激发珍惜时间、珍惜生命的情感。

（2）让学生懂得合理使用时间和管理时间的方法，养成良好的学习习惯。

教学对象

适合初中各年级学生，可根据不同年龄有不同侧重点。

低年级学生着重引导帮助学生认识到生命的有限，时间的珍贵，从而激发珍惜时间、珍惜生命的情感，让学生初步掌握合理利用时间和珍惜时间的方法，养成良好的学习习惯。对于高年级学生可以注重启发其正确认识生命的本质、完整理解生命的意义，积极创造生命的价值。

教学准备

(1) 了解学生学习和生活中时间利用率的现状,整理学生的实际困扰及需要。

(2) 搜集相关活动方案及时间管理素材和方法。

(3) 教师事先自己认真完成《生命清单》活动。

(4) 准备游戏《快乐充实的一天》所需的 A4 纸。

(5) 为每位同学准备代表人生长度的纸条——“人生刻度尺”。

教学过程

(一) 导入:无妄之灾

播放 2011 年 3 月 11 日,日本地震引发海啸,瞬间摧毁家园、夺去生命的视频。“天有不测风云,人有旦夕祸福”,灾难降临之前的那一刻,学校、家中、路上的交通工具内的人们,可能和我们一样过着他日常的生活,学习、工作、休息,可是一瞬间,一切终止。

在我们的身边,也不乏这样的意外。教师选取学生身边突遭意外生命垂危的事例,如在我校发生的两例学生突然查出罹患畸胎瘤及脑干胶质瘤的实例,最终其中一位学生永远离开了深爱他的家人、离开了我们。因此我们不得不感慨有时候生命是极其脆弱的、充满危机的。如果有一天,你也将面临如此困境,你希望自己有限的人生如何度过呢?

(二) 生命清单活动

我们将进行的这个游戏可能对你会有些冲击力,但我仍希望每个同学都能进入角色认真去做,因为从中你一定会有不少的发现和感悟。

1. 游戏《生命清单》

- 假如现在你的生命只剩下一年的时间,你会如何度过呢?
- 请写下你最想做的 10 件事。

• 假如你的生命只剩下一个月，你又会如何度过呢？

老师也曾经认真地列过“我的生命清单”，在老师生命的最后一年，最想做的10件事是：

(1) 去西藏拉萨，因为传说中那儿民风淳朴，风景迷人，有神秘色彩。据说还是离天堂最近的地方。

(2) 去看望一些人，对于所有生命中帮助过我的人，表达我的谢意；对与我发生过不愉快的人，说声抱歉。

(3) 陪我的父母实现他们的一个心愿。

(4) 将所有手头的事有个交代，可以结束的就结束，实在不行的也不能留个烂摊子让别人收拾残局。

(5) 去非洲看看。

(6) 去我成长历程中待过的地方看看。

(7) 将自己的一些经历和感悟写下来。

(8) 为我的孩子整理一份她的成长记录。

(9) 办个手续，捐献我的角膜。

(10) 最后的时刻我要和我的家人共同度过。

给学生充裕的时间，让他认真思考并写下他们最想做的10件事。

学生分享。

2. 故事分享：《生命的清单》

五官科病房里同时住进来甲乙两位病人，他们都是鼻子不舒服。在等待化验结果期间，甲说，如果是癌，立即去旅行，首先去拉萨。乙也同样表示。

结果出来了。甲得了鼻癌，乙是长了鼻息肉。

甲列了一张告别人生的计划离开了医院，乙住了下来。甲的计划表是：去一趟拉萨和敦煌；从攀枝花坐船一直到长江口；到海南的三亚以椰子树为背景拍一张照片；在哈尔滨过一个冬天；从大连坐船到广西的北海；登上天安门；读完莎士比亚的所有作品；力争听一次瞎子阿炳原版的《二泉映月》；成为北京大学的一名学生；写一本书……他总共写了27条。

他在这份生命的单背后写到：我的一生有很多梦想，有的实现了，有的由于种种原因，没有实现。现在上帝给我的时间不多了，我打算用生命最后的几年去实现这剩下的27个梦。

当年，甲就辞掉了公司的职务，去了拉萨和敦煌。第二年，他又以惊人的毅力和韧性通过了成人考试，成为北京大学中文系的一名学生。这期间，他登上了天安门，去了内蒙古大草原，还在一户牧民家里住了一个星期。现在，这位朋友正在实现他出一本书的夙愿。

有一天，乙在报上看到甲写的一篇散文，打电话去问甲的病。甲说，我真的无法想象，要不是这场病，我的生命该是多么的糟糕。是它提醒了我，去做自己想做的事情，去实现自己想去实现的梦想，现在我才体味到什么是真正的生命和人生。你生活得也挺好吧！乙没有回答。因为在医院时说的一切，早已因患的不是癌症而放到脑后去了。

在这个世界上，我们每个人都不能抗拒死亡。我们之所以没有像故事中的主人公一样，列出一张生命的清单，抛开一切多余的东西，去实现梦想，也许是因为我们认为自己还会活得更久。

也许正是这一点差别，使我们的生命有了质的不同：有些人把梦想变成了现实，有些人把梦想带进了坟墓。

（三）当梦想照进现实

1. 关于时间

有家银行每天早上都在你的账户里存进￥86，400，

但是每到午夜12点的结算时间，

银行便会把你当日剩余的金钱全数删除，

咱们每一个人都拥有有这样的一个银行，

她的名字是“时间(Time)”。

（1）视频《One Minute Fly》。

视频内容：这是一个薄雾未散的清晨，四周一片寂静。在一片菜地中，某片萝卜叶上，有一枚毫不起眼的虫卵。不久，里面的新生命破壳而出。这是一只心情愉悦的苍蝇，但是它的快乐和新鲜感并未持续太久，因为头顶上的计数器分明显示它只有 1 分钟的生命。1 分钟？如此之短，该如何度过？正当它惊慌失措之时，一张死去前辈曾用过的清单飘到它的手上，上面清楚列出了 1 分钟之内它应该做到的事情。比如：填饱肚子、唱歌跳舞、挑战极限、躲避天敌追杀、恋爱生子、救死扶伤、结交朋友、乃至成名种种。

在接下来的 1 分钟里，这只苍蝇开始了它短暂而辉煌的一生……

小苍蝇用其一生去完成清单上别人给的任务。

当你给自己列出了生命清单后，该如何去实现呢？每个人来到这个世界上，他所拥有的最大的、也是任何人都不缺少的财富，就是时间，如何利用时间，将是决定一个人成功与否的关键。我们有多少时间可以去实现我们的梦想呢？

（2）人生长宽高活动。

人生有长有短，平时我们当中有人会感叹人生苦短——用“转眼”、“瞬间”、“光阴似箭”、“逝者如斯夫”等词汇形容，恨不得赶到时间前头，重来一次；也有人觉得“度日如年”，恨不得早点过完自己的一生。一年有 365 天，一天有 24 小时，1 小时有 60 分钟，每分钟 60 秒，那么一生有多少秒呢？这样计算起来，似乎是很庞大的数字！那么用年、用已经过去的比例计算呢？人生的长度是有限的还是无限的呢？

接下来的心理游戏将形象地展示你的人生长度。

活动步骤：

请每位同学取一张代表人生长度的人生刻度尺。

☆撕一撕：

找到自己现在所在的年龄位置，再找出人生可能结束的刻度。撕去已经度过的这些年，并撕去人生结束后的部分，手里只剩下我们即将要开始和面对的人生，再找出觉得自己可能年老体力难以支撑实现梦想的刻度，然后撕去之后的时光。

☆算一算：

从现在开始，我们还剩下多少年？

这几十年中：

有多少时间要用来睡觉休息？

有多少时间要用来吃饭、娱乐休闲、发呆？

还剩下多少时间可以用来学习、工作实现梦想？

☆想一想：

人生刻度尺上，真正用于努力奋斗的长度有多少？

人生的长度是有限的，可以用来实现梦想的长度更有限。我们能做的是“拓宽宽度、勇攀高度”，那么你的人生会有多宽多高？是什么决定了你人生的宽度和高度？怎样才能拓展你人生的宽度和高度呢？首先你能够准确地把握你拥有的时间吗？

（3）体验：我的一分钟。

让学生不借助任何计时工具，包括心跳，凭感觉判断一分钟的长短。

一分钟，你知道会发生什么事吗？

“一分钟的价值”，学生畅所欲言，说出一分钟内可能发生的事。

“在一分钟里，我可以做一个简单的总结报告，也可以做一个演讲，还可以罗列明天的学习工作计划。”

“一分钟足以让股市崩盘或者经济复苏。”

……

一秒钟可以做什么？

一秒钟里，格陵兰岛的冰川融化 1620 立方米，全球排放 39 万立方米的二氧化碳、世界沙漠扩大 1900 平方米（其中仅我国就达 78 平方米）；

一秒钟里，猎豹在草原上可飞奔 28 米，蜂鸟振翅 55 次；

一秒钟里，地球绕太阳转动 29.8 千米，从太阳接收 486 亿千瓦的能量，太阳系在银河系内运行 220 千米，宇宙空间里有 79 个星体发生爆炸结束其“生命”；

一秒钟里，世界人口增加 2.4 人，平均世界上有 0.3 人因为饥饿而死亡；

……

因此有人说：

想要体会一年有多少价值，你可以去问一个失败重修的学生。

想要体会一月有多少价值，你可以去问一个不幸早产的母亲。

想要体会一周有多少价值，你可以去问一个定期周刊的编辑。

想要体会一小时有多少价值，你可以去问一对等待相聚的恋人。

想要体会一分钟有多少价值，你可以去问一个错过火车的旅人。

想要体会一秒钟有多少价值，你可以去问一个死里逃生的幸运儿。

想要体会一毫秒有多少价值，你可以去问一个错失金牌的运动员。

2. 我们的生命时间分析

以中国现统计数据人均寿命 75 岁来计算：

单位 / 时间（约数）	年	月	日	小时	分
	75	900	27000	648000	38880000

用“分”来计算时间的人比用“时”来计算时间的人时间多 59 倍。

你的一天如何呢？

（1）活动：《快乐充实的一天》。

每一个人每一天都有 24 小时可以运用，但怎么规划运用则各有各的想法，不尽相同。每人各发一张 A4 纸，请每位同学在上面画一个大圆圈，代表一天 24 小时的全部生活内容。之后，请规划出自己一天的生活项目，如：上学、睡觉、做功课、运动、看电视、与家人相处、个人卫生、和人闲谈、找东西、看书报、想心事等，以及每一项所占用的时间和比例。

请你加一下，你每天列出的活动占满整个圆了吗？是否发现有些时间不知所踪？让我们一起找找它溜去了哪里？看看这一天中你做了哪些事情，用在实现自己的目标上的时间究竟又有多少?

(2) 浪费时间的主要原因与表现:

◆ 主观原因:

①缺乏明确的目标。

②拖延。

③缺乏优先顺序。

④想做的事情太多，而且做事有头无尾。

⑤缺乏条理与整洁。

⑥不会拒绝别人的请求。

⑦懒惰与心理消极。

⑧行动缓慢。

◆ 浪费时间的表现:

一是因为对生命没有紧迫感，对时间不够重视，没有养成遇事马上做，日清日新的好习惯，总把今天的事情推到明天去做，以至于“明日复明日，明日何其多；我生待明日，万事成蹉跎。世人若被明日累，春去秋来老将至。”

二是没有科学管理时间的方法与技巧，低效率重复劳动，最终成效微薄。

时间的流逝是一分钟一分钟进行的，而不是整个钟头浪费的，假设我们把时间用水桶来盛，如果水桶底下有一个小洞，水很快就会流光，结果与有意将水倒掉一样，但是这种情况的流逝是不易察觉的。

我们无法使时间停留、倒流，但我们可以控制时间的“流向”，这就是通过有效的时间管理，这样让时光流向有意义的地方！这里有一些能帮助你有效利用时间的小窍门，试试看吧。

①确定优先顺序，最重要的开始。每天我们都要碰到许许多多的事情，如果这些事我们都是一视同仁的话，我想没有哪一个人有这么多时间，也没有哪一个人有这么多的精力。所以新一代的时间管理理论的精髓就是要把时间放在最有价值、最重要的目标上。把握“二八”原则：用 80% 的时间，完成最重要的 20% 的事情。

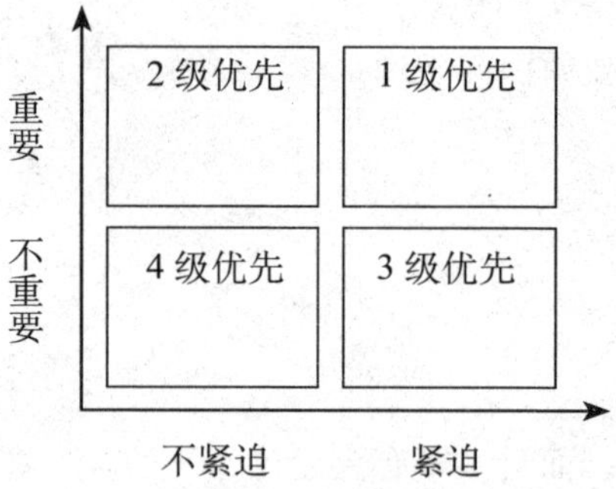

“时间管理四象限”图

一位管理专家站在一群商学院学生面前，拿出一个一加仑容量的广口瓶放在桌上，再拿出十几个拳头大小的石块，一个个放进瓶中，当石块放满整个瓶子后专家问：“这瓶子装满了吗？”

同学们都说：“装满了”。

专家问：“真的吗？”他再拿出一桶碎石，取出一把倒入瓶中，再把瓶子摇一摇，碎石填入石块中的缝隙。“瓶子装满了吗？”

有位同学回答：“也许没有！”

“很好！”专家再拿出一桶沙子倒进瓶中，充满石块与碎石所留下的空间，然后再问“瓶子装满了吗？”

全班大声回应：”没有！”

“很好！”这次专家拿出一壶水，注入瓶中，直到水满瓶口，再看着全班同学问道：“这个展示的重点是什么？”

一位勇敢的学生举手说：“不论你的时程排得有多满，只要尽全力安排，还是可以排进更多事情！”

专家回答：“错！重点是……如果你不先把石块放进去，就永远也放不进去了！”

②遇事马上做，不要往后拖。

③学会统筹方法，同时做几件事。

④善于利用零碎时间。

⑤设定完成期限。

⑥化整为零，循序渐进。

⑦要有条理，有序排列、摆放物品及文件

⑧使用备忘录

时间的加减乘除

- ＋：找出隐藏时间
- －：减少无谓的时间浪费
- ×：提高工作成效
- ÷：根除浪费时间习惯

（四）实战操练

为大忙人小C出谋划策，请帮助小C“分身有术”。

那是一个周二的早晨，小C刚走进校门，便碰到几个邻班的好朋友，他们对小C说：“今天吃完中饭12:15，我们一起去图书馆看体育杂志啊，听说新的一期又到了。”可踏进班级之后又看到教室黑板上写着“今天中午12:20—13:10学校进行‘英语单词拼写竞赛’。”他这才想起自己是班里推荐的10位参赛选手之一。这时门外突然一个学生会的干部找上来说：“小C，团委王老师让你今天中午12:30召集高一年级全体学习委员开会，商量明天演讲比赛的事情。他也要来参加的。”刚坐到位子上，初二文学社的社长跑进来对他说，今天中午12:35我们文学社成员碰个头，商量一下周六外出采访的事，你可有主要采访写作任务啊。社长刚走，物理老师走进教室，对同学们说：“今天中午我们12:25集中，讲一下上节课的作业，错的很多，只有小C等几个同学做的不错。”小C一听，顿时觉得，今天怎么这么多事情都凑到一起了啊……

让学生运用所学帮助小C合理安排。

比较文学专家赵启光曾经说过一个优秀的统帅，指挥的不只是军队，更重要的是指挥时间。不会欣赏时间流逝的美，是对生命的浪费。懂得时间的急迫与壮丽，你就是时间的统帅。正如英文中“当下”为“Present”，让我们一起爱护这份礼品，人生没有彩排，每一分钟都是现场直播，青春更是如此。希望每一位同学都能够把握好每一分钟，用有限的时间创造出无限的精彩。丰盛人生，由把握时间开始。

【教学反思】

珍惜生命、活出生命的价值这个道理似乎很简单，其实真正做到并不容易。我们对于拥有生命这件事情实在是太习惯了，而习惯了的东西我们往往是不知珍惜的。怎样才是尊重自己的生命，不但要珍惜生命，享受生命，最重要的是要对自己的生命负责。人生有很多责任，你要对很多东西负责。一个人只有一次人生，如果你的一生虚度了，没有任何人能真正安慰你，那时候说什么都没有用了。我们都得担负起对自己的人生责任，负责任的首要一点就是能够好好珍惜自己拥有的时间。而珍惜时间这个主题学生从懂事之日起就被不断灌输，本课中采用了列出生命清单、人生长宽高我的生命尺等活动，希望能够让学生通过参与能产生心灵的感悟。实际在授课时，常有学生在分享自己所列的生命清单时，因全身心投入而产生情感的波动，有的甚至会落泪；在撕自己的生命尺时，不舍地叹息；在关于一分钟的价值交流过后，对一分钟、一秒钟可以做如此丰富的内容表示惊叹……有了这样的情感准备基础，之后再介绍时间管理的方法既水到渠成又真正能够在学生生活中产生实效。

【教学建议】

1. 教师事先一定要认真完成自己的《生命清单》活动，在课堂上教师先展示自己的《生命清单》，对学生不仅有示范作用，更能够有助于学生的认真投入，有指导意义。而且该活动要想达到预期效果，教师的导入和情感铺垫很重要，要成功地创设思考和分享氛围，让学生积极投入，认真地思索才会达到预期的效果。

2. 需要提醒注意的是，在活动中，也有同学会认为作“只有一年生命”这样的假设、撕自己的生命尺等似乎不太吉利，这就要尽可能地做好事先的说明和铺垫，强调只是设置情景让学生去感受，当然，教师更应该以身示范积极参与各项活动。

（陈瑾瑜　著）

第十二章

幸福的理解

【教学背景】

近年来，世界名校，如耶鲁、哈佛、麻省理工等大学的免费网上公开课程受到年轻人的追捧。其中，哈佛大学本·沙哈尔教授的《幸福》积极心理学课程成为最受欢迎的课程之一。它也是哈佛本校最受欢迎的课程，听课人数超过了哈佛的王牌课《经济学导论》。甚至有人说大学必选的21门课程里，《幸福学》就是其中之一。

究其原因，我们不难发现，虽然物质生活水平迅速提高，但是富裕的物质生活并不能和人的幸福生活画等号。幸福感和得到什么样的奖励或评语不一定是成正比的，所以人们开始思考什么是幸福？如何才能获得真正的幸福？它已成为世界性的关注热点。

作为教育者，我们更关心青少年的状态。可惜，调查结果令人堪忧，青少年的幸福感并未随着学段的升高而提高，反而有下降趋势，其中乐学感（即对学习感到乐趣）和自信感的下降幅度达到了统计学上的显著水平。而2011年美国《青少年健康杂志》刊登的一项最新研究显示：青少年时期保持积极向上的生活态度，长大成人后身心也会更加健康。

因此，帮助和引导青少年正确认识幸福、对待幸福，不仅有助于他们确立、发展和提升自己的世界观、人生观、价值观，而且也可以帮助他们积极向上地面对生活、面对困难，减少心理问题，更好地适应社会发展的要求。

本节课就是在此背景下应运而生的。

【教学设计】

教学目标

1、理解幸福的概念。

2、发现身边的快乐，并寻找这些快乐中的意义。

3、懂得珍惜幸福，初步形成自己的幸福观。

教学对象

初中和高中学生均可适用。教师在活动的讨论深度上可以有所区分，在资料分享上可以根据本年级学生的具体情况选择更贴近他们生活的事例。

教学准备

1、“幸福感”是社会热点，许多媒体制作了相关的作品。教师可以从中选择学生喜欢的视频作为资料分享。

2、准备印有“快乐和意义清单表格”的活动纸。

教学过程

（一）导入

幸福是什么？

4 岁的小孩把“天天和小朋友玩耍”当作是幸福；

12 岁的少年把“每天不为考试而发愁”当作幸福；

20 岁的青年把“拥有一份地老天荒的爱情”当作幸福；

50 岁的中年人把“家庭安康，子女有成”当作幸福；

70 岁的老人则把“子孙绕膝，四世同堂”当作幸福。

食不果腹的人把“饱餐一顿”当作是幸福；衣不御寒的人把“一件棉衣”当作是幸福；

无处栖身的人把“茅屋蔽体”当作是幸福；体弱多病的人把“身强体健”当作是幸福；

入不敷出的人把“有些闲钱”当作是幸福。

厌恶战争的人把“和平相处”当作是幸福；乐于助人的人把“乐善好施”当作是幸福；

热心环保的人把“低碳生活”当作是幸福；勇于挑战的人把“披荆斩棘”当作是幸福；

笃实好学的人把“昼耕夜诵”当作是幸福。

幸福没有绝对的答案，不同的人对幸福的认识是不一样的。即使是同一个人，也会因他（她）不同阶段的心态影响其对幸福的感受。幸福到底是什么呢？

20 世纪 90 年代，研究学者罗纳德·英格尔哈特公布了一项具有广泛社会意义的调查结果。这项调查的名字叫“快乐幸福调查”，该调查涉及 16 个国家的 17 万人。

参与调查者需回答两个问题：你有多快乐？你对你的生活满意吗？

英格尔哈特非常有兴趣知道：年龄是否会影响人们的快乐、幸福。因此他根据年龄段来分析数据，15 ～ 24 岁，25 ～ 34 岁，35 ～ 44 岁，依此类推。

你认为哪个年龄段的人最痛苦？青少年？还是中年人？哪个又是最幸福的？

讨论：

最痛苦的年龄段——________________________

最幸福的年龄段——______________________________

请说说理由：____________________________________

调查结果如下：

15 ~ 24 岁 81% 满意

25 ~ 34 岁 80% 满意

35 ~ 44 岁 80% 满意

45 ~ 54 岁 79% 满意

55 ~ 64 岁 79% 满意

65 岁及以上 81% 满意

每个年龄段的结果几乎相同。

在不同的调查中，亚利桑那州立大学心理学家威廉姆·斯道格和莫里斯·肯也得出同样的结论。他们在 100 多份心理学研究结果基础上反复分析，由此得到这样的结论：尽管有“问题少年”的话题，其实，年龄几乎不影响人的幸福度！

幸福对每个人都是公平的，能不能幸福，不在于你的年龄、同样不在于你的性别、家庭背景、生活经历……而在于你的态度：选择或不选择幸福。

准备填写幸福（即快乐和意义清单）的活动纸。

（二）主题活动一：快乐清单

把令自己快乐的事情记录下来本身就是一件快乐的事。当你每周都做一份自己的快乐清单，就会发现，原来生活中让你快乐的事有这么多。也许只是早晨的一缕阳光，也许只是路边玩耍的小朋友。最重要的是，我们要学会发现快乐。

列出让你感到最快乐的 n 件事情，具体做法如下：

先让我们安静下来，回想什么时候的自己是快乐的，那时自己在做什么，处在怎样的状态？再想想这些事情是不是可以重复体验并值得回味，然后把这些事情记录在“快乐”的圆框里。

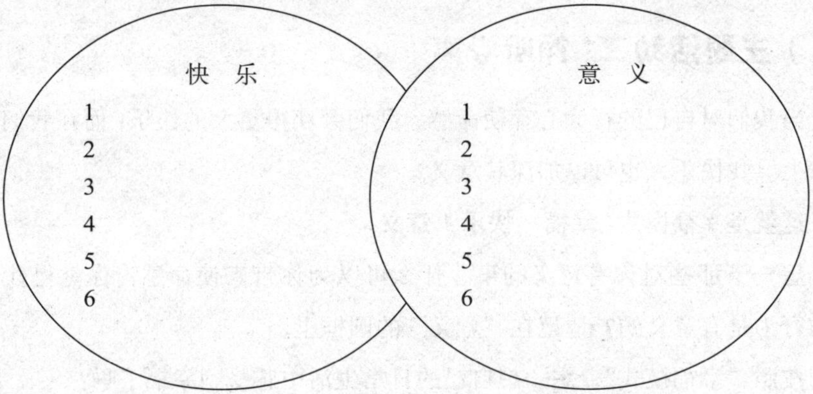

资料分享：寻找快乐

法国徒手攀登运动家阿兰·罗伯特，钟情于用双手征服一座座摩天大楼，为此他每天坚持锻炼，包括爬山、爬悬崖，甚至爬自己家的天花板。“把不可能的事情变成可能”，是他的座右铭。

美国纽约女孩希娜·玛提肯在网上展开她的制服计划——“一件衣服 365 种穿法”。一年持续做一件事，是非常枯燥的。特别是一件制服要穿出 365 种不同感觉，这对专业设计师也是一个不小的考验。玛提肯为什么要这样做呢？原来她要以此方式吸引人们关注“印度女孩”助学组织，并为之捐款。同时，她也陶醉于把时尚与环保完美结合的创作中。

泰勒，一位负责打扫纽约地铁通道的普通员工。请注意他打扫的不是站台，而是地下通道。在像洞穴一样、老鼠出没、垃圾成堆、肮脏不堪、发着恶臭的地道里，泰勒工作了 25 年。他说他不是喜欢，而是热爱这份工作，因为“无家可归的流浪汉常常住在这些地下道中，我尽量收拾干净，给他们提供舒适一点的住所。在帮助他们的同时，我还能赚钱供养两个女儿上大学”。

讨论：

幸福不只是快感而已，我们需要这愉悦感的来源是有意义的。我们需要的幸福生活不是免除麻烦，而是听从自己内心的召唤。不同的人在不同的事情里享受快乐，找到意义。那你内心的召唤是什么呢？

（三）主题活动二：倾听心声

当我们对自己的行为心存使命感，我们会获得更大的快乐；而在我们从事的事情上寻找快乐，也可以加深其意义。

这就是幸福模式：**幸福＝快乐＋意义**

想一下那些对你有意义的事。什么可以为你带来使命感？你觉得什么样的日常行为是有意义的？请记在“意义”的圆框里。

按照“幸福模式”，想一想自己的日常生活中感受到幸福了吗？

资料分享：同龄人的心声

◇ 学习声乐和钢琴，练习的过程极度辛苦和枯燥，但是只要一想到离梦想又近了一点，觉得很满足和快乐。

◇ 学习取得进步，这是我来之不易的劳动成果，让我很有成就感。

◇ 每周都能打乒乓球，在紧张的学习中与同学打球发泄自己，绝对是一件美妙的事。

◇ 手把手地教奶奶玩她送给我礼物时，我的头靠在她的身上，那一刻，我是幸福的！

◇ 拥有几个可以适时聆听、真心交谈的好友，想到他（她）们都能让我有温暖的感觉。

幸福小贴士

如果让你猜哈佛大学现在最热的课是哪一门，你肯定想不到会是“积极心理学”。主讲这门课的人名叫塔勒·本－沙哈尔。他所主讲的选修课程《幸福》，听课人数超过了王牌课程《经济学导论》。在一周两次的“幸福课”上，本－沙哈尔没有大讲特讲怎么成功，而是深入浅出地教他的学生，如何更快乐、更充实、更幸福。他教授快乐，把自己看作实践快乐的楷模，帮助学生们实现快乐。最后，他甚至为了做一个快乐的讲师，不愿意成为哈佛大学的教授。

以下是他给出的10条幸福小贴士：

(1) 遵从你内心的热情，选择对你有意义并且能让你快乐的课。不要只是为了轻松地拿一个A而选课，或选你朋友上的课，或是别人认为你应该上的课。经常用以下3个问题问问自己：什么带给我意义？什么带给我快乐？我的优势是什么？

(2) 多和朋友们在一起，不要整天沉溺于日常事务里。亲密的人际关系，是幸福感的信号，最有可能为你带来幸福。

(3) 学会失败。成功没有捷径，历史上有成就的人，总是敢于行动，也会经常失败。不要让对失败的恐惧，绊住你尝试新事物的脚步。

(4) 接受自己是个凡人。失望、烦乱、悲伤是人性的一部分。接纳这些，并把它们当成自然之事，允许自己偶尔的失落和伤感。然后问问自己，做些什么能让自己的感觉好过一点，人类具有非凡的克服情绪失落的能力。

(5) 简化生活。更多并不代表更好，好事多了，也不一定有利。你选了太多的课吗？参加了太多的活动吗？应求精而不在多。

(6) 有规律地锻炼。体育运动是你生活中最重要的事情之一。每周只要3次，每次只要30分钟，就能大大改善你的身心健康。

(7) 睡眠。虽然有时“熬通宵”是不可避免的，但每天7到9小时的睡眠是一笔非常必要的投资。这样，在醒着的时候，你会更有效率、更有创造力，也会更开心。

(8) 慷慨。现在你的钱包里可能没有太多钱，你也没有太多时间。但这并不意味着你无法助人。“给予”和“接受”是一件事的两个方面。当我们帮助别人时，我们也在帮助自己；当我们帮助自己时，也在间接地帮助他人。

(9) 勇敢。勇敢并不是不恐惧，而是心怀恐惧，依然向前。

(10) 表达感激。生活中，不要把你的家人、朋友们给予的一切当成理所当然的，它们都是你回味无穷的礼物。记录他人的点滴恩惠，始终保持感恩之心。

【教学反思】

这节课关于“幸福”的设计取自于泰勒·本－沙哈尔博士的著作《幸福的方法》，根据学生的情况在原有的幸福感公式上简化而成的。

在学生眼中，常常觉得幸福和快乐就是一回事。如果一开始就让学生说他们认为的幸福，答案可能更多的是对快乐的体验。所以不如直接把活动定位为“快乐清单”。在清单中会有快乐的事物，还有幸福的事物，通过之后活动的深入讨论，让学生们对自己清单中罗列的进行比较，从而发现快乐和幸福的区别。例如，常有学生把好吃，好玩，有钱花等作为自己最快乐的事情。但是细想一下，学生们会发现，其实他们现在的生活并不缺少这些东西，为什么他们仍然没有觉得自己幸福呢？

在这样的疑问中我们再一次进行资料分享。通过阅读当下非常流行的“乐活”一族的经历，启发学生们思索快乐与幸福的区别。快乐是短暂的强心剂，幸福是长久的推动力。是什么赋予快乐生命力？是“意义”。

但是活动进行到此，气氛开始冷下来，学生们会觉得“意义”这个东西太抽象了，有些学生的思维甚至出现了空白。所以我们在这里收罗了同龄人的答案，期望通过这些具体的事物，又是他们熟悉的事物，把“意义”具体化，生活化。这时对学生来说，“快乐清单”中的事物开始有分别了，真正让我们感到幸福的事物开始清晰了。

回顾这节课，不敢说它能产生立竿见影的效果，但是通过老师的讲解、资料的分享，同学之间的讨论，对学生的生活信念、态度、方式还是有很多启示的。

【教学建议】

1. 有关“幸福”的研究理论特别多，如认知决定论、判断理论、态度协调论、体内生化论、目标理论、活动理论、社会标签论、状态理论等。就目前的情况来看，学术界对于“幸福是什么”没有统一的标准答案。对于幸福的感受是不可能作为技术来传授的。所以，我们可以通过对不同理论的学习和比较，得到更多的启示。在上这节课时，老师不一定拘泥于教材所设的内容，可以根据自己感悟与学生进行分享、交流与探讨。

2. 为了让本课能对学生有更多的启发和思考，教师平时和课前要多了解学生，收集学生的素材，在课内可选用学生的故事能让学生更有亲切感，这样会对学生有启示和触动，能收到预期的效果。

3. “幸福感”是现在社会的热点问题，所以许多媒体都制作了相关的作品。教师可以从中选择一些学生喜欢的视频作为资料分享。也可以在课前向学生就“幸福是什么”做问卷调查或采访，再将调查结果在课堂上分享。通过这些方式增加课堂的趣味性，激发学生参与活动的积极性。

【教学资源】

幸福是什么？

幸福是三杯水

第一杯水，是妈妈倒给我的白开水。每天清晨起床，我的床边总会有一杯白开水，那是妈妈为我准备的，可以帮助身体排毒，为一天的生活开个好头。

第二杯水，是我给妈妈倒的柠檬水。杂志上推荐女性美白美身法，建议女性多喝柠檬水。

第三杯水，是妈妈给爸爸倒的菊花红枣水。爸爸工作很忙，经常喝菊花红枣水可以减轻疲劳，焕发精神。

幸福，其实很简单，不需要多少甜言蜜语，不需要多么惊天动地，需要的，只是用心去想，去做，去感受。一句简单的话，一个小小的举动，都能成就幸福。

幸福有张变幻的脸

我看到一只乌龟缓缓地向我爬来。他问我为何看起来这样失落，我告诉它我找不到幸福。它笑着说，它就感到很幸福。它说自己很满足这样一点一点往前移动，每当回头看看走过的路，就会感到自己的坚持是有回报的。原来幸福有张会变幻的脸，但只要知足和心细便能拥有它。

幸福心愿

滇南之行是去捐书的。捐赠现场，主办方让那些从未走出过大山的孩子们写下自己的心愿，念出来。一个约摸七八岁的小男生说："我希望我哥哥也能像我一样在这里上课，而不是在地里种田。感谢父母让我能在这里上课！"

语惊四座，更让我震撼！

生活在城市里的我们，也许从来没觉得在窗明几净的教室里学习是一种幸福，而只认为是一种义务。但在滇南，这却是一个七岁孩子由衷的幸福。滇南之行让我前所未有地深刻地感悟到我们的生活是多么美好！我们送去的是他们对知识的追求，是他们认为的幸福。而我，却意外收获到了幸福的真谛——感恩。我从一个捐赠者变成了受赠者，受益匪浅。

节选自《新读写》2012.2

（吴俊琳　著）

第十三章

适度快乐

【教学背景】

现在“80 后”、“90 后”中流行一个词，“某某控”。例如，特别喜欢长头发的人叫“长发控”；半夜醒来还忍不住要去发一条微博的叫“微博控”；喜欢琢磨各种电子产品的叫“电子控”；爱与人讨论动漫，言行举止模仿动漫人物的叫“动漫控”；整日挂在网上打游戏的人叫“网游控”。这个“控”字，在 2010 年流行词中排名第七。

“控”指极度喜欢某种事物的人。年轻人有自己的爱好是好的，只要利大于弊，就属于正常的行为。但是，如果对某一行为或物质的欲望达到了渴求的程度，其行为影响到正常的心理、生理或社会功能，给个体带来痛苦，造成不良后果，就要警惕了！看看媒体报道的事件：

“每天下班回家，孩子见到我的第一句话不是妈妈辛苦了，而是‘快把手机拿出来给我玩玩’！只要玩上手机里的游戏，不论别人说什么、干什么，他一律看不见，也听不着。望子成龙是每个做家长的心愿，而如今，这个心愿完全被游戏颠覆了！”

一名 15 岁少女痴迷动漫，一年看完 100 多本厚厚的动漫小说。她说不在乎吃什么，穿什么，学习如何，只要让她看动漫就行。她房间的墙上挂着的，抽屉里、书包里藏着的，都是动漫小说、动漫手表、动漫贴画、动漫玩具，她的世界里只有动漫。

有人爱玩，有人爱说，有人好动，有人好静……这些“爱”与“好”并没有好坏对错之分。但凡事都要有度，如果“疯玩”到不回家，不上学，玩到家长、老师满街找，玩到天昏地暗不吃饭，那就是贪玩，就是对自己对家庭的不负责任。中学生正处于性格品质的形成期，在学习生活中必须把握好各种“爱”与“好”的度。

本节课就是在此背景下应运而生的。

【教学设计】

教学目标

1. 理解软瘾的概念。
2. 区分爱好和软瘾。
3. 把握“爱”与“好”的度。

教学对象

初中和高中学生均可适用。教师在活动的讨论深度上可以有所区分，在资料分享上可以根据本年级学生的具体情况选择更贴近他们生活的事例。

教学准备

1. 准备印有“作息情况表”的活动纸。
2. 收集有关软瘾的资料并做好多媒体课件。

教学过程

（一）导入

有一艘船在航行途中遇到了强烈的暴风雨，偏离了航向。

次日早晨，风平浪静了，人们才发现船的位置不对，同时，大家也发现前面不远处有一个美丽的岛屿。船便驶进海湾，抛下锚，作暂时的休息，等待好的时机再启航。

从甲板上望去，岛上鲜花盛开，树上挂满了令人垂涎的果子，一大片美丽的绿荫，还可以听见小鸟动听的歌声。于是，船上的旅客自然地分成了五组：

第一组旅客认为，如果自己上岛游玩时，正好出现顺风顺水，那就会错过起航的时机。所以不管岛上如何美丽好玩，他们坚持不登陆，守候在船上。

第二组的旅客急急忙忙地登上小岛，走马观花地闻闻花香，在绿荫下尝过了水果，恢复精神之后，便立刻回到船上来。

第三组旅客也登陆游玩，但由于停留的时间过长，在刚好吹起顺风之时，以为船要开走而慌慌张张地赶回船上来，结果，有的丢了东西，有的失去了好不容易才占下的理想位置。

第四组的旅客虽然看到船员在起锚，但没看到船帆也在扬起，而且以为船长不可能扔下他们把船开走，所以，一直停留在岛上。直到船要起航之时，他们才心急慌忙地游到船边爬上船来。其中有些人为此受了伤，直到航行结束，也没有痊愈。

第五组旅客由于在岛上陶醉过度，没有听到启航的钟声，被留在了岛上。结果，有的被树林中的猛兽吞吃了，有的误食有毒的食物而生了病，最后全部死在岛上。

讨论：

(1) 请你谈谈对这五组旅客的看法。

(2) 你或你身边的人有没有类似第五种旅客经历？

分享：

追求快乐可能是人的本能。但有时候寻找快乐过了度，最终对人造成的伤害，远远大于曾经带来的享受。

（二）主题活动

回顾过去一周自己学习之外的作息情况，并把他们罗列出来：

作息情况表

行为习惯	动机	每天花费的时间	给我生活的影响 （在符合的项目上打勾）	
			使我恢复能量， 更好地完成作息安排	使我能量耗竭， 干扰作息安排

分享：

反思自己的生活方式，找到“榨取”你体力精力的不良习惯，然后用积极的活动取代它们。如阅读、做志愿者，或者学一门能充分发挥自己创造力的新手艺。你要记住的是，每个人都有可能染上“软瘾”，如果你能及时发现它们，你就能用自己的方法来克服它们了。

资料分享：戒除方法

✧ 经常自我反省

问问自己：这个行为习惯是不是过度了？有没有干扰自己的生活？出现了什么事情，是什么激发了这种沉溺的行为，进而搞清楚自己真正的需求。

✧ 不要直接剥夺内心的需求

当你烦躁的时候、想要轻松一下的时候，不要总是上网搜寻八卦、灌水或偷菜，选择其他活动来替代想要摆脱的软瘾，比如练习一会儿瑜伽、去户外走走等一些自己喜欢的、且能带来良好感觉、让自己恢复能量的活动。

✧ 逐渐减少软瘾行为

急于求成可能会适得其反。戒除网瘾的专家建议适量减少上网时间，比如定一个闹钟，规定自己每次上网不超过 30 分钟，那么闹钟一响就立即关机，然后出去散步或约朋友小聚，总之远离电脑。

✧ 制定更加清晰的规划

任务过于宏大容易增长人的倦怠心理，拖延和回避的倾向也越大；任务越具体、可操作性越强，越能有效执行。例如，看一本书，规定一个具体的数字，比如 10 页，那在看完 10 页之前不要放下书去尝试其他东西。

✧ 悦纳自己，接受自己的行为方式

每个人都需要休息、放松。也许你喜欢先沉溺于某些事情中，积攒够了能力，蓄势待发，那么就相信自己的能力和行为方式，不要因为拖延而自责或否定自我。

✧ 建立与亲人、朋友之间的密切联系

如果在与他人的沟通中给予并感受更多的关心和爱，让生活充满更多有意义的事情，软瘾的吸引力自然就微弱了。正如美国著名的心理学家 Judith Wright 所说的："生活充满了更丰富的节目，自然就不需要软瘾来填补空虚和空白了。"

【教学反思】

以往与学生讲到网络成瘾、动漫成瘾、游戏成瘾的话题，他们都会很警觉，个别的还会有逆反情绪。所以在设计本课的名字和导入活动中我都刻意地回避了这样的字眼，以免一开始就引发学生的抵触情绪。从活动效果来看，确实起到了作用。学生们在对导入情景的讨论中非常积极、坦诚，还会结合实际生活的例子来论证自己的观点。

另外，关于"软瘾"的内容提法和解释相对温和，对于涉及的习惯、行为和情绪，并没有全盘否定，既肯定了他们积极的作用，又点出了把握度的重要性。

所以在请学生们根据自己日常作息情况作分析时，他们没有太大的负担和隐藏。而且在小组交流中，通过对比，他们发现：同样的行为，对某些人就是有益的，而对某些人就是弊大于利的，其中的差别就是度的把握。这样的分享可以促进他们思考怎样的度才是合适的。

【教学建议】

1. 在活动过程中，有部分学生不能对自己的情况做出客观的分析。例如，某同学，师生反映他沉迷网络游戏。但是该生却以此爱好给自己带来巨大的精神动力为由，固执地认为自己这一情况属于“爱好”范围，而非“成瘾”。遇到这样的情况，我会建议当事人别急着反驳，听听他的同桌或好友的看法和理由（但是都不做结论）。不着急在课堂上就得出答案，可以回去慢慢思考，给他足够的时间去判断。因为戒除软瘾，关键在自己。如果自己没有意识到它的伤害，那他很难有动力去克服。功夫在课堂，也在课外，特别是自我分析的部分，不能要求所有学生同步，应该给予他们更多的时间和空间，在平日的实践中领悟。
2. 事先可采访一些学生把握好“爱”与“好”的度的故事，或者了解一些学生在纠正自己的过分嗜好、戒除软瘾的案例，若有这样的故事和案例，在课堂上讲解（当然要征得本人的同意的情况下，若本人不同意，也可稍作处理避免对号入座）或引起学生讨论，会收到更好的效果。因为来自同龄人的素材是最能打动学生，触动学生的。

（吴俊琳　著）

第十四章

生活中的暴风骤雨

【教学背景】

21 世纪伊始，随着 80 后逐渐离开校园走向社会，90 后又以另一种姿态悄然来到了我们的校园。在当今这样一个“竞争社会”、“压力社会”，我们工作对象 90 后的学生作为被家长、老师、社会和国家寄予厚望的重要群体，面临着适应环境、学习压力、考试竞争等现实问题，这对他们的知识、能力与心理素质等方面提出了更高的要求，使他们成长和发展的环境更具有竞争性和挑战性，他们随时随地会遭遇逆境。

21 世纪是竞争的时代。人才是一个国家发展最重要的资源，但现代意义上的人才不再是那些高分低能的“高材生”，而是德、智、体、美全面发展的人才。而这些人才，都必须是具有良好的心理素质和社会应变能力的人。屡屡曝光的青少年极端行为让我们不禁担心，如果我们国家将来的栋梁，缺乏应有的挫折承受能力，面对困境动辄逃避甚至轻生，如何为社会做出积极贡献，如何成为我们社会现代化建设事业的合格人才！

学校应该培养什么样的人才？这是时代抛给我们的一个永恒的话题！目前我国培养人才的主要渠道依然是学校教育，于是学校教育承载着促进社会与个人发展的重任。我国的青少年由于长时间处于应试教育体制之下，除了学习以外的所有问题几乎都被忽略不计。这使得一些学生的自我评价完全集中在分数上，分数好就自信，分数不好就自卑。部分成绩好的“好学生”因此而积累下许多问题，他们往往心理上没有完全成熟，承受能力较差，受挫折影响较深，有的挫折会改变整个人生方向，甚至决定或结束他的一生。

人的生活和工作不可能是一帆风顺的，人的生命历程难免风风雨雨、坎坷不平。无数的历史和生活经验告诉我们，一个要成就大业的人，必须先经历种种痛苦、磨难、挫折，才能有所作为；反之，那些一遇到小小的挫折便怨天尤人，整天被焦虑忧伤的阴影所笼罩而不能自拔，前怕狼后怕虎，自暴自弃，甚至走向绝路的人注定只能一无所成。因此，能够坦然接受生命中的挫折，接受挫折的磨炼，保持正常的心理活动，既是学生良好社会适应能力和心理健康的标志，也是学生成才的关键。

本课题通过学生体验、感悟，对知识和经验进行整合，引导学生在逆境面前形成良好的思维反应方式，进而转化为学生内在抗逆力因素，应用于学生的日常生活之中。

【教学设计】

教学目标

1. 认识挫折是个体成长过程中不可避免的，学会用辩证的方法对待挫折。

2. 学习应对挫折的技巧与方法。

教学对象

高中学生

教学准备

准备好课堂上所需的作业纸。

教学过程

（一）导入：让故事说话

挫折是________？

当我们被疾病折磨得死去活来时，医生说：“如果你再不改变你的生活方式，你的生命就会断送在自己手中。”这时，我们开始积极地做出改变。为什么呢？因为你遇到挫折了。

你是学校篮球队的队员，但经常为自己的懒散而受到惩罚。直到一天晚上，你参加一场重要的比赛，你的队落后一分，而比赛时间只剩下最后一秒，你的两次罚球决定比赛的胜负，结果怎样？

你两次都没中！那时你感觉惭愧，无地自容，恨不得钻进地缝，你悔恨地捶打着墙壁，并痛下决心。接下来的三个月，你每晚练习投注 200 个球，你的球技日益精湛，很快你便成为队中的神射手。为什么呢？因为你遇到了挫折。

再比如，你的成绩日益下滑。期中考试时，竟然有三门成绩都不及格。老师对你说“再有一科成绩不及格，你就留级吧。”现在，你真的遇到麻烦了。

你迫切需要一个学习计划，你一个星期参加辅导两次，认真做作业。不久之后，你的学习成绩有所上升，并通过了所有考试——此时，你发现及格对你来说不过是小菜一碟，为什么呢？因为你遇到了挫折。

生活就是这样，很多时候，我们无所事事或者随遇而安。除非我们遇到挫折或者遭遇“暴风骤雨”。

现在你能完成标题的填空了吗？

挫折是____

（二）主题活动

我们的想法

你参加班长的竞选，不幸落选了；

你刚换了新手机，乘车时被偷走了；

……当出现这些情况时，你会怎么想：____________________

✧ 为什么我总是这么倒霉？

✧ 这不是我的错！

✧ 我在这件事情上学到了什么？

试想一下，当出现以上各种想法时，会产生怎样的结果呢？

第一种想法会使你沉溺在自怜中，这是失败的选择。当我们怨天尤人时，我们便永远不会尝试这些事情去解决问题。

第二种想法只是让自己什么也不做的借口。即使不是你自己的错，但问题在于，你怎么解决它？

第三种想法可以助你审视自己。当你思索："我学到了什么？""我能够做些什么？""谁可以帮助我？"那么，下次遇到相同情况，你会做得更好。

如果你相信生命中发生的每一件事情都是有其意义的，你便能从那些令你失望的事情中吸取教训。我们不是要受到责罚，而是要受到教育。

1. 思考

约翰·福佩天生没有手臂，但他获得了传播学硕士学位，并到世界各地的公司和学校演讲。所有你用手来做的事情——梳头发、点钱、开车、开门——他都用脚来做。

当你遭遇挫折的时候，你最好的策略是……竭尽全力的做！因为：

✧ 自我感受会好些

✧ 拓展了技能

✧ 赢得了声誉

✧ 或许，某人会注意到你并提供你一个更好的机会请结合你的实际情况回答：

我曾经遇到的挫折是________________________；

我当时的处理方式是________________________；

我还可以做什么___________________________。

2. 心动行动

被落井下石的驴……

一位乡下农夫有头老驴子，一天，老驴子不小心跌进了一个深坑。农夫听到驴的哀鸣，目睹它的困境，想了很久，断定救不了它，但又不忍心看着它痛苦而死，于是，农夫决定往坑里填土，把老驴闷死，以便使它早些脱离苦海。农夫就开始往坑里填土……

请学生们分组讨论，续编完这个故事，看谁给大家的惊喜最多：

____

____

3. 心扉钥匙

世界上经历磨难最多的人

班纳德是一位德国的老人，在风风雨雨的人生中他共遭受了150次磨难的洗礼，他是这个世界上最倒霉的人，同时也成了世界上最坚强的人。

在他出生13个月时，便摔伤了后背，而后又跌断了一只脚，再后来爬树时伤了四肢；一次骑车时，忽的一阵大风，不知从何处而来，把他吹了个人仰车翻，膝盖受了重伤；14岁时掉进了垃圾堆差点窒息；一次，一辆汽车失控，把他的头撞了一个大洞，血如泉涌；还有一次他在理发店中坐着，突然一辆飞驰的汽车驶了进来……

在最为倒霉的一年中，他竟遇到了17次意外事故。

但是更令人惊奇的是，老人依旧健康地活着，而且心中充满了自信。的确，在历经了150多次生命的磨难的洗礼后，还有什么可怕的呢？

愈挫愈奋才会愈坚强，愈难愈弃只会愈悲绝。生活的磨难可以磨炼我们的意志，也可以让我们更坚强，如果能够顽强地面对坎坷，笑对人生，那么还有什么能够阻挡我们达到自己的目标呢?

看到了班纳德的达观与顽强、快乐与幸福,有谁还会抱怨命运不公,有谁还会怨天由人呢?大自然让人们在奋斗的过程中不断成长、壮大与进步。这个过程是痛苦的经验或是深刻的体验,要视一个人的态度而定。森林中最能争夺养分的树木才能成为参天大树,久经风雨才能成为栋梁之材。在乡村,我们常常能够看到那些木材商们,在砍伐了树木后,总是将它放在露天的空地上任随风吹雨打。因为它们受过磨难而不腐朽,就会有足够的力量抗拒最沉重的负担。

人生的磨难则可以强化人们的精神和意志,迫使我们向前,引导我们通过逆境的考验,最终获得成功。

【教学反思】

说到"困难"、"挫折",我们往往联想到的是不好的事情和负面的感受,它就像一个重重的包袱压在人的身上和思想上。如果我们学生背着这样的包袱上课,肯定很有负担。所以,在课的一开始,我就从学生们熟悉的生活和学习场景入手,描述了人们在遭遇"暴风骤雨"时的行动。就像事例中的那样,当人被逼到绝境的时候,就会本能地去改变。学生们从事件的转变中很容易就发现:其实"暴风骤雨"并不一定是坏事,它可以促使我们积极采取行动。通过这个环节的分享,我们的学生对挫折不再那么排斥或者害怕,他们可以更坦然地接受挫折,牵着(而不是背着)"挫折"进入后面的课程。

有了良好的开端,后面的活动顺利很多。我们的学生在"我们的想法"、"我们的做法"和"我们的技巧"上,都会主动去寻找"挫折"积极的一面,活动效果不错。

【教学建议】

"心动行动"中我们通过编故事的方法,温故之前的讲课内容,同时还探讨应对挫折的技巧问题。

一般而言，故事的结局分为两类：一类就是老驴死了；另一类恰恰相反，老驴活着。套用一句老话，结果是什么并不重要，关键是过程。无论故事结局怎样，死了或活着，都是可以接受的。主要还是看老驴在面对绝境时的想法和做法。

事实证明，学生的想象力和抗逆力都很强，看看他们的答案：

故事一：老驴看着农夫不断地将土撒在自己的身上，渐渐地它丧失了斗志，丧失了活下去的信心，哀叹命运的悲惨，结果被活活的埋葬。

故事二：老驴不肯就此放弃，拼命哀求农夫，不断尝试从坑底爬出来，最后精疲力竭，死了。但农夫被他的精神所感动。

故事三：老驴被农夫的做法吓坏了，但同时它也镇静下来，把每次打到背上的泥土，用力抖掉，然后踏着土块，往上走一步。老驴不停地抖一下，爬上来一步。不管土块打到背上有多疼痛，那只老驴子就是不让自己放弃。不知过了多久，精疲力尽、伤痕累累的老驴子，终于安全地回到了地面。

故事的发展过程可以反映出学生面对困境时的想法和做法。所以，老师在点评时可以提醒学生结合之前讲授的内容，即“我们的想法”和“我们的做法”，从故事的续编情节中审视自己。

这个活动的另一个目的是说明灵活地采用权宜之计来应对困难是解决困境不可或缺的能力。在众多的故事版本里，我们发现多数学生都有着“不放弃”的想法，但在具体做法上缺少行之有效的方法。这就像是一个有着超前意识的古代人，美好的想法硬是被落后的技术给拖了后腿。在学生们的集思广益中，我们会发现，那些善于利用现有条件解决问题的学生总能想到别人想不到的各种可能性，从而渡过难关。所以，借由这个活动，教师可以鼓励学生们在生活中要多多锻炼自己随机应变解决问题的能力。

（吴俊琳 著）

第十五章

直面死亡

——让我们更有生的力量

【教学背景】

“生如夏花之绚烂，死如秋叶之静美”

Let life be beautiful like summer flowers and death like autumn leaves.

——泰戈尔

促使我设计此课的直接原因，是看到了三则我的学生的真实的心情故事：

蜕变

我自认为是个较为沉稳的女孩，但我喜欢与一群人打成一片，有说有笑的，可我却听同学说我变忧郁了。

不错，我的确是忧郁了。

那是因为父亲的病。

当我得到父亲旧病复发的消息后，我的心一下子就空了。从小学二年级开始，父亲的病就影响着整个家庭：失去了经济来源，也失去了精神支柱。

随着时间的推移，父亲渐渐康复，有了一份稳定的工作，我长大了，整个家也渐渐恢复病前的平静。

可是父亲的再次病发使我、使母亲几乎崩溃。母亲不愿告诉我太多关于父亲的病情，但从和亲戚的对话中，我得知，父亲的病比上次更为严重，甚至医生都束手无策。

我沉默了，我不知该怎样面对这残酷的现实。我开始埋怨，我埋怨上天的不公，我埋怨为什么痛苦要在同一个家庭发生两次。

我开始不太说话，下课了便一个人趴在课桌上。同学们都以为我哭了，但我知道我不会再哭，因为我的心已经紧闭了。命运对我的不公使我不愿再去相信我所看的，我所听的，我所经历的。生活的磨炼已经让我变得像石头一样坚硬。

转变

从没有人跟我解释过，但很小我就能明白死亡的含义。那个时候想着想着就会突然哭出来，抱住妈妈，嚷嚷着“妈妈不要死！”妈妈也只是淡然一笑。我妈妈生我时42岁，爸爸60岁，我清楚地知道，他们拥有的时间比同学的父母少很多，也就是说，也许某一天，不知不觉还未懂事的自己就是孤单一人了，幸好孩子是容易忘事的。

我很少想那些命运中的必然，只是用笑容迎向一切。小学的时候，朋友跟我在一起都很快乐，都说我是个阳光般的孩子，父母说我很乐观，现在发觉只是那时还太天真。

突然地，爸爸病倒了。帕金森加上各种棘手的病外加双腿骨折，他成了医院的常客。看着他瘦削的脸庞，我的眼泪像水一样洒下来，总觉得死神随时会把他拉过去。我的心情格外复杂，想起他以前不大和我说话，但喜欢在北风呼呼的冬天问我“冷不冷？”然后得到我一句不耐烦的回答；想起他会在我任性的时候给我一点放纵，并加上一句“下次不可以了”；想起每每我有英语问题，他不但很认真地帮我查字典，还像个孩子般跟我讨教科书看……我的爸爸是个十分优秀的工作者，十分尽责的父亲。人们不是说好人有好报吗？不！我不相信！曾经如此辉煌的他，现在竟把妈妈累得如此瘦弱。我也怨他，因为知道他回不到从前了，有时我真希望他不要拖累妈妈，别在这里逗留了，可是毕竟他还活着啊！

我尝试在妈妈不在的下午叫他爸爸，这称呼，有些许陌生了。他的眼睛都不看我，不睬我，仿佛周围只有空气，我静静地坐在他床边，又哭了。妈妈从菜场回来，又忙着烧饭去了，我慢慢拿起了书包，做我的作业去了。有时，一连好几天都没见爸爸的面，我似乎忘记这个人了，即使就在一个屋子里。

我真是看透了，生命最公平的也就是它们的终点必是死亡。我变得冷漠了，不再喜欢说话，喜欢大笑。妈妈都说我无情了，每天上学也不跟爸爸说再见。“那又怎样？”我顶撞过去……反正他的心里早已没有我了。

我抱着无所谓的态度面对很多事，用微笑冷淡周围的人，我只活在我的世界，太多事，为什么都没给人问为什么的机会！

心中的伤口

我仰头看看湛蓝的天空，思绪向我涌来，我微微抬起头，让泪水流回去，但是，它们似乎有些不听使唤因为每每仰望天空，总勾起我伤心的往事……

奶奶与我最亲密，因为我是她带大的，我们之间不曾有代沟。小时候，她每次上市场买菜，总会领上我，至今难以忘怀，她总先用香喷喷的饭团哄我，让我坐在桌子上，摇晃着两条腿，心满意足地吃，总觉得那段时光多么令人回味……

亲密的祖孙档终于踏上了市场之路，可我这赖皮鬼不愿意走路啊！奶奶无奈，只好让我坐在菜篮子里，有时我会任由奶奶推着，在里头打个小盹；有时我会与奶奶“走马看花”。虽然都是熟悉的景色，但与她在一起，一切都是那么新鲜……

到了市场，祖孙俩便开始讨论市场上的蔬菜水果，奶奶则会一一向我介绍各种蔬菜。有时，调皮的我会趁奶奶不注意，偷偷把篮子里的苹果吃掉，奶奶发现了，总是哭笑不得。

回到家我都会与奶奶一起看电视，我则会帮她捶捶手或肩。这种生活一直持续到我上幼儿园之前，后来，渐渐长大，奶奶突然不让我帮她捶背了，我虽然纳闷，但她始终没有告诉我。

上了幼儿园，一次，妈妈忽然和我说奶奶生病了，脸色出奇的沉重，我没有察觉，只是傻乎乎地跟去了医院。当我看到病床上的奶奶面戴氧气罩，那时我就彻底明白了，这不是一个简单的感冒。好长一段时间，我印象中的奶奶总是与氧气罩、病床、医院等词联系在一起，后来才知道，奶奶那个时候是癌症末期，家人每天能做的就是守在床前，有时她清醒时能说上几句话，有时整天昏睡，而她不让我按摩的原因就是怕我碰到她的手会吓一跳，因为，她的手已经出奇的肿了，怕我知道了原因后会哭……

深刻记得她离开时是九点，我正要去上学，傻兮兮地去了医院，但是看着心跳仪渐渐成一直线，泪水也随之决堤了。虽然我还小，但我明白那是什么意思，妈妈叫我不要哭，因为奶奶会走得不安心，她以前最疼我，妈妈叫我以后不要让她担心，所以不准哭……我懵懵懂懂地点了点头……

时光渐渐过去，但是当时的每幕情景我都深深烙印在脑海里，记得心理课上老师曾经问过当你心情不好时会如何发泄？我说："蒙头大哭！"是的，我的确是这么做，但是那对我来说只是暂时的，永远也无法抚平我心中的伤口……

这三则故事让我心情有些沉重并很为孩子们揪心。的确，生、老、病、死是生命不可抗拒的自然规律，生和死是每个人都要面对的问题，有生必有死。美国伦理学者雅克·蒂洛将道德实践的首要原则——生命价值原则界定为："人应当敬畏生命同时接受死亡"。面对"死亡"是孩子成长必须经历的问题，然而现实生活中探讨死亡这个沉重的话题往往被我们视为禁忌，如何让学生用正面、客观的态度看待死亡现象，从而珍惜自己的人生。如何在生命回天乏力时，可以坦然面对死亡，克服对亲人去世的恐惧，从亲人死亡的悲痛氛围中走出来，孩子们有着这样的需求。

心理学教授华尔顿认为对死亡的哀悼过程要完成四项任务：接受丧失的事实，承认事情已经发生，逝者不会再回来；经历悲伤痛苦，逃避和压抑反而会使痛苦延长，甚至会在日后引发抑郁症；重新适应一个逝者不存在的新环境，包括重新面对自己；能够将情感重新投注到新的关系中继续有效地生活，获得"创伤后成长"：丧失亲人的经历带给他们深刻的转变，从而更加感激生命，人际关系改善，并且变得更有韧性。

事实上，死亡教育作为一种促使人“向死而生”的教育，日益成为一个国内外学者所关注的研究领域，米尔斯等人（1976）的研究中指出，在中小学实施死亡教育的重要性体现在三个方面：(1) 儿童的心理健康有赖于他们对悲剧事件的了解；(2) 死亡教育可以帮助降低已经习得的恐惧和错误的概念；(3) 对死亡的教育和讨论有助于提高儿童应对未来死亡事件的能力。* 我们必须引导学生正确地看待“死”，必须让学生了解死亡。

【教学设计】

教学目标

（1）帮助学生了解人的生与死以及生命过程，培养坚强的品质和积极的生活态度。

（2）让学生在对生、死有所认识的基础上尊重生命，懂得正因为人生中有死亡，人的生命是有限的，从而更加珍惜生命。

（3）帮助学生克服对亲人去世的恐惧，从亲人死亡的悲痛氛围中走出来，当遭遇重大疾病和自然灾害，生命回天乏力时，可以坦然面对死亡。

教学对象

适合初中各年级学生，可根据不同年龄有不同侧重点。低年级学生着重帮助学生树立正确的死亡观：一是对他人的死亡不感到害怕；二是对自身生命的自然消失不感到恐惧。帮助孩子从亲人死亡的阴影中振作起来，让他们合适地表达哀思、顺利度过悲伤阶段，减轻过度哀伤和恐惧等负性情绪。高年级学生可以注重帮助他们适度地表达对死者的关怀与尊重，从而更加惜福感恩，让学生

* 陈彦良：《死亡教育课程对丧亲国一学生死亡态度之影响》，私立南华大学生死学研究所硕士学位论文，2002

深入了解生命的真实过程，以科学的态度对待生命，尊重和热爱生命，从而珍爱自己的生命，实现自身的价值。

教学准备

（1）通过课前调查，了解学生对于死亡的理解，及亲友离世的经历感受。

（2）搜集相关死亡教育的活动方案、教学资料。

（3）制作多媒体课件。

教学过程

（一）导入

关于生命

（1）歌曲《生命没有彩排》

作词：吴飞　　作曲：郑仁清

许多的事，成了败了，还可以重来，
许多的花，开了谢了，还可以盛开，
唯有这鲜活的生命，一出生就约定
不可更改，
哪怕它像出戏，看幕布打开，就得面对舞台
生命没有彩排，只有一次精彩，
一不小心就会输掉现在，
生命没有彩排，只有一次精彩，
欢笑还是悲伤靠自己主宰，
许多的事，成了败了，还可以重来，
许多的花，开了谢了，还可以盛开，
唯有这鲜活的生命，一出生就约定
不可更改，

哪怕它像出戏，看幕布打开，就得面对舞台
生命没有彩排，只有一次精彩，
每一次冲动与忍耐都关系未来！
生命没有彩排，只有一次精彩，
欢笑还是悲伤靠自己主宰！

（2）摄影师 Rob Herr 用叶子来诠释生命的循环，从诞生到死亡，直至腐烂。提问：人生又是如何呢？

（二）生死之间

1. 请你描述

你是什么时候接触到“死亡”这个词的？

小时候，曾经问过父母有关分离或者死亡的问题吗？

是在怎样的情况下问及的，并得到了怎样的回答？

2. 请你叙说

你第一次目睹（听到）死亡的时候是多大?

当时的情形是……

你的感受是……

死者家人和朋友的感受是……

这使你对生命有什么新的了解吗?

（三）关于死亡

1. 有时我们不得不面临死亡

莎士比亚在《皆大欢喜》一剧中，通过杰金斯说过这样一段有名的话：

“全世界是一个舞台，在这舞台上不分男女，每个人都只是个演员，每个人都有出场，也有退场。而且，每个人在其生涯中都会扮演各种不同的角色。其剧情则分为七个时期。”

死亡，是生命的一部分，是人生的最后一幕，德国哲学家海德格尔把它称为是“人生最后的挑战”。尽管我们并不能确切地知道这一幕将于什么时候上演，或者说不定导演临时要让我们提前离场，但我们必须演好前面的角色。我们无法选择生的方式，也不能选择死的方式，但我们可以选择活的方式！在我们活着的这段时期里，全心全意生活是我们最好的谢幕方式。这样，当幕布落下的时候，我们将听到人们发自内心的掌声。

2. 从飞的故事

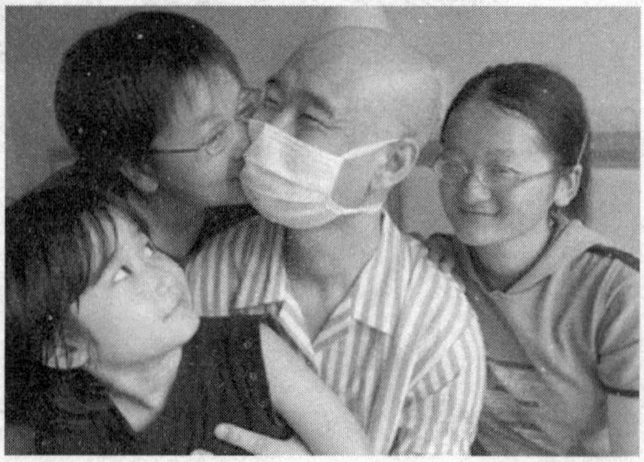

他是一个普通的歌手，然而他所做的却是不平凡的事：10 年来他倾其所有，累计捐款捐物 300 多万元，资助失学儿童和残疾人超过 150 人，自己却一直过着清贫的生活。在生命的最后阶段，又立下遗嘱捐献眼角膜，将光明永远馈赠社会、

长留人间，让自己有用的器官能帮助有需要的人。他的生命虽然短暂，但却精彩，让人们想起了那句有名的话“有的人死了，他还活着”。他就是感动中国2005年度人物获奖者——“爱心大使”丛飞。

3. 一位书友的感悟

我死后，我将会再见到我心爱的一切人，因为他们先我一步在那儿的缘故，我觉得死亡没有什么不好。所以，我爱人，爱生命本身，爱这奇妙奥秘的宇宙，爱我所呼吸的空气和水，爱阳光和风雨，爱我们自身生命的律动和激情。所以，我一年比一年活得更轻松，更快乐。每天，我都怀着感激和新鲜的心情来迎接新的黎明，抓紧时间好好生活，好好地吃下每一口食物，每一样美味可口的面点或水果，好好地喝每一杯牛奶或水，好好地品味每一样菜蔬，好好地欣赏每一部有趣的电影或电视剧，为剧中人笑或哭，好好读每一本展开于手的书，与世界上第一流的哲学家、思想家和伟人作精神上的交流，从他们那里吸取智慧和力量以及热情和勇气。

4. “喜愿儿”

在台北有个喜愿协会，专门协助那些三到十八岁的重病孩子完成他们的最后愿望，那些愿望得以实现的孩子，被协会称为“喜愿儿”。

每个孩子都有愿望，由于他们大部分是癌症末期，要完成这些愿望就要和时间比赛，常常有一些孩子在实现他们的愿望前就离开人世了，非常遗憾。虽然我们每个人的心里都有一些愿望，却很少有人重视它，并努力地去完成，许多人间的美好愿望就往往因此而失落了。

也许从喜愿儿的身上，我们可以得到一些启示。想要明天再完成的愿望，不如现在就去完成。想要以后再还的债务，不如今日就去还清。想要临终才说出的话语，不如现在就去告诉。想要死后才赠送的东西，不如趁活着去送给他。

当你偶然在夜空下看见流星，就不会只留下一片惘然。

（四）情境讨论

设计若干情境题，学生分组，由代表抽出一个情境题，各组讨论并报告，如果身处该情境，你会如何？

情境题目：

- 如果我的生命只剩一周了
- 如果我是喜愿儿
- 如果我的亲人突然患上重病
- 如果我的宠物死亡了
- 如果我同学的亲人逝世了

……

（五）走出悲伤

当死亡无法避免时，你的反应是什么呢？

1. 我要走出悲伤

（1）悲伤的阶段

心理学家 Elisabeth Kübler-Ross 认为，人们面临诸如死亡这样的事件时，心态会先后经历五个阶段：

①不相信：无法相信所发生的一切或听到的消息。

②思念：整天陷入想念过世的亲人的状态，无法集中精力从事正常的生活工作。

③愤怒：非常生气，抱怨上天的不公，质问“为什么是她 / 他”“为什么是我家”等。

④忧郁：伤心、绝望、失望、无助、放弃。

⑤接受：逐渐适应没有亲人的生活，继续自己的生活。

根据人们的行为，心理学还把悲伤的进程分为：

①震惊——麻木；

②想念——搜寻；

③生活杂乱无章——绝望；

④生活回到正轨。

（2）悲伤的表现层次

悲伤感可能从几个层次表现出来：

生理层次：哭泣、叹息，你可能感到头痛，没有胃口，难以入睡，感到很虚弱、疲乏，全身痛，全身紧张不适感；

情感层次：你感到伤心、思念、愤怒、易怒、焦躁不安、担心、焦虑、生气、自责、后悔；

意识层次：你可能张皇失措，精神恍惚，不能集中精力，遗忘，过于担心而无法做出决定；

社会层次：你选择逃避他人，逃避社交，行为变得不合常理；

精神层次：你开始怀疑自己的信念，质问“为什么”，对生活的目的意义感到困惑，思考生与死的关系等。

无论你经历以上提到的何种表现和感受都是“正常”的。接受自己的情感，不要刻意控制自己的情绪。由于情绪的影响，大脑处于应激状态，不一定能正常发挥其功能，对于这段时间对其他的事务的要求要有所调整，原谅自己可能出现的过失。

（3）走出悲伤小贴士

✧ 跟亲朋好友在一起，探讨此时此刻你的心情、感受。

✧ 到外面大自然里走走，让自然景观帮你转换心情。

✧ 带上一件跟过世亲友有关的小物件，想他而悲伤的时候，可以摸摸这个东西。

✧ 整理出一个纪念本或纪念盒，把过世亲友一生相关的相片、物件放进去。

✧ 告诉帮助你的亲朋好友，你想要什么，不想要什么，也可以告诉他们，你想自己单独待一会儿。

✧ 参加相应的悼念活动。

✧ 种一棵树或其他植物，以示纪念。

✧ 计划每天至少做一件有意义的事。

✧ 记日记，把你的想法、感受记下来，每天几次，或每周几次。

✧ 有足够的时间休息，允许自己放松，按照自己舒适的步骤处理日常生活，工作。
✧ 睡个好觉，喜欢的话可以搂一个柔软的物件睡觉。
✧ 给过世的亲友写信，把你这时的想法、感受、愿望都写进去，就像他能收到一样。
✧ 如果你每天都在思念着过世的亲友，不妨就在每天起床后做一件事情，用上一段时间，把你对逝者的思念、回忆、感激、爱心都表达一下，看看他给你的礼物，想想他对你的教诲，想想如何过这一天对得起逝者的愿望，对自己也是最好的选择。然后，带着这样的心情，开始一天正常的生活。
✧ 观察其他悲伤者是如何处理他们的悲伤过程；
✧ 邀请一位亲朋好友做你的“电话伙伴”，需要时你可以随时打电话给他。
✧ 允许自己哭。想哭就哭，不要认为这是懦弱，这是很正常的情绪反应。

2. 让我和你一起走出悲伤

如果你身边的朋友遭遇亲友逝去，我们可以做些什么来帮助他度过这一悲伤过程呢?

✧ 首先应尊重当事人的特殊悲伤方式，也许需要独处，那我们就给他提供空间；
✧ 有时可能只是静静地陪伴左右，或是一个深深的拥抱；
✧ 不需要很多安慰的话,可以分享一点你自己的感受,可以说“我也很伤心，我愿意能分担你的悲伤”；
✧ 不要轻率说“我了解你的感受”,因为很少人能了解当事人独特的内心感受；
✧ 要避免可能让当事人感到内疚的话，比如“不要哭，不然他会不安心的”；
✧ 不要阻止情感的发泄,不要说些“克服悲伤,不要哭,要勇敢些”之类的话。

接受亲友去世的事实，处理哀伤与悲痛，调整失去逝者之后的生活，在心中为逝者留下一方空间，同时投入有意义的关系和快乐生活，继续前行，为自己，也是为了故去亲人的心愿。

【教学反思】

死亡是生命的终结，因此如何看待死亡和如何处置生命的终结往往最深刻地反映人的生命态度。而长期以来，我们往往认为与尚未成年的青少年谈生论死似乎过于沉重，因而往往采取回避的态度和闪烁其辞的说法，在本课中我希望可以平静地给儿童讲“生”讲“死”。当然生老病死的主题总难免是有些沉重的，且容易流于说教，所以在这节课前先做了一些铺垫，“生命清单”、“我的时间尺”的主题活动使学生对生命易逝有一定的感受，对个人的价值观做了一定程度的探索，本节课是在之前主题活动的基础上进行的。上课过程中和上完课以后，从学生的表情和神态观察，我发现预期的目标是达到了，学生开始学着思考生与死的问题，尤其是面对亲人的离去，知道该如何面对，更会珍惜生命的宝贵。

【教学建议】

备选活动“泡泡，请带走我的悲伤”，教师可根据课堂的情况，尤其是学生的实际情况和时间的允许，有选择地使用。“泡泡，请带走我的悲伤”比较适用于有类似哀伤体验的小团体，在进行之前应该对于孩子的相关经历做一个调查了解，并进行初步的沟通，以免在团体活动时因难以兼顾所有个体当场的情绪反应，给学生带来负面影响。

死亡是一切生物从诞生之日起就注定了的必然的最终归宿，但正因为人生中有死亡，人的生命是有限的，我们更应珍惜生命，提升个体生命价值。这个话题虽然看来有些沉重，但对于学生的教育引导还是必需的，非常重要的一点是，进行本活动以前要有一个铺垫，即先进行《把握生命的每一分钟》，在做过了“生命清单”和“我的时间尺”活动的基础上，学生有相当的心理准备后，再来讨论这个话题，会更能接受和有效果。

（陈瑾瑜　著）

第十六章

善待生命

【教学背景】

青少年自杀倾向已日益引起全社会的关注与重视。自杀已成为中国人群第 5 位死因，是 15 ～ 34 岁的年轻人群的第一大死因。据北京心理危机研究与干预中心统计，中国每年有 28.7 万人自杀，200 万人自杀未遂。每两分钟就有一人自杀，8 人自杀未遂。社会广泛认为解决这个问题就是要及时对他们进行心理干预。

那么，作为学校，我们能做哪些心理干预呢？我觉得我们要培养未成年人健全的人格品质，要让学生认识生命，了解生命是怎样产生的，知道生命来之不易，一个生命只有一次。让他们看一些失去生命的场景，感触失去生命后亲人是何等悲痛，人的生命不仅仅属于他自己，还属于社会。帮助他们正确认识生命，懂得生命的价值与意义，从而尊重生命、爱惜生命。

【教学设计】

教学目标

1. 懂得生命的价值，认识到珍爱自己的生命是做人的最可贵品质之一。

2. 思考生与死，珍惜美好时光，规划人生目标，提升生命质量。

3. 关注生命，了解危机的早期发现与干预技巧。

教学对象

高中学生

教学准备

1. 准备写"墓志铭"的小卡片。

2. 准备珍惜生命的素材并制作多媒体课件。

教学过程

（一）导入

材料一：少女跳楼自杀，老父写信警示孩子珍惜生命

11 天前的傍晚，在美丽的珠海横琴岛，一栋 8 楼民居的天台上，一个花季少女一跃而下，结束了自己如花的生命。她叫"阿琼"。

在遗书上写出了自杀的原因：

我不快乐，一直以来也不快乐，我似乎觉得缺了点什么，但我说不出是什么，但那使我很不安和痛苦……使我对这个世界充满了距离，每一分（钟）都是那么的难熬！

而事实是：生活上，阿琼绝对衣食无忧，家里每个月给她六七百元的零花钱；

学习上，阿琼一直在班里名列前茅；人际交往上，阿琼在学校里也非常有人缘，她在同学面前总是有说有笑。

父亲永远发不出去的信

琼女：

你留下一份使人肝肠寸断的遗书，就这样决绝地、头也不回地走向了另一个世界！你在遗书中说了很多很多，但也很少很少，但我总不明白，也无法明白，你的心灵深处，究竟是一个什么样的世界？你那个世界，为什么连生养你16年的爸妈都不能走进半步呢？

琼女，爸爸好后悔呀！爸爸好恨啊！为什么我们不能走进你的精神世界？

现在，我就假定吧，假定你已上了天堂，又假定你成了小天使。那么，爸爸求你做一件事，那就是请你守护一下普天下你的同龄人，包括你的胞弟，叫他们珍惜生命，热爱生活，珍惜真情，珍惜亲情！特别特别是要可怜天下父母心！你们这些不知天高地厚的孩子呀，我们这些老爸老妈向你们乞怜了！

已经心碎的老爸

2006.9.20

材料二：生与死之间的思考

那天天气很闷热，一早起来，就觉得胸口堵得慌。那天也是开学的第二周，学校请不到好的汽车维修老师，班级因此已经有两周没有老师来上课，因为都是男孩，其他老师都不愿意在这个班加课，连续在班级代课的压力全集中在我一个人身上。过度的疲劳和担心，让我心力交瘁。终于在下午的课中晕倒在课堂中，那一刻我完全失去了知觉，学生在呼唤我的声音仿佛是从天国传来的，好远好远！

那一天，医生忙忙碌碌地抢救了四个小时，而我却一无所知。那一天，心脏几乎停止了跳动，永远不再醒来。那一天，几乎吓坏了所有的学生，他们在抢救室门口全体跪在那里哀求医生。那一天，是我的生日。

四个小时对我来说，感觉好像有400年，恢复一点意识的时候，感觉医生的声音是急促而遥远的，感觉呼吸是沉重的，感觉空气是凝固的。那是一次生与死的考验，那天我想起了小时候和哥哥为了看电视意见不统一而打架的事，很想和哥哥说，我再也不和你争了；想起了因为妈妈偷看我的日记而把自己关在房间三天三夜；想和妈妈说，我原谅你了；想起了年迈孤独的父亲，爸爸，以后我会常去看您；想起了为女儿没有考上一百分而生气动怒的事，亲爱的女儿，妈妈以后再也不给你压力了；想起了老公的不思上进，很想说，再也不强迫你这样或那样了；想起了因为婆婆总在我洗碗时怪我洗洁精倒得太多而狠命再多倒一点的事，以后我也不再和您赌气了；想起了……所有这些年我认为的愁苦烦恼，在那四个小时里都觉得那么荒谬、渺小，而我过去居然对它们那么在意。

听见医生说："心跳恢复正常了！"听见学生哭着说："蒋姐，我们以后听你话了！"听见同事说："明天我们去上课！"听见手机的铃声一直在响……在生与死的边缘，原来大家都在反省。

如果你曾经在生与死的边缘徘徊过，你是否也有这种体验？而这种体验像用刀一样刻在我的脑海里，一辈子都无法忘记，那种刻骨铭心的体验激发着我的感悟能力，让我在有些事上更大彻大悟。

请你对以上两份材料谈谈自己的想法，写完后在小组内分享。

____

____

分享：

- 死亡不是个人的事。因为死亡不等于结束，会造成很大的社会影响。所以，人要对死亡负责，不能任性妄为，否则就会给生者留下无限痛苦。
- 人们常说："大难不死必有后福。"为什么？因为生命即将结束之时，人往往会回首过往。对犯过的错误悔恨，对爱恋的人依依不舍，对琐碎的事突然超脱……感叹着如果可以重来，我会怎样怎样。这时，真的起死回生了，老天真的给了你一次重新实践的机会，怎不欣喜若狂。经历过生死洗礼的人，人生观一般都会发生转变。这种对死亡的预习，可以大大提升人对生命的感悟，从而更珍惜生活。

（二）主题活动一：我的墓志铭

1. 故事：最好的礼物

有位老人得了癌症，当医生告诉他这个消息时，他很平静地面带笑容地说："我很感谢上帝让我得了癌症。"

医生非常吃惊，说："你得了癌症，不怨天尤人、惊惶失措，已很难得，为什么还要说感谢的话呢？"

老人说："到了我这个年纪，死亡就是我的邻居了，随时都可能来敲我的门。如果我得了脑溢血或是心肌梗死，我很可能一句话也来不及说就死了，那样我的亲人接受起来该多么困难。而且我还有很多要交代的事也都没了着落。现在，我得了癌症，我有很充足的时间能和亲人告别，能把诸事整理得清清爽爽。当死亡一定要来的时候，还有什么比这种方式更令人安心呢？这就是上帝所给予我的最好的礼物了。"

分享：

每一个人从生下来那天起就在面临一个不可逃避的结局——死亡。很多人是不愿去想这个问题，甚至害怕谈论这个话题的，但其实就算怎样地去回避，死亡终究是不会因为人的恐惧而消失的。

直面死亡，反而降低了我们对它的害怕、逃避，让我们能以更坦然、积极的态度去面对它。正如哲学家周国平所说："一个人只要认真考虑过死亡，不管是否获得使自己满意的结果，他都好像把人生的边界勘察了一番，看到了人生的全景和限度。"思考死亡，让你从生活的沉睡中抬起头，看见生活之外被忽视的东西——你到底要怎样过你的一生，怎样为实现自己存在的价值而努力。

认真生活过的人，能更坦然平静地走向永恒的死亡。如果可以生时安生，死时安死，那么生与死便不重要了。

2. 心动行动：我的墓志铭

墓志铭是一种文化。它的内容五花八门，有的是评价，有的是说明，有的庄重，有的幽默，有的是一种独特个性的表达。

例如：

一位牙医的墓碑上写着："我一辈子都花在为人填补蛀牙上头，现在这个墓穴得由我自己填进去啦。"

有对夫妻为出生两周便夭折的孩子写道："他来到这世上，四处看了看，不太满意，就回去了。"

普希金在16岁的时候为自己写下的墓志铭："这儿安息着普希金和他年轻的缪斯，还有爱情和懒惰，共同度过愉快的一生；他没做过什么好事，可就心情来说，却实实在在是个好人。"

还有："生如夏花之绚烂，死如秋叶般静美。"

"他从前是个胖子，现在和所有躺着的人一样骨感。"

……

如果有一天，你也要离开，你希望你的墓志铭上刻写的是什么呢？

(1) 就你目前的状况，为自己草拟一份墓志铭，就像一场提前到来的死亡，你要做的就是总结你已走过的人生。

____

____

____

学生作品：

✧ 请将落落的书与我同在，希望更多人看温暖美好的文字。现在我还有好多事没有做，很后悔。许多光阴的少年还在等什么？做一切你们想做的事，让人生尽可能不留遗憾。感谢我的父母，把我带到这世上，我已经享受了人生的美好以及陪伴我一起长大的朋友。我爱你们……

✧ 妈妈，如果你还爱我，请你不要哭泣，因为我希望你能好好地活下去。我会在天上微笑地看着你。我并不后悔如此匆匆地走完这一生，因为做你的女儿让我感到很幸福！

✧ 躺在这里的人有过梦想，他的一生很快乐。他热爱旅行，因此游览去了另一个地方……

✧ 朋友们,请不要在我的墓前哭泣。我带着你们的尊重和信任走在云朵上方。爱我的和我爱的人，要幸福地继续活下去。

✧ 生活是美好的，我还想活着。

(2) 你还得为自己草拟一份将来的墓志铭。那是你替自己设计的一份礼物，那是你对远方的翘望和期许。

____

____

____

学生作品：

✧ 我很幸福，我与亲人、朋友在一起很快乐。我向别人说出了自己真心的想法。我会继续幸福，希望所有人都幸福。

✧ 我心坦然，往事如烟。我用心地生活过，爱过权利、金钱、爱情、亲情、友情，让我眷恋，让我为之倾力奋斗，也让我孤单、落寂。得与不得只在弹指间。现在我即将长眠，我心永恒，往事如梦，最后一次哭泣，我行将就土。

✧ 她打开了这个世界与另一个世界的大门。她将我们的世界带进了一个新的领域。她用她的勤奋、刻苦、智慧和爱心编织这个世界。

✧ 虽然我没有倾倒众生的容貌，但我有一颗善良的心。虽然我没有堆积如山的金钱，但我有一个幸福的家。我一生平凡却很充实！

分享：一个人年轻的时候就思索死亡，和他老了才思索死亡，甚至死到临头都不曾思索过死亡，这是完全不同的境界。知道有一个结尾在等待着我们，对生命的宝贵，对光明的求索，对人间温情的珍爱，对丑恶的扬弃和鞭挞，对虚伪的憎恶和鄙夷，都要坚定很多。

这个活动的好处就是，你还有足够的时间来重新拟定你的墓志铭：

如果你对自己的平庸不满意，你还有时间重振雄风。

如果你对自己的浅薄不满意，你还有时间走向深沉。

如果你对自己的性格不满意，你还来得及重塑形象。

……

让数据说话：

- 每年的9月10日是“世界预防自杀日”；
- 自杀占我国人口死亡的第5位原因，也是15～34岁人群的第1死因；
- 1个人自杀至少会对6个亲友产生严重影响；如果发生在学校或工作场所，则可能对数百人产生影响。

2011年9月10日是第九个世界预防自杀日，这一年的主题是“多元文化社会之自杀预防”。北京回龙观医院报告，该院与国家疾控中心在2000年进行的调查结果显示，我国自杀率为22.23/10万，每年约有25万人死于自杀，200万人自杀未遂。

其中，抑郁障碍是导致自杀的首位原因，可使自杀的危险性增加20倍。焦虑障碍使自杀的危险增加6～10倍。酒精滥用或依赖的自杀危险增加6倍。患有严重躯体疾病的患者，如：癌症等慢性疾病和畸形、癫痫等形体缺陷和身体功能受损者，很容易引起抑郁情绪，是自杀的高危人群。

讨论：

你觉得一个人有轻生的念头，会有哪些表现？

____

当你发现身边的人有轻生的念头，你能做些什么？

____

资料分享：“珍惜生命”绝不自杀的14种理由

理由一：也许一切都可以放弃，但对生命的信念不能放弃

理由二：莫造“想当然”的悲剧

理由三：不要急，慢一点

理由四：别神化“非死不可”的认定

理由五：给希望留下一扇窗户

理由六：成功不是“独木桥”

理由七：把“完满”那根绳索丢得远远的

理由八：　上帝关上一扇门，兴许会打开更大的一扇门

理由九：　设想“死了”并重生

理由十：　让生命升华，想想那些未完成的使命

理由十一：从自杀而重生的人那里获得教训

理由十二：为了所爱的人，你没有资格死去

理由十三：敞开心扉：不要自绝于支持系统

理由十四：活下去，而且要记住

【教学反思】

“死亡”这样的主题多少会引起大家的排斥。我活得好好的，干嘛非得想这事？所以我在主题活动之前，进行了大量的铺垫。导入中的材料确定了本课的主导方向：为自己、为他人，我们都应该珍惜生命。故事“最好的礼物”说明了本课的活动目的：思考死亡，是为了有备无患，更为了胸有成竹地生活下去。

从课堂上学生的反映来看，这些铺垫还是比较成功的。面对主题活动“我的墓志铭”，我们的学生都能坦然接受，并认真严肃地对待，仔细思考后，慎重地写下自己的答案。

【教学建议】

1. 主题活动“我的墓志铭”，分为两个步骤。第一步是对已经经历的人生做个回顾和归纳，目的是帮助学生了解自己是一个什么样的人，有着怎样的爱好？在已经历的生活中最感怀和难忘的事件是什么？它可曾给予你自豪和成就？你可有悔恨和遗憾？你还有哪些愿望有待实现？……在对自己的过去和现状有了清醒的认识后，再进入第二步——对将来的期许。

   相信大多数学生在对自己的将来都有着美好的期望。老师可以从“生

命的意义”角度启发，引导学生思考“如何把对未来的憧憬化为前进的动力，如何才能将美好的构想付诸实践”。

2. 关于“你觉得一个人有轻生的念头，会有哪些表现？”和“当你发现身边的人有轻生的念头，你能做些什么？”这两个问题的设计，目的是帮助学生们澄清一些关于“自杀”的误解，提高学生对自身及他人心理危机的识别和调节能力。所以，授课老师事先自己应该有明确的答案，准备相关知识点，以便作出正确的指导。

（吴俊琳　著）

第三部分

自我意识辅导

导　言

古希腊雅典德尔斐神庙金顶上刻着“认识你自己”的格言，哲学家苏格拉底认为这是人生的至理名言，是哲学的最高任务。只有“你自己”，才是我们必须去面对和不断探究的。如果说古希腊中的神谕象征着人类开始了对自我的探索，那么对自我的探索亘古至今一直是人类重要的人生课题，特别是青少年阶段。人生中恐怕没有哪个阶段像青春期那样将目光聚焦在自己身上，那么迫切的希望了解自己。

但是随着社会的发展与复杂，似乎“自我探索”不再那么简单，一些看似矛盾的评价也总是会同时出现在当代青少年身上：自我认同感不足、自我迷茫、自卑或者自负等，从心理学的角度来看，这是青少年在自我成长的过程中挣扎、统合的表现，也唯有经过这个阶段，青少年才能更好的认识自己到底是谁，到底将走向何方，这本书，就将基于自我意识的理论依据，强调团体动力，运用团体辅导的形式，引领青少年进行自我探索，以期为中学阶段的青少年的自我统合提供帮助。借用中国青少年研究中心副主任孙云晓的话，“未成年人最重要的保护是自我保护，最好的教育就是给人以内在的巨大力量。”无数的教育工作者正是秉承着这样的信念坚持做好学生的心理瑜伽师。

第十七章

魔镜，魔镜，告诉我……

【教学背景】

初中阶段的青少年很关心自己的外表及体态，加上媒体不断宣传女孩要纤瘦，男孩要高大，使得许多青少年对于自己身体的评价倾向于肥胖、丑陋等负面的描述，除了要寻求同龄人的认同之外，青少年在追求“美丽”的过程中，对自己身体的了解与喜爱便逐渐消失，有些学生甚至因此产生自卑感，“为什么我的身材不够苗条？”“为什么我不像别人长得那么的甜美？”

通过本活动的实施，期望可以让学生认识接纳自己的身体，了解自己是一个独特的个体，所谓的美丑没有一定的标准，进而更肯定自己。同时，在逐渐了解、尊重自己的过程中，逐渐理解该如何尊重他人的身体，为各自的成长共同创造自信的舞台。

【教学设计】

教学目标

1. 引导学生消除不必要的“体像烦恼”，认识自身的独特性。

2. 引导学生悦纳自己的外形，树立自信心。

教学对象

初中学生

教学准备

1. 视频截取制作；

2. 小镜子若干；

3. 彩色纸若干、海报纸、水彩笔；

4. 多媒体课件制作。

教学过程

（一）热身游戏——雨点变奏曲

1. 指导语

我们一起来想象一幅《雨点变奏曲》吧：小雨——手指互相敲击、中雨——两手轮拍大腿、大雨——用力鼓掌、暴雨——跺脚；放晴了——手指围成一个圈举过头顶。

大家准备好了吗，我要开始发布天气预报了：“现在开始下小雨，小雨变成了中雨，中雨越来越大变成了大雨，电闪雷鸣，大雨变成了暴风雨，暴风雨变成大雨，大雨变成中雨，太阳出来了，下了一小会儿太阳小雨，太阳走开了，又变成了中雨，又逐渐变成了小雨……终于雨过天晴了。”

2. 导入

同学们，刚才的雨点就是我们青春的雨点，因为青春有着小雨的柔美、中雨的活力、大雨的激情、暴风骤雨般的强烈。所以青春很美，而青春的你们也开始爱美了。

厕所的镜子前常看到有些同学借着洗手的机会偷偷看一看镜子里的自己，一有人来赶快装作若无其事地闪出；有些同学拿出手机看看时间，怎么会看那么久呢？原来正端详屏幕上那个模糊的自己。有时候老师想摸摸男同学的头，以示表扬和鼓励，但男孩子避之不及，因为自己的发型会被你弄乱的……

今天我们这堂课就一起来探讨有关我们外形，外貌长相的话题。

（二）形容词衣柜

1. 活动规则

我们每个人都拥有自己的形容词衣柜，现在我们要把衣柜打开，找找与我们外形、外貌长相有关的“衣服”。

在两分钟时间内，写 5 句形容自己外形、外貌长相的句子。格式是：我的__________很__________。例如：我的个子很高，我的眼睛很小。

2. 全班交流分享

哪位同学愿意与大家分享你的衣柜呢？你可不可以读出来给大家听听？

接下来，请把这 5 句话重新排序，在每句话前用 1 至 5 的数字编号。

大家都排序好了吧！哪位同学愿意展示一下你的衣柜？

请你说说以这个顺序排序的理由是什么呢？

（三）“相”由“心”生

1. 播放视频：同龄人的烦恼

其实，和我们有一样烦恼的同学还很多，一起来看看。（播放根据美国强生中国有限公司制作提供的的视频，截取成三段视频：青春痘、个子矮、身材胖。）

2. 引导思考活动指导语

如果，你不满意自己的外貌，怎样使自己美丽起来呢？我们一起分享一个女孩玛丽的成长故事。

玛丽的故事

女孩玛丽的额头上有一个指甲大的黑痣，她一直觉得自己长得很丑，走路时，她总是低着头，生怕别人看到她额头上难看的黑痣。有一天，在一家饰物店，一只美丽的花型发卡映入玛丽的眼帘，让她爱不释手。戴上了这只发卡，它正好挡住了她额头上的黑痣，店主不断赞美她戴上发卡很漂亮。玛丽虽然将信将疑，但还是为能拥有这只美丽的发卡感到高兴，不由自主地昂起了头。她急于让大家看看这个发卡，兴奋的她连出门时与别人撞了一下都没在意。那一天，她始终昂着头，并得到了许多人的赞美。还有人远远地赞美她额头上有一颗幸运星。玛丽听后开心极了，想一定是蝴蝶结发卡的功劳，这个发卡真是自己的幸运星。可回到家，在镜前一照，头上压根儿就没有发卡："一定是出饰物店时与人一碰，弄丢了！"玛丽这才知道，以后她再也不需要发卡了，她已经找到让自己变得漂亮的秘诀了！

讨论：你知道玛丽变漂亮的秘诀吗？

（四）魔镜，魔镜，告诉我……

1. 活动指导语

当你对自己的容貌和体形还有不满意的时候，当你还不能自信地展现自己的时候，就让魔镜来告诉你吧。

我们以小组为单位做一个"魔镜、魔镜，告诉我"的活动。

2. 活动规则

小组内的每位同学依次手持镜子，问："魔镜，魔镜，告诉我，我哪儿最美啊？"组内同学轮流扮作魔镜的声音回答他/她的内在美和外在美（外在美可包括容貌、外形上的；内在美包括性格、行为习惯、能力、爱好、特长、人品、人际关系等方面）。组内两人作为记录员，一人记录内在美，一人记录外在美。

活动结束后请两位记录员、魔镜和体验者谈谈活动后的感受。

3. 学生自我小结

请你扮作魔镜，对自己说一句话。把这句话写在“形容词衣柜”的纸上。

4. 教师小结

PPT：青春很美，让我们哼着青春的旋律，骄傲前行。王子公主们，昂起头，向前走，微笑带头。

【教学反思】

（1）教师要对自己的学生作一些了解和观察，根据不同程度的学生采纳不同的活动内容和训练的注意项。比如低年龄的学生要避免语言、活动的复杂，侧重于发展自我；而初中高年龄阶段因遇到青春期这一特殊时期，在活动的时候要特别注意尊重的态度，关注自信的培养。

（2）因为学生的自我发展程度各不相同，在团体训练部分中，有的学生会很有热情，有的学生会表现为被动勉强。教师此时要注意对不同个体的把握，不要操之过急或“一刀切”，避免在活动中对学生造成心理伤害。教师要有高度的机敏，及时处理学生的各种情绪和安抚。

（3）本次活动的效果，最好在下一次活动开始前进行一下回顾，交流一下各自在活动后的一周内所发生的变化，引导学生将活动中的体验领悟运用到学习生活中去。

【教学建议】

本课中的游戏活动是达标的重要手段，具体实施过程中请老师们要把握和注意以下几个方面：

（1）活动一的设计目的是暖身，增强学生的活力和积极性，为之后的主题活动做好准备。暖身活动不要求学生对活动进行讨论，所以时间不用很长，控制在3～5分钟之间，且可由教师灵活掌控。

（2）活动二：形容词衣柜，本设计是为了让学生认识自己，了解自己。因为处于青春期的学生对自己的身体变化很敏感，所以在开展活动的时候，教师一定要强调团体的保密原则，并在分享环节中，要引导学生用积极、鼓励的态度对待他人的发言，防止嘲笑、讥讽等负面行为的影响。如果有的学生感觉受到伤害，教师应及时干预、及时安抚。当然在分享的过程中，因涉及学生的隐私，教师同样要注意尊重学生的意愿，不要强求交流，秉承自愿的原则。

（3）活动三：相由心生，本设计旨在通过故事同感，引发对正确看待体貌意象的思考。在师生沟通的过程中强调并学习用幽默、灵活的思维方式看待自己的体貌，增强自信心。所以，对于同学中积极的思维方式，教师要及时把握，适时地引导学生正确对待生理困扰，认识到内在美一样可以被他人欣赏、喜爱，为之后的活动环节创设积极的学习意愿。

（4）活动四：魔镜、魔镜，告诉我，活动的设计强调有效的团体训练，在训练过程中，教师要关注全体同学的体验情况，对一些有些退缩的学生要引导带领，让学生明白自己体貌上的不足是难以改变的，但可以被接受，而且是不会影响别人对自己的欣赏的。

（王磊　著）

第十八章

和刘翔一起跨栏
——跨越自我设障　提升自我效能

【教学背景】

高中正是学生探索自己的能力，判断是否“我能行”的重要阶段，班杜拉对于自我效能的研究也发现个体是否具有成功信念对其如何思考、如何自我激励以及如何行为有重要的影响。高中生中不乏低自我效能的情况，“我不行”成了一句口头禅，更有学生为自己的“不行”、“不敢”、“不愿意”找诸多理由：几次考试考不好，就认为自己肯定考不好，或则说考不好是正常的；遇到人际交往困难就推托是对方难以相处；有展现自己的机会就频频说自己会紧张，还是把自己给别人。

自我设障是低自我概念者表现出的一种心理障碍。主要表现为意识或潜意识中对自己正常的心理与行为产生抗拒与阻碍，它包括心理和行为上的自我设障两个方面。心理上的自我设障表现为思考问题负面多，经常由于失败唤起消极的情绪，对自己进行惩罚或批评，自我贬抑和自我否定。行为上的自我设障表现为怯于表达与展示自己，行为退缩，通过身体不适或其他方式使自己处于不利地位。在学习和生活中，我们都可能自我设障。偶尔自我设障能帮助人们舒缓压力或保住一些面子等。但是习惯性地自我设障、习惯性地给自己找借口，不仅会妨碍个体对自己的正确认识和客观评价，不利于发挥自我潜能，还会影响心理健康，削弱生活适应能力，进而导致最终失败。为此，我们须学会跨越“自我设障”。

本章中学生可以发现存在于高中的“自我设障”现象，探讨它的影响和形成原因，通过讨论、游戏等跨越“自我设障”，提升自我效能感。

【教学设计】

教学目标

1. 让学生了解学习和生活中的自我设障，感受它的影响。

2. 探讨突破自我设障的方法，体验跨越自我设障的感觉，提高自我效能感。

教学对象

高中学生

教学准备

1. 场地准备：教室中间 3×4 平方活动空地。

2. 教具：成长树图画海报 1 张，2 米左右的绳子若干，眼罩。

3. 学具：每组一个学习筐，里面包含六巧板 6 片（事先每套用字母或数字贴好组别），树叶、果实形状纸张 6 张，花朵形状纸张 1 张，胶水或双面胶 1 份。

4. 制作 PPT。

教学过程

（一）热身运动——巧拼六巧板

游戏规则：在同学们面前的学习筐里有6片六巧板，请大家随机选取一块，根据所标示的组别找到同组的成员，并迅速将六巧板拼成正方形。

（二）起跑——揭晓自我设障之谜

1. 主题游戏——西天取经

游戏规则：请十名左右学生站成两列，两人一组，彼此相对，列距2米左右。双方各持绳的一端，上系彩纸，有“高山”“灌木”“河流”字样，对应的绳索与持绳者等肩高、等小腿高、等脚高。把参赛者分成两队，每队先观察高低不一的绳索，然后蒙上眼睛，层层越障，穿过绳索，肢体不允许碰到绳索，取得队列的另一端的“经书”。

第一队选手过的时候，第二队观看，绳索不移开；

第二队选手开始走的时候，暗中示意移开绳索，此时观众不能泄密。

2. 问题讨论

（1）为什么第二队的人在没有绳索存在时，依然小心翼翼？

（2）整个游戏中，有哪些感悟？

3. 一个有趣的实验

跳蚤的自我设限

生物学家做过一个有趣的实验：他们往一个玻璃杯里放进一些跳蚤，发现跳蚤立即轻易地跳了出来。重复几遍，结果还是一样。根据测试，跳蚤跳的高度均在其身高的100倍以上，所以跳蚤称得上动物界的跳高冠军。接下来实验者再次把这些跳蚤放进杯子里，不过这次是立即在杯上加一个玻璃罩，“嘣”的一声，跳蚤重重地撞在玻璃罩上。跳蚤虽然也十分困惑，但是它决不会停下来，因为跳蚤的生活方式就是“跳”。一次次被撞，跳蚤开始变得聪明起来了，它们开始根据玻璃罩的高度来调整自己所跳的高度。经过一段时间，这些跳蚤再也没有撞击到这个玻璃罩，而是在罩下自由地跳动。

第二天，实验者开始把玻璃罩轻轻拿掉，跳蚤不知道玻璃罩已经去掉了，还是按原来的那个高度继续地跳。三天以后，实验者发现那些跳蚤还在那里跳。一周以后发现，那些可怜的跳蚤还在这个玻璃杯里不停地跳着——其实它们已经无法跳出这个玻璃杯了。它们已从一个跳蚤变成了一个可悲的爬蚤！

4. 怦然心动

在人生中，有些你以为的障碍，其实并不存在，行动的欲望和潜能往往被自己扼杀！最大的障碍，是自己的心，是自己给自己设立了障碍。

（三）跨越——突破自我设障之困

1. 一写

请同学们在树叶形状的纸张上写出自己在学习中、人际交往中的自我设障经历。

在小组讨论后，每组选出代表全班分享。

每位同学把写有自己的自我设障经历的“树叶”贴在成长树上。

2. 二思

这种状态会带来的结果和内心感受是什么？请学生分享。

自我设障还会影响我们的自我效能感，请通过想想自己在自我设障后的感受，完成《一般自我效能感量表》。

一般自我效能感量表

指导语：以下10个句子是关于你平时对自己的一般看法，请你根据你的实际情况（实际感受），在右面合适的格子上打“✓”。答案没有对错之分，对每一个句子无须多考虑。

题 项	完全不正确	有点正确	多数正确	完全正确
1. 如果我尽力去做的话，我总是能够解决问题的				
2. 即使别人反对我，我仍有办法取得我所要的				
3. 对我来说，坚持理想和达成目标是轻而易举的				
4. 我自信能有效地应付任何突如其来的事情				
5. 以我的才智，我定能应付意料之外的情况				
6. 如果我付出必要的努力，我一定能解决大多数的难题				
7. 我能冷静地面对困难，因为我信赖自己处理问题的能力				
8. 面对一个难题时，我通常能找到几个解决方法				
9. 有麻烦的时候，我通常能想到一些应付的方法				
10. 无论什么事在我身上发生，我都能应付自如				

计分方法：各项目均为 1-4 评分。对每个项目，被试根据自己的实际情况回答“完全不正确”、“有点正确”、“多数正确”或“完全正确”。

评分时，“完全不正确”记 1 分，

“有点正确”记 2 分，

“多数正确”记 3 分，

“完全正确”记 4 分。

得分越高，一般自我效能感就越强。

长期如此，在学习中不相信自己的能力，失去展现自己的机会，在人际交往中还会妨碍彼此的交往和了解，造成人际隔阂和误会，形成不良个性如猜疑、自闭、自卑等，也失去朋友和老师的帮助，感到痛苦。

3. 三析

心理学实验：谁在自我设障？

心理学家斯坦利·库柏史密斯曾把小孩聚集到一个大房间里，房间尽头有一面画着小丑脸的布幕，小丑的嘴巴是一个大洞。每个小孩手上有6个装着豆子的小布袋，任务很简单：把布袋设法投进小丑的嘴巴，投进最多的人获胜。

不同的儿童选择了不同的策略，主要分为三种：

直接站到小丑面前，把布袋轻松放进嘴巴里；

有的人测量好一个距离，而这个距离是有机会投进、但需要一点技巧的；

有的人则跑到离小丑最远的房间另一端，从那边丢掷。

直接站到小丑面前的学童，命中率百分之百；中间距离的，则是好坏参半的正常状态；离最远的，根本连小丑布幕都碰不到，更别说是投进嘴巴。

请同学们分析谁在自我设障？什么原因导致了他们自我设障？

怦然心动：根源还是自我意识发展到一定程度以后，过于关注自我所致，即特别关心自己在人群和环境中的形象、地位，关注别人对自己的评价和人际关系等，这最终导致了“自我设障”。其实“自我设障”背后的心声是——我希望我能行！

4. 突破我的自我设限

刚才同学们分享了自己的自我设障经历，你认为怎样帮助他们和自己克服这些难题呢？写在果实形状的纸张上。

请同学们小组讨论并分享。

每位同学把写有突破自我设障方法的“果实”贴在成长树上。

请大家再思考，这些好点子最终要真正起作用，还需要一个什么环节？

请同学们小组讨论。

每个小组将突破自我设障方法的中间环节写在“花朵”形状的纸张上并贴在成长树上。

5. 教师分享

你怕什么？

一个失业的青年在家埋头写作，发表了一千多块“豆腐干”。一天，父亲指着一则招聘启事说：某报社需要编辑，快去试试！长期与社会缺少直接接触的青年胆怯地说：我未必行。父亲问：为什么？青年答：没学历，那么多大学生应聘，咋会看上我呢？父亲问：你见过了总编呢？青年答：没有。父亲问：你了解过全部竞争对手了？青年答：没有。父亲问那你究竟怕什么？

怕应聘的青年后来带着一袋报刊去见总编，居然被破格录用……

思考：青年通过什么环节突破自我设障的？

怦然心动：人际交往中，许多人因为自我设障，认为自己不行，不敢行动，失去很多机会。行动的过程有时会痛苦，但它是无法替代的。

教师将行动写在“花朵”形状的纸张并贴在成长树上。

自我激励：用行动调整观念！用行动促进成长！战胜自我！

（四）尝试——体验自我突破之感

1. 故事分享

一个猎人带着猎狗出去打猎，猎人用猎枪打伤了一只兔子，这时猎人让猎狗去追受伤的兔子，兔子带着伤拼命跑，猎狗在后面奋力追，可是兔子还是逃脱了，猎人生气地骂道：没用的东西，连一只受伤的兔子都追不到，猎狗气喘吁吁地说，我已经尽力了。而受伤的兔子，回到洞里，他的家人都很吃惊，说猎狗那么凶猛，你又受了伤怎么能跑得过它呢？受伤的兔子说：我如果不全力以赴地跑，就没了性命，而猎狗顶多挨一顿骂！一个“尽力而为”，一个“全力以赴”，这个寓言故事告诉我们怎么样努力才能成功。

2. 分享各自对故事感受

3. 请同学上台分享突破宣言

许多人开始不敢上来宣讲，讲的时候也是有所保留，身体紧张，不能完全袒露自己的心声，但经过几个同学的尝试，也就不紧张了，或者说自己在实际锻炼中得到了成长，战胜了自己，回头想一想，也没有什么。其实，突破自我设障，不也与此类似吗？

（五）总结

自我设障并非不可跨越，我们今天就和刘翔一起跨栏，越过了一道道自我设障，体验了这种激情。同时，我们还有一份收获——成长树，它积聚了我们的智慧、勇气、能量，祝愿同学们如同这棵成长树一样，永不停止自我实现的脚步，让自己的人生发芽、开花、结果。

【教学反思】

这是一堂非常实用的心理辅导活动课。每个学生心里或多或少都有自己的设障，到了高中，由于对自我的关注、从众效应、非理性观念的影响，对自己的能力和潜力不能客观评价，更多地表现出了退缩、羞怯行为，这堂课对学生来说很有体会。

西天取经的游戏设计，非常切实主题，学生可以通过游戏感受到自我设障的概念，特别是在小心翼翼游戏的同学身上看到了自己的影子。

通过完成成长树，树叶——自我设障经历，果实——自我设障方法，花朵——中间环节：付诸行动。也帮助学生理清自己的突破设障的内容、方法、计划，从具体操作上给予学生帮助与引导。

【教学建议】

几个活动设计和游戏的建议：

(1)热身运动——巧拼六巧板。教师可以根据每个小组的人数来设计游戏，没有巧板的话可以用彩纸代替，事先根据小组人数画出图形，剪下之后就是简单的纸质巧板。活动时，教师注意控制时间，避免游戏时间拖延过长。

(2) 起跑——揭晓自我设障之谜。通过游戏学生体验自我设障，通过实验讲解自我设障，教师可以在学生有自我感受之后，再引入概念，有助于学生理解概念。教师也可以选择教学资源中推荐的游戏，如我的身体钻过我的作业本和拍手游戏，教师可以根据场地等情况进行实际选择。

(3) 跨越——突破自我设障之困。这部分注重写与思，教师需特别重视营造剖析自我设障时的相互尊重坦诚的课堂氛围，如果有的同学真的不愿意分享自己的经历，也可以分享他所看到或听到的故事。通过了解自我效能的效果，了解自我设障对自我效能的影响，激发学生突破自我设障的动机。

(4) 尝试——体验自我突破之感。一次上台宣讲自己的突破宣言，就是一次自我突破，往往一个自我设障的学生不敢在人群面前展示自己，教师可以自己先适当地自我暴露，宣讲自己的突破宣言，由此来鼓励学生。

（马晓蕙　著）

第十九章

真我风采

——自我探索与自我肯定

【教学背景】

高一学生小威在周记中写道：“我觉得很迷惘，对高中生活没指望了，我太平凡了，不，应该说我太不出色了，学习这么多年一直在中游，到这个学校更是落在班级后面，有的同学虽成绩一般可是她有特长，琪钢琴要考十级了，斌进学校游泳队，小光性格开朗，大家都喜欢他。我很自卑，不知道人生方向在哪里，每天浑浑噩噩地生活，消极而乏味，我知道这样不好，可我能怎样呢？”

人的一生当中恐怕没有哪个阶段会像青春期那样关注自我，随着成长，中学生将对于外在世界的兴趣转移到了自身世界，心理学家普遍认为，发展自我认同和逐步建立自我同一性是青春期的首要任务。是否拥有自我认同感和自我同一性体验是中学生心理健康于人格成熟的标志，并直接影响到他们的生活适应与人生发展。

“我是怎样的一个人？”、“我在别人眼中是什么样的形象？”、“我喜欢自己的状态吗？”等一系列有关于“我”的问题开始萦绕在学生心中。进入中学高年级后，对生理自我的关注扩展到对心理自我和社会自我的关注，对外界的评价很敏感，处于自我认同的危机中。

中学生对自我的探索并不是一帆风顺的。一方面中学生沉浸于关于“我”的思考与感受中，另一方面，这种感受带有十分浓重的个人情绪情感色彩，易有偏颇，在自我的发展中感受到矛盾和挫折。

在这个时期，对中学生自我意识发展予以引导，使其能够接纳自己的特点，包容不同人对自己的印象与期待，成为一个富有自己独特个性的人。

【教学设计】

教学目标

（1）了解正确认识自我的重要性，掌握认识自我的不同渠道。

（2）体验积极的情绪情感，客观了解自己，悦纳自己，并能发现和挖掘自身潜能，树立起积极的自我概念。

教学对象

高中学生

教学准备

（1）场地准备：小组之间留适当距离，学生可以走动互动。

（2）学具：每组一个学习筐，里面包含 A4 白纸 6 张（各小组人数可以更改），小彩纸若干张（课前做好修饰，做成不同的图形，背后贴上双面胶），彩笔一盒，学生问卷一张。

（3）制作 PPT。

教学过程

（一）热身游戏：大风吹

（1）每组2位同学参与活动，场地中央椅子比游戏人数少一把。一人做“鬼”。

（2）除了当“鬼”的人以外，其余的人分别坐在不同的椅子上。每张椅子限坐一人。

（3）做“鬼”的人站在中央，他可以随意说大小风吹。如果他说大风吹X，有X的人必须起来换位置。如果说小风吹X，则是相反，没有X的人起来换位置，同时“鬼”也去抢位子，没抢到位置的人则是新“鬼”。

思考：玩好这个游戏的要素是什么？

（二）自画像

1. 播放原创动画《自画像》

一位饱经沧桑的老人回到曾经居住过多年的房子，看到岁月留下的痕迹，回忆过去的经历。通过回忆自己一生中经历过的事，把一生中各个时期对自己产生重要影响的物品画在画布上。最后将一幅幅画挂在墙上，所有根据回忆画成的画，组成了老人的自画像。

2. 我的自画像

请各位同学根据自己现在的情况，为自己画一张自画像，尽可能地表现出自己的特点。并用一句话来概括自己的特点。

3. 分享

（1）小组内展示自己的自画像，并分享自己的特点。

（2）从哪些方面来描述自己的特点？

（3）讨论，你是通过什么渠道来探索自己的特点的？

（4）你喜欢这样的自己吗？

（5）认识自己有什么用？

（三）走进自己

1. 心中我

（1）观看视频《视而不见的大猩猩》。

（2）讨论：这个实验对你对于自己的探索是否有什么启示？

2. 镜中我

（1）周哈利之窗

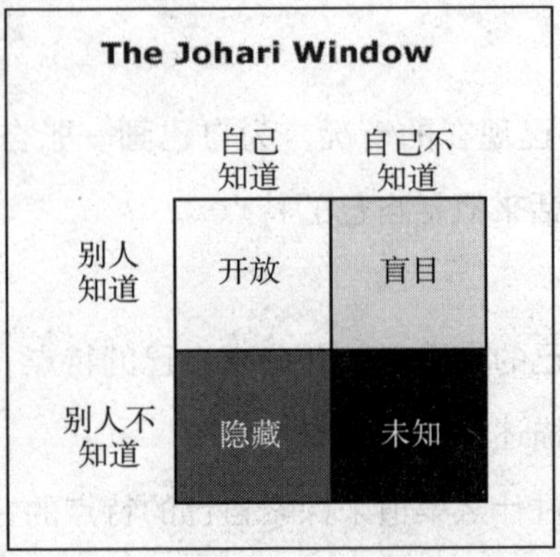

心理学家鲁夫特与英格汉提出“周哈利窗（Johari Window）”模式，“窗”是指一个人的心就像一扇窗，普通的窗户分成四个部分，人的心理也是如此。因此把人的内在分成四个部分：开放我、盲目我、隐藏我、未知我。

开放我

左上角那一扇窗称为“开放我”，也称“公众我”，属于自由活动领域。这是自己清楚别人也知道的部分，所谓“当事者清旁观者也清”。比如，我们的性别、外貌，比如某些可以公开的信息，包括婚否、职业、工作生活所在地、能力、爱好、特长、成就等。“开放我”的大小取决于自我心灵开放的程度、个性张扬的力度、人际交往的广度、他人的关注度、开放信息的利害关系等。“开放我”是自我最基本的信息，也是了解自我、评价自我的基本依据。

盲目我

右上角那一扇窗称为“盲目我”，也称“背脊我”，属于盲目领域。这是自己不知道而别人却知道的部分，所谓“当事者迷旁观者清”。可以是一些很突出的心理特征，比如有人轻易承诺却转眼间忘得干干净净；也可以是不经意的一些小动作或行为习惯，比如一个得意的或者不耐烦的神态和情绪流露，本人不觉察，除非别人告诉你。盲目点可以是一个人的优点或缺点。因为事先不知、不觉，所以当别人告诉自己时，或惊讶、或怀疑、或辩解，特别是听到与自己初衷或想法不相符合的情况时。“盲目我”的大小与自我观察、自我反省的能力有关，通常内省特质比较强的人，盲点比较少，“盲目我”比较小。而熟悉并指出“盲目我”的他者，往往也是关爱你的人，欣赏你的人，信任你的人（虽然也可能是最挑剔你的人）。所以，我们要学会用心聆听，重视他人的回馈，不固执，不过早下结论；学会感恩，是他们帮助自己拨开迷雾见晴天。

隐藏我

左下角那一扇窗称为“隐藏我”也称为“隐私我”，属于逃避或隐藏领域。这是自己知道而别人不知道的部分，与“盲目我”正好相反。就是我们常说的隐私、个人秘密，留在心底，不愿意或不能让别人知道的事实或心理。身份、缺点、往事、疾患、痛苦、窃喜、愧疚、尴尬、欲望、意念等，都可能成为“隐藏我”

的内容。相比较而言，心理承受能力强的人，隐忍的人，自闭的人，自卑的人，胆怯的人，虚荣或虚伪的人，隐藏我会更多一些。适度的内敛和自我隐藏，给自我保留一个私密的心灵空间，避去外界的干扰，是正常的心理需要。没有任何隐私的人，就像住在透明房间里，缺乏自在感与安全感。但是隐藏我太多，开放我就太少，如同筑起一座封闭的心灵城堡，无法与外界进行真实有效的交流与融合，既压抑了自我，也令周围的人感到压抑，容易导致误解和曲解，造成他评和自评的巨大反差，成为人际交往的迷雾与障碍，甚至错失机会。勇于探索自我者，不能只停留在“开放我”的层面，还应敢于直面“隐藏我”的秘密和实质。

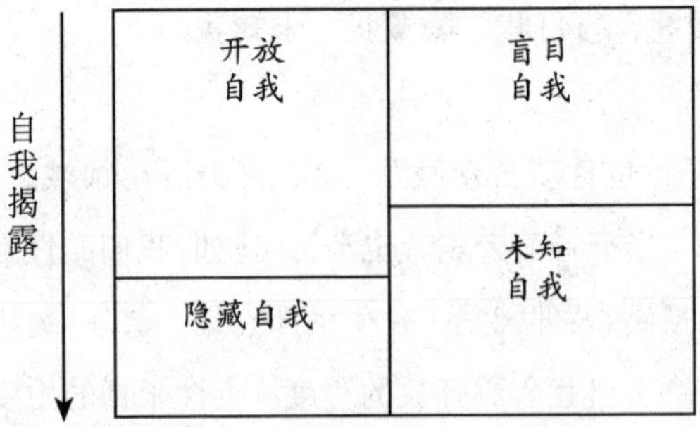

经由自我揭露，开放自我变大，隐藏自我变小

未知我

右下角那一扇窗称为“未知我”也称为“潜在我”，属于处女领域。这是自己和别人都不知道的部分，有待挖掘和发现。通常是指一些潜在能力或特性，比如一个人经过训练或学习后，可能获得的知识与技能，或者在特定的机会里展示出来的才干，也包含弗洛伊德提出的潜意识层面，仿佛隐藏在海水下的冰山，力量巨大却又容易被忽视。对未知我的探索和开发，才能更全面而深入地认识自我、激励自我、发展自我、超越自我。学着尝试一些全新的领域，挖掘潜力，会收获惊喜。勇于自我探索者，要善于开发“未知我”。

在个体的自我意识中其实只有两次层次：开放层次和隐藏层次。个体有意识有选择地决定哪些让别人知道，哪些不让别人知道。如果我们更多地表露自我，隐藏层次就会缩小，开放层次就会增大。在同我们交往的对象的意识中，只有两次层次：开放层次和盲目层次。他们可以选择是否告诉我们他们对我们的看法，如果他们更多地同我们交流他们对我们的看法（反馈），那么盲点层次自然缩小，开放层次自然扩大。自我揭露和反馈是让开放自我变大的方式，前者是将更多的自我坦诚在别人面前，这需要对自己的了解和接纳，后者是更多地听听别人了解我们的，这需要能够接受别人的意见，更多自我探索的勇气。

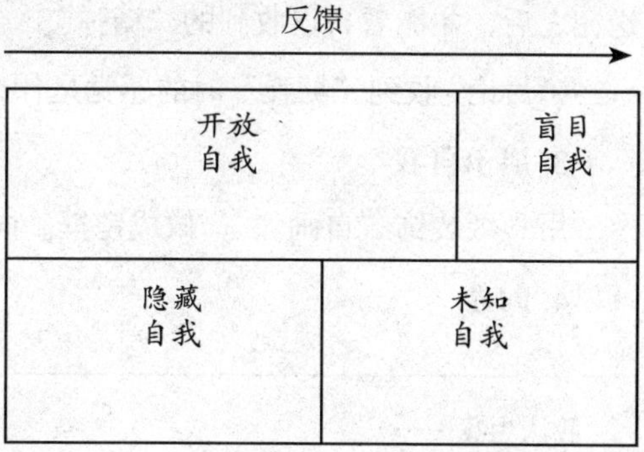

经由反馈，开放自我变大，盲目自我变小

（2）讨论：了解了周哈利之窗后，你对于如何更好地了解自己，有什么样的启示？

（四）寻找真我色彩

1. 我认为我

（1）填写《我认为我》问卷，对自己的特点进行评价，并将特点写在不同的彩纸上。

学生展示：

（2）用“虽然……，但是……”的造句

虽然我____________，但是____________。

例句：

虽然我记性不好，但是我也记不住不愉快的事情。

2. 你认为我

（1）游戏：优点轰炸

规则：

①回忆一下班级里某位同学某件值得赞美的事情。

②在5分钟内，把赞美之词写在“彩纸”上，做成“糖弹”（例如：你很棒！上次运动会你受伤了还跑到了终点。我为你骄傲！）。

③写完后把“糖弹”贴到想要赞美的人身上，直到把手中的“糖弹”全部

送完之后，才能看自己收到的“糖弹”；

④讨论：收到“糖弹”时的感觉是什么？对你探索自己有怎样的启示？

3. 展示自我

用彩纸装饰“自画像”，做成镜框。向同学们展示自己的自画像。

4. 问卷

我认为我……

乐于助人	□	书法好	□	快乐	□
诚实	□	爱劳动	□	能干	□
有礼貌	□	整洁	□	宽容	□
虚心	□	合群	□	不怕困难	□
勤奋	□	友善	□	不怕吃苦	□
聪明	□	有同情心	□	有进取心	□
记忆力好	□	身体健康	□	兴趣广泛	□
自觉	□	幽默	□	做事认真负责	□
体育很棒	□	勇敢	□	耐心	□
绘画好	□	写作能力强	□	口头表达好	□
唱歌好	□	组织能力强	□	开朗乐观	□
跳舞好	□	自理能力强	□	知识丰富	□

虽然我________________，但实际上__________________。

我认为你……

乐于助人	□	书法好	□	快乐	□
诚实	□	爱劳动	□	能干	□
有礼貌	□	整洁	□	宽容	□
虚心	□	合群	□	不怕困难	□
勤奋	□	友善	□	不怕吃苦	□
聪明	□	有同情心	□	有进取心	□
记忆力好	□	身体健康	□	兴趣广泛	□

自觉	□	幽默	□	做事认真负责	□
体育很棒	□	勇敢	□	耐心	□
绘画好	□	写作能力强	□	口头表达好	□
唱歌好	□	组织能力强	□	开朗乐观	□
跳舞好	□	自理能力强	□	知识丰富	□

我觉得你还有______________________(的优点)。

【教学反思】

课堂非常热烈，特别是“寻找真我色彩”主题活动受到了学生喜爱，不再拘泥于小组活动，而是进行班级整体大活动，气氛热烈，不仅达成了教学目标，更融洽了同学关系。

但是，教学中也可能会出现个别同学不愿意参与活动，或没有被人赞美的情况，教师在这个活动过程中要“眼观六路，耳听八方”，及时发现这样的学生，引导他参与到活动中，也可以带头赞美他。教师可以事先为自己准备一些彩纸，也加入到这个活动中，看到一些比较游离于活动的学生，鼓励他们对教师进行赞美，同时赞美他们敢于突破自己，善于观察等特质。

教师需特别关注课程中的生成性问题，这些问题其实也反映出学生自我肯定和自我悦纳上的需求，关注并解决这些问题也是教学目标的达成。

【教学建议】

这是一堂“可以带走”的心理辅导活动课，完成的自画像可以装饰同学的书桌；这也是一堂“可以延续”的心理课，自画像是可以随着对自我的肯定与悦纳不断地增加装饰与修改。

课内活动游戏中以下几点要注意的：

1. 热身游戏：大风吹

大风吹已经是大家非常熟悉的热身游戏了，教师在游戏之前，将“大风吹”“小风吹”的规则讲解清晰，强调鬼也要参与抢位子，教师可以自己先做一次“鬼”，演示一下，以便于学生更好地理解游戏规则。同时，教师应强调大风吹的特点不仅仅是外表穿着上的，也包含内在性格、兴趣等。

2. 自画像

这部分教师可以强调自画像不是考核像不像，而是要表现自己的特点，可以是漫画的形式，可以是用一个形象代表自己，但是这个自画像肯定是基于对自己特点的全面的思考上的，由此激发学生思考自我认识的意义和方法。

3. 走进自己

运用周哈利之窗来解释自我认识的两个维度，《视而不见的大猩猩》是一个有趣的心理实验，教师提供视频对学生进行实验，让学生了解：我们有时候对自己的认识是会有疏忽的，忽略自己身上很多的特点。建议教师对周哈利之窗的介绍要深入些，特别是中学高年级的学生对这个理论的理解还是可以较深刻的，“寻找真我色彩”主题活动就是依据“自我揭露和反馈”进行设计的。

4. 寻找真我色彩

引导学生真诚地赞美自己和同伴，同时强调赞美是基于日常行为表现的内部特征的赞美，使赞美真诚而深刻。让学生感受到无论是自我揭露还是反馈都是非常愉快的事情，强化日常自我探索与自我肯定。

（马晓燕　著）

第四部分

同伴交往辅导

导　言

人际交往是社会活动中人与人之间进行信息交流和沟通情感的联系过程。青少年学生也不例外，他们的成长需要有同龄伙伴的交往和友谊。在青少年期，同伴关系是学生人际关系的主体，是影响个体心理健康成长的重要社会因素之一。良好的同伴友谊有利于青少年社会价值的获得、社会能力的培养、学业的顺利完成，以及认知和人格的健康发展。而不良的同伴关系有可能导致学校适应困难，甚至会影响成年以后的社会适应。同伴之间关系的成熟发展成为青少年社会性发展过程中的一个重要因素。

人际交往是青少年心理健康教育的重要内容。我们在多年的学校心理健康教育实践中发现，学生的心理问题很大程度上来自于他们的人际关系不协调。不少学生缺乏基本的人际交往技巧与方法，有的学生因为自身原因产生自卑的交往心态不愿意结交新的朋友，还有的学生则在出现人际冲突后不知道该如何应对而丢失了一份难得的友谊。以下教案均围绕中学生的同伴交往问题展开。教师精心设计了一系列的辅导活动，并在课堂辅导活动中进行了实践和探索。

第二十章

解开千千结

【教学背景】

青春期是人生成长的“关键期”，也是大家公认的“危险年龄”阶段。其中，亲子、师生、同学关系等人际交往问题成为处于青春期的孩子们遇到的最大难题之一。尤其是处于初中学段的学生，对同辈朋友的需求感最为强烈，而且初中生又处于成长期，他们的自我意识在增强，自尊心、成人感和逆反心理突出。但又因为是正在成长中的未成年人，他们单纯、幼稚，但又冲动、情绪多变，因为许多同学在处理同伴之间的关系和矛盾时常常又缺少理性思考与分析。所以如何帮助和引导初中生解决交往的困惑既是满足他们的心理的需求，又是一个很重要的课题，初中生急需学习处理交往问题的能力。

针对初中学生的心理特点和需求，本课旨在让学生学会认识并分析自己同伴交往存在的不足，明白同伴之间不愉快的发生虽在所难免，但要学会用积极的态度去面对、用合理的方式去解决是维护友情的最佳武器。

【教学设计】

教学目标

（1）明白同伴之间发生矛盾、产生分歧是在所难免的。

（2）懂得严格要求自己，宽容对待他人，多一些互相理解，在人际交往中非常重要。

（3）指导学生积极参与活动，引起情感的共鸣，达到潜移默化的教育效果。

教学对象

初一学生

教学准备

（1）活动所需的小卡片

（2）多媒体课件制作

教学过程

（一）热身小游戏“解开手链”

1. 游戏规则

将全体学生分组（10 人一组最佳），让每组围成一个圆圈。教师指定任意一个学生说：“先举起你的右手，握住对面同学的手；再举起你的左手，握住另外一个人的手。”接下来请其他学生照着第一个学生同样的方法做，直到所有学生的手都彼此相握。现在他们面对一个问题，在不松开手的情况下，想办法把一个错综复杂的结解开。

教师宣布解开手链的标准，只要小组成员呈现一个大圈或是两个套着的环，就视为解开。如果实在解不开，教师可允许学生将相邻两只手断开，解开后须报告共断开手链多少次。目标是尽量不断开手链就能解开。

2. 教师提问与小结

（1）游戏一开始你的感觉怎样，你认为能解开手链吗？

（2）在小组进行尝试时发生了什么，有没有遇到困难，后来又是如何解决困难的？

（3）当手链被解开了一点以后，你的心情怎样？你的想法是否发生了变化？

（4）最后任务完成了，你认为是什么使你们的小组成功的？

教师总结：一个人如果生活在一个温馨、和谐的环境中，与周围的同学、老师、父母都建立起和谐的关系，那是非常美好的！因为这样我们就不会感到孤独和压抑，就会有安全感，就会有好心情。

（二）解铃还须系铃人

1. 分享学生的小故事

我们每天生活在一个班集体中，正如一家人一样。朋友之间日子久了，难免会有一些磕磕碰碰，有时就像刚才解开手链这个游戏一样，要面对一个大难题，而且在解决这个难题的过程中还会遇到许多麻烦。引起同伴之间不愉快的事情有大有小，例如别人拿错了自己的东西啊、说话用词不当引起误会啊、观点不同争吵起来，等等。总之，小问题是很多的，如若处理不当，小问题会变成大问题，或者会造成关系紧张，或者会造成情绪低落，影响学习，或因此势不两立，大动干戈，造成不可想象的后果……但只要我们正确面对，互帮互助，再复杂的困难总有解决或缓解的办法。

请同学们说说在与同伴相处时发生的矛盾和冲突。

2. 共同寻找解决方法

可见，同伴之间产生矛盾在所难免，当矛盾产生时，我们要做的是正确面对它、合理解决它，让矛盾大事化小、小事化了。切不可耍性子，任由矛盾扩大化。

解开同伴间矛盾的解铃秘诀：

（1）学会在做错时主动承认错误，请求朋友原谅。

（2）冷战时，主动来到朋友面前要求和好。

（3）朋友向你道歉时，切莫再斤斤计较。

（三）朋友矛盾 AB 剧

1. 情景剧表演

将全班分为 4 个小组，排演 4 个情景 AB 剧。根据各组抽签的情况每个小组排演一个情景。AB 剧要将结果演绎得完全不同，A 剧为解开矛盾的剧，B 剧为矛盾升级的剧。

情境如下：

（1）好朋友和人打架，我去劝架，反被他踢了一脚。为此我十天没理他。

（2）那天我买了一本新的漫画书，朋友就拿去看了，当我想看时，她才告诉我她已将书借给了其他人，要知道这一切完全没有经过我的同意。

（3）我看到好朋友和另两个同学开心地在一起跳橡皮筋，心里不舒服。过后我质问她，她说我小心眼，两人就这样闹翻了。

（4）上微机课时，我和同学开玩笑，把他的鞋带悄悄地系在桌脚上，我的朋友把这件事告诉了老师，害得我挨了老师的批评。

学生在演绎 AB 剧时，要突出 A 剧和 B 剧的差距。

2. 教师提问与小结

（1）同样的一个情景，是什么造成 A 剧和 B 剧的结果差距如此之大？哪些是合理的？哪些是不恰当的？

（2）为了化解矛盾，我们还需要注意什么？

将学生总结的有效地解决矛盾的方案补充到：“解开同伴间矛盾的小秘诀”中去。

（四）感悟时间“给朋友的一封信”

朋友之间难免会发生一些不愉快，也许当时因为种种原因没有很好地解决，就这么随着时间的推移而过去了。今天给同学们一次向朋友表达谢意、歉意的机会，请仔细回忆一下你和朋友之间曾发生的事，也许还有些遗憾的地方，不妨借今天的机会勇敢地去面对它、弥补它。

每人可拿到若干张小卡片，请在卡片上为自己的朋友写一句致谢或致歉的话。想一想最近是否发生过两人间的小矛盾，为此你想对朋友说句什么话呢？

学生写好后，可自愿分享。

教师总结：矛盾化解后，我们还是好朋友！

【教学反思】

1. 本课的成功之处

“解开手链”这一热身活动在许多场合都可以运用，本课将它引用为热身部分也十分合适。手链就象征着人与人之间产生矛盾后的结，这是普遍存在的。用游戏的方式让学生体会到解开结的不易，现在是在一种轻松的氛围中去体会一个客观存在的较为消极的现实，这样安排利于学生接纳，也能将课堂的氛围定位在舒适放松上，以帮助后面对矛盾解决的探讨和演绎。

在感悟部分，学生学习了解决矛盾的方法后，出于面子等心理因素可能心有所悟，但行动上难以改变。在教学设计中即时地安排给朋友写句致谢或致歉的话的时间和机会，能起到很好的教学效果，帮助学生化解矛盾。

2. 本课的不足之处

学生在与朋友交往时会遇到各种各样的矛盾，课堂设计中所涉及的矛盾焦点是极为常见、普遍存在的一些矛盾。但是，学生还会因为其他许多复杂的原因而产生矛盾，这些矛盾有时是很难解决的，在课堂上讨论也不一定能有好的效果。例如，有的学生受到周围人的排斥，缺少朋友；有的学生和朋友之间的矛盾长期存在，而且矛盾的原因是交友原则性的问题；还有的学生知道矛盾的处理办法，但在实际生活中却因种种心理原因而无法化解矛盾。面对这些问题，本课在课堂上似乎难以有效解决，需要在课后结合学生的个别辅导来补充。

另外给学生的几个情景题也比较浅层次，太过深层次的话题难以在课堂上让学生小组在短时间内得出有效的结论。

【教学建议】

1. 提供合适的热身场所

解开手链活动，需要较大的场所来进行，可将教室内的桌椅事先挪开，可等游戏结束后再将桌椅复原或到下课后再复原都行。游戏前的分组以随机分组为好，每组人数要差不多，虽没有比赛的性质，但可平衡各组游戏花费的时间以及维持各组解开手链的难易程度。当然由于手链的形成有随意性，有时会遇到较大的困难，难以解开，教师需要强调游戏规则，允许少量地松手情况，以保障游戏的进行。如果教师有兴趣参与游戏，也可一起参与。

2. 灵活调动学生

引导学生如何化解矛盾时，可以直接讲解，应将本课的重点放在后面，使学生有更多的时间和机会去运用化解矛盾的方法，不用过多地停留在方法的讲解上。另外解决矛盾的方法有很多，可让学生现身说法介绍一些，教师也可介绍一些学生中的生动案例。

3. 注意避免一些问题

情景讨论部分，除设计的情景外也可以选用学生近期发生的矛盾，但用学生的真实案例时要做些处理（避免对学生的伤害），或者要得到故事中所有当事人的同意，毕竟矛盾的分享需要诺大的勇气。若涉及学生的隐私，教师在运用时更要注意考虑周全，保护学生的隐私。

4. 课堂延伸

在“感悟时间”活动部分，有的同学想多写几张，教师应该备足小卡片，让想写的学生有足够的卡片来书写，而不是从许多朋友中只能勉强选出一、二人来写。若因为时间的关系，也可将卡片分发给学生，请他们课后再完成，让学生有一个仔细回想的时间，再者在课堂上写发生矛盾的事，不少学生仍会有抵触情绪，放在课后也不失为合理的安排。

（张莹　著）

第二十一章

赠人玫瑰，手有余香

【教学背景】

美国《幸福》杂志下属的名人研究会有一项研究结果表明：人际关系的顺畅是事业成功的最关键因素，而处世交际最关键的所在就是学会赞美他人。如果一个人懂得如何去赞美别人，那么他的人际关系就一定不会糟糕，身边的朋友都会乐于与他交往。被人欣赏是每个人的心理需求之一。

著名的马斯洛需求层次理论提出人类需求分成生理、安全、社交、尊重和自我实现五类。高中生在满足了生理与安全需求之后便开始寻求社交、尊重和自我实现的需求。而人际关系的发展，能否被同龄人群体接纳，能否与同伴保持良好且长期的交往关系，能否在群体交往中得到快乐和成长，这些都是高中生面临的问题。个体需要在社交中被他人接纳和肯定，从而感到被尊重与容纳。而唯有能接受他人赞美的人，内心才会变得更加积极乐观，自信向上。

孔子云："益者三乐，损者三乐。乐节礼乐，乐道人之善，乐多贤友，益矣。乐骄乐，乐佚游，乐晏乐，损矣。"(《论语·季氏》)"乐道人之善"即是"以称赞他人的优点为乐"。可见在2500年前，人们已经意识到赞美他人的长处是一种有益的快乐。

有位记者也曾做过一次调查：经常赏识他人，夸奖、赞美他人的人往往处事积极乐观，受人欢迎，受人尊敬，不常生病，并且比一般人长寿；而常指责、抱怨他人的人没有朋友，孤单落寞，身心脆弱，比一般人寿命短。赞美在一定程度上对一个人的生命质量与长短有着重要的影响。正如卡耐基所说："人类本性最深的需要是渴望别人的欣赏。"

由此可见，在孩子的成长过程中，环境的影响因素起着至关重要的作用。一个人要想学会自信、耐心、感激和爱等优良品质，我们就需要给他鼓励、认可和爱。除了家庭、学校应当负起营造良好教育环境的责任，对于高中生自身而言，他们也应当积极学习使用赞美技巧去优化自己的人际关系。

对于刚刚进入高中的学生来说，在开学之初最重要的任务就是结交新朋友，让自己尽快地适应新的环境和集体。除了做到主动、真诚、热情之外，赞美也是一个非常重要的交往技巧。然而，由于中国人的内敛性格以及不爱把赞美夸奖等外露出来的传统文化特点，学生也往往不愿意也不善于将赞美之词表达出来，有时说了还会被误解成奉承和拍马。不恰当的赞美有时还变成了一种讽刺和嘲讽，非但没有对人际关系起到积极的促进作用，反而起了反作用。

在与学生的交谈中发现，学生普遍在人际交往中很少使用赞美的技巧，但是内心又十分渴望也很享受被别人真诚的赞美。有的学生想赞美别人却又往往心存顾虑，害怕自己的赞美被对方误认为是奉承；有的学生面对赞美时只是一味地谦虚否认而不知道该如何正确的回应；还有的学生更是缺少发现他人身上优点的"眼睛"，根本不能发现他人的长处，也因此根本不会去赞美。

由此可见，学生需要学习正确的赞美技巧，学会发现他人身上的优点和长处，同时也应能对他人的赞美做出正确的回应。这便是设计本节课的初衷，也是本课要达到的教学目标。

【教学设计】

教学目标

（1）了解赞美的内涵与赞美的技巧。

（2）尝试去欣赏身边的人，真诚地赞美他们。

（3）通过赞美别人而学会发掘和欣赏他人的优点。

教学对象

高中一年级学生

教学准备

（1）为每个学生准备心型卡片 3 ～ 5 张并分发到每个学生手中。

（2）多媒体课件制作。

教学过程

（一）导入

教师提问：（1）你有没有曾经被人赞美过？当你被赞美时感受如何？

（2）你有没有赞美过别人？当你赞美别人时你的感受如何？

（3）有谁从没有赞美过别人？请说明原因。

学生回忆分享曾经的赞美经历。

学生（参考回答）：

✧ 在初中被同学赞美过穿某件衣服很漂亮，心里很美。

✧ 曾经被老师表扬过学习很努力，成绩进步明显。觉得很开心。

✧ 以前赞美过同学，说他篮球打得好，感觉他听到后很高兴，我也觉得挺高兴的。

✧ 小时候赞美过妈妈的发型很时尚，妈妈很开心。

……

不去赞美别人的原因：

✧ 我觉得不好意思（还不习惯或缺乏赞美的意识和技巧）

✧ 我可不想去拍马屁（赞美是真诚的，拍马屁是低俗虚伪的）

✧ 我没觉得他有什么地方可以赞美的（赞美需要用心去发现）

✧ 那么亲近的人（父、母）也要赞美？（身边的人更需要赞美）

✧ 对方肯定会觉得我哪里不对劲了（存在对赞美的误解）

（二）讨论：赞美的作用与艺术

1. 赞美的作用

（1）是满足他人人性的饥渴

威廉·詹姆斯说："人性中最深切的禀质，是被人赏识的渴望。"林肯也说："每一个人都喜欢人家的赞美。"每个人都希望自己是完美的，世界是完美的，都希望被他人认同。另一方面"金无赤足，人无完人"，我们不可能完美无缺，现实与理想有差距，为了保持心理平衡，我们都渴望被他人赞美。

（2）是激励人的最佳动力

美国第40任总统里根，出生于美国的平民家庭，先后从事过多项职业，20世纪60年代中期开始弃商从政，1980年当选为美国总统，被认识为美国历史上最杰出的总统之一。里根在78岁生日时对记者说："在我14岁的时候看，我的母亲对我说，千万别忘了发现别人的长处，多说别人的好话。从此以后，我牢记这句话，甚至在梦里也不忘赞美别人。可以说是我的母亲塑造了我的一生。"

作家达尔科夫孩提时代是个极为胆怯、害羞的男孩，他几乎没有什么朋友，对什么事都缺乏自信。一天，他的老师布芬奇布置学生给一篇小说写续文。现在的他已无法回忆他写的那篇续文有什么独到之处，或者老师给的评分究竟是多少，但他至今仍清楚地记得，而且永生不忘的是布劳奇老师在他的作文的页边空白处写了四个字："写得不错"。这四个字竟然改变了他的人生。"在读到这些字以前，我不知道我是谁，也不知道将来干什么，"他说："读了她的批注后，我就回家写了一篇短篇小说，这是我一直梦寐以求、但从来不相信自己能做的事。"在中学剩余的日子里，他写了许多短篇小说，经常将它们带给布劳奇老师评阅。在她不断给予的鼓励下，达尔科夫成为了中学报纸的编辑，他的信心增加了，视野扩大了，他开始了一种充实的生活，并最终成为了一名作家。在建校二十周年的聚会上，他回母校看望了布劳奇老师，并告诉她当时她所写的四个字给予他的是成为一名作家的信心，并改变了他的一生！他相信如果没有那四个字也许一切都不会发生。

(3) 是人际交往中的润滑剂

有一次，卡耐基到邮局去寄一封挂号信，人很多。卡耐基发现那位管挂号的职员对自己的工作已经很不耐烦，可能是他今天碰到了什么不愉快的事情，也许是年复一年地干着单调重复的工作，早就烦了。因此，卡耐基对自己说："我必须说一些令他高兴的话。他有什么真的值得我欣赏的吗？"稍加用心，卡耐基立即就在他身上看到了值得欣赏的一点。

因此，当他在接待卡耐基的时候，卡耐基很热诚地说："我真的很希望有您这种头发。"

他抬起头，有点惊讶，面带微笑。"嘿，不像以前那么好看了。"他谦虚地回答。卡耐基对他说，虽然你的头发失去了一点原有的光泽，但仍然很好看。他高兴极了。双方愉快地谈了起来，而他说的最后一句话是："相当多的人称赞过我的头发。"

卡耐基说：我敢打赌，这位仁兄当天回家的路上一定会哼着小调；我敢打赌，他回家以后，一定会跟他的太太提到这件事；我敢打赌，他一定会对着镜子说："这的确是一头美丽的头发。"想到这些，我也非常高兴。

2. 赞美的艺术

赞美是发自内心的对于美好事物表示肯定的一种表达。赞美要真诚、态度要大方。赞美要明确、具体。赞美应生动有效，并恰当运用肢体语言。

赞美要注意三适：适当，适时，适度。

在赞美时，我们应注意：

（1）要真心实意地赞美。

举例：

有一天，布朗夫人雇用了一个女佣，让她下星期一开始正式上班。在此期间，她给女佣的前雇主打了一个电话，询问了保姆的个人情况，没想到，得到的评语却是贬比褒多。

到了星期一，女佣来了，布朗夫人就对她说："贝丝，几天以前，我打电话请教了你的前任雇主，她告诉我说你为人既老实又可靠，还煮得一手好菜，带孩子也非常细心，惟一的缺点就是理家有点外行，总将房子弄得脏兮兮的。我想她的话并不完全可信，从你的穿着可以看出，你是一个非常爱干净的人，我相信这是你的习惯，你肯定也会将家里打扫得干干净净。我想我们会相处得很愉快的。"

实际上，她们果然相处得非常开心，贝丝真的将家里整理得井井有条，而且一尘不染，工作很勤奋，宁可自己加班，也不耽搁工作。布朗夫人看在眼里，乐在心里。

（2）赞美行为而非个人。

举例：

药剂师配药工作程序很复杂，质量要求很严格。他们配完药后，有的还要亲自服药试验。某制药厂的厂长，精通配药程序，深深为药剂师的敬业精神感动，称赞药剂师"为了减少药物的副作用，在正式投产前，他们对新药抢吃抢喝。我严格控制，他们又不择手段，多吃多占，在自己身上反复试验。"厂长的赞美既内行又幽默。在他的赞美中，蕴含着对职工们的献身工作精神的崇敬之情，对职工们的体贴之意，职工们的感动之情也肯定实实在在。他们看到了厂长对自己的关怀和爱护，看到了厂长对自己工作的认可和褒奖。

（3）可通过第三者表达赞美。

举例：

俄罗斯作家屠格涅夫在打猎时，无意在松林中见到一本皱巴巴的《现代人》杂志。他随手翻了几页，竟被一篇题名为《童年》的小说所吸引，作者是一个初出茅庐的无名小辈。但屠格涅夫却十分欣赏，钟爱有加。他四处打听作者的住处，最后得知作者两岁丧母、七岁失父，是由姑母一手抚养照顾长大的，屠格涅夫更是给予了极大的同情和关注。姑母很快就写信告诉自己的侄儿："你的第一篇小说受到了大名鼎鼎、写《猎人笔记》的作家屠格涅夫的称赞。他说，'这位青年人如果能继续写下去，他的前途一定不可限量！'"作者收到姑母的信后，惊喜若狂，他本是因为生活的苦闷而信笔涂鸦打发心中的寂寥，并无当作家的妄念。由于名家屠格涅夫的欣赏，竟一下子点燃了心中的火焰，找回了自信和人生的价值，于是一发而不可收地写了下去，最终成为具有世界声誉的艺术家和思想家，他就是《战争与和平》、《安娜·卡列尼娜》和《复活》的作者列夫·托尔斯泰。

（4）要有创意地赞美。

举例：

有一年冬天，著名学者钱钟书先生访问日本，在早稻田大学文学教授座谈会上即席做了《诗可以怨》的演讲。开场白是：来日本讲学，是很大胆的举动，就算一个中国学者来讲他的本国学问，他虽然不必通身是胆，也得有斗大的胆。理由很明白简单。日本对中国文化各方面的卓越研究，是世界公认的；通晓日语的中国学者也满心钦佩和虚心采用你们的成果，我知道要讲一些值得向各位请教的新鲜东西，实在不是轻易的事。我是日语的文盲，面对着贵国汉学或支那学的丰富宝库，就像一个既不懂号码锁又没有开撬工具的穷光棍，瞧着大保险箱，只好眼睁睁地发愣。但是，盲目无知往往是勇气的源泉。

（5）对手也需要赞美。

举例 1：

迈克尔·乔丹是一位超级篮球精英，但他对别人说队友皮彭在投三分球方面比他更有天赋，还说皮彭扣篮方面也比自己胜出一筹。皮彭显然是最有希望超越乔丹的新秀，而乔丹却处处对其加以赞扬。

举例 2：

在动物王国的体育大赛上，狗熊获得了摔跤冠军，猴子获得了攀登冠军，小鹿获得了跳远冠军。在猩猩与野猪的赛跑比赛中，猩猩跑到中间便败下阵来，但却毫无怨言地为跑到终点的野猪鼓掌致意。比赛结束，猩猩获得了最佳荣誉奖。

狮子说："当大家都在为自己家族的运动员取得好成绩欢呼雀跃时，惟有猩猩不忘为别人喝彩。""为别人喝彩"，竟值得这样推崇。

（三）主题活动：赞美心

学生分为 4 人左右一组，每个人对组内其他成员各写一句赞美的话，写在赞美心型卡片上并署名。写完以后双手将赞美心型卡片赠送给对方。接受者向赞美者表达谢意。

教师提示：赞美时可以这样做：

1. 要真心实意地赞美；

2. 赞美行为而非个人；

3. 可通过第三者表达赞美；

4. 要有创意地赞美；

5. 对手也需要赞美。

例如：

"×××，你____________，我很佩服。"

"×××，你____________，让我觉得你很厉害。"

下面是一些他人可能会有的长处，可以试着把它们用在"赞美心"活动中。

善解人意 细心 勇敢 随和 乐于助人 上进 乐观 体贴 诚实 淳朴 热心 有爱心 孝顺 执著 认真 大方 健谈 有想象力 活泼 有责任感 温柔 幽默 能干 有气质 聪明

学生交流分享自己得到的赞美心卡片。

在学生的赞美心卡片上会写着这样的字句：

"××× 同学，我觉得你学习很认真！ ZXT"，

“×××，我觉得你性格很好。HL”，

“××× 同学，你声音很嗲的。ZSY”。

“给 LLX，我很欣赏你，你一直很乐观地对待生活。QLL”

“给 LLX，我很佩服你，因为你文科好。LQF”

“我很欣赏你，因为你很友好。WZL”等字句。

（四）总结

在人类的所有本性中，最深刻的渴望就是受到赞美。

——美国著名心理学家詹姆斯

“赠人玫瑰，手有余香”是英国的一句谚语，意思是一件很平凡微小的事情，哪怕如同赠人一支玫瑰般微不足道，但它带来的温馨都会在赠花人和爱花人的心底慢慢升腾、弥漫、覆盖。赞美就像是这样一束芳香的玫瑰，在赠予他人的时候，不仅给对方带去了愉悦与舒心，也给自己带来温馨与舒适。请不要吝啬你的赞美，尽情地去赞美他人并且坦然地去接受他人的赞美吧！

（五）回音壁（课后拓展及延伸）

1. 请评价你收到的赞美心卡片内容，哪些赞美做得比较好，哪些有所欠缺。
2. 分析自己在赞美心活动中做的如何，是否还有需要改进的地方。

【教学反思】

本节课旨在让学生了解赞美在人际关系中的重要作用，在实际生活中学会运用赞美的技巧去促进自己的人际关系。学生在活动中普遍表现出参与的热情。大多数学生能将刚刚学到的赞美技巧及时运用到活动中去。学生也能够做到向送来赞美心的同学表达真诚的谢意。在学生表达赞美并且真诚地送出赞美心卡片的时候，他们感受到了开心与暖意，能体会到得到赞美是一种快乐，赞美他人也是一种快乐。在拥有两种快乐的同时，自己与对方又拉近了距离，促进了彼此友谊的发展。

学生在课后反馈中表示，他们在看到同学们送来“赞美心”时都觉得很高兴，感到自己更乐意去接纳对方，喜欢对方，也更愿意去接近对方，自己的人际关系也有了积极的促进效应。

【教学建议】

本节课主要围绕赞美技巧的学习和运用展开教学。由于中国人性格内敛不爱外露的特点，在教学中可能会出现学生比较扭捏、害羞，不好意思去赞美他人的情况。这需要教师在活动前做好铺垫工作，需让学生先了解赞美在人际关系中起到的重要促进作用，激发学生去赞美他人的动力。在活动中，教师要不断关心各个小组的活动情况，对于学生中出现的状况如不知道怎么写赞美的同学要进行及时指导。

在讨论赞美的作用和艺术时，教师可以用教案中的故事，更可以采用发生在学生身上的故事，这样会更贴近学生，更有亲切感。赞美的作用和艺术不用由教师直接讲授，而要引导学生在讨论中逐一得出更佳。

在赞美心活动中，教师应提倡学生写一句以上的赞美词，从多个角度去发现同学身上的优点。在教学过程中发现，有学生会提出能否多领几张赞美心型卡片，因为想写给小组以外的同学。如果学生想要赞美本小组以外的人，教师应允许其离开座位将赞美心型卡片赠送到对方手里。但应该在该学生已经完成了对本小组其他同学的赞美活动之后去完成。之所以这样要求，是考虑到这样能保证班级里的每个同学都能被赞美到，不至于出现有的学生收到很多赞美心，而有的同学一张赞美心都没有收到，这样可以保护一些平时在班级中不太引人注意的学生也能够被关注到。同时这样的要求也可以促使学生去发现平时不太熟悉的同学身上的优点。还有的学生提出能否写给实习老师或其他任课教师，教师应表扬这些学生的细心和积极性。教师需引导学生多多赞美身边的人，无论是同学还是老师抑或是父母，因为每个人都需要被赞美，每个人都喜欢被赞美。

在赞美心活动中，教师还应指导学生要在接受他人赞美时说上一句真诚的“谢谢”。不要再谦虚地去否定他人的赞美，真诚而又礼貌地接受就是最好的回应。

（姚俊 著）

第五部分

家庭关系辅导

导　言

梁实秋曾言“父母子女间的相互情爱都是天生的，不但人生如此，一切有情物莫不皆然。”记得有一天外出开会，一场狂风暴雨，宛如一个顽皮的孩子，恶作剧般将这座城市好好地冲刷了一番，而暴雨中积起的一片片“汪洋”却让行人眉头紧锁。会议结束时，人行道与车行道之间的台阶早已被淹在水下，不见了踪影，雨伞已挡不住迎面而来的滂沱大雨，走路也必须得挽起裤腿淌水前行了。一个人无助地走在这大风大雨里，说实话，感觉真的不太好。

正琢磨着怎么最小损失地越过横拦在我面前的这片积水，几辆载着孩子放学回家的助动车开了过来。只见父母们身披雨衣，神情严肃，专注仔细地驾着车，口中指挥着孩子“水很大的啊，脚抬起来抬起来！”，“别乱动，小心摔下去！”而一群坐在后座的小鬼们却恰恰相反，大概是难得见着这么大的雨和积水吧，打着伞，抬着脚，兴奋地大呼小叫，嘻嘻哈哈，好不快活。“还笑，还笑，当心掉下去！”父母们的反应几乎如出一辙。

突然觉得眼前的这番景象很有意思，紧张的爸爸妈妈与张扬率真的孩子，写满关心的忐忑脸庞与年轻放肆的动人笑声……在这怨声载道的日子里，能看到这样一幅充满温情的画面，不禁叫人感慨颇多。很羡慕这些孩子，风雨中，有父母坚定地保护着，陪伴着，尽管我知道，此刻的他们也许还并没有意识到这份保护与陪伴。

通常来说，人们容易将孩子们视为被爱者，而父母则是无私的爱人者。梁实秋的话提醒到了我们，其实在这样一份血浓于水的亲情关系中爱与被爱都是相互的。足够的亲情链接与情感经营必然会同时滋养到孩子和家长，从而推动双方的不断成熟和自我完善。

想明白了这点，自然也理清了学校教育在建设和谐亲子关系方面可以尝试的一些作为。尽管好妈妈胜过好老师，好家庭是一生的宝贵财富，然而我们也必须让孩子们明白每个人的家庭是没得选择的，正如打牌时大家随机摸到的那一手牌，无论我们的原生家庭曾经给我们带来了怎样的影响，我们自身对于这些影响是可以进行梳理和应对的。

孙延凤在为李中莹的《恋上双人舞》一书作序时写道："在我们现有的教育体系中，无论是你毕业于哪所学院，专修于哪个专业，关于'家庭'这一主题的教育，似乎都是空白的。"如果没有一些澄清和梳理的机会，人们对于家庭的理解似乎都凭借着最基础的人性本能。然而，良好和谐的亲子关系，仅仅有爱是不够的，还需要一些合适的理念与方法去支持，这也是笔者撰写此稿的意义所在。

写作过程中，笔者有机会大量倾听了来自家长与孩子的需求，这些增进了笔者对中学生的了解，同时也对当前学校家庭教育工作的开展有了更多的思考和期待。真心希望在不久的将来，中国的各中小学内都能看到运作规范，集知识培训与实践操作于一体的家长学校，中国的教育培训部门更多地开设面向一线教师的家庭教育课程，中国的媒体多引导人们对家庭问题的关注，让社会、学校、家庭通力合作，共生共赢，收获共同的成长。

第二十二章

爱总是差那么一点点

【教学背景】

在学校心理咨询中发现，愈来愈多的家长因为孩子学业或者行为问题前来求助，而形成这些问题的背后，无不都潜在着亲子冲突的影子。

从孩子角度来讲，12 ～ 16 岁的孩子在心理成熟的过程中，要走过一段艰难困苦的历程，是心理学中所讲的过渡期。这个时期的孩子要经受许多心理震荡，出现许多适应障碍，内心缠绕着羞愧、紧张、社交恐惧、伦理焦虑、负罪感以及攻击倾向。这是从孩子心态慢慢转变为成人心态的时段，在行为上常常同时存在两个极端：自尊与自卑、盲目崇拜与藐视权威、过分道德感、独立上进与懒惰依赖，它们统统夹杂在一起，形似“癫狂”。对每个青少年来说，这个“极端”行为过程是非常重要的，他必须为今后一生积攒足够的能量与情绪经验，形成人格雏形、人生目标、审美与价值系统。

家庭是孩子成长的摇篮，当一个家庭的期望集中指向孩子的学习与才华，那么父母在养育和教育孩子时自然会容易忽视孩子心理与行为发展的循序渐进或个性需要，急切期望按照社会的模子去“克隆”一个好孩子，这种削足适履的做法会让很多孩子生出问题来。面对孩子的“行为问题”家长又很难去质疑社会的评价“模型”是否存在不足，习惯认为自家孩子不够好。

儿童心理学家斯特林曾提出亲子关系中的派遣理论认为，父母把自己成长中未竟事业和期望投射给孩子，造成一种派遣过度，孩子成长中心理负荷太重，不容易体验到成长中的自我满足感，因此少有发展的动力。反过来，也有父母过多地关心自己，不愿意被卷入孩子的教养，又会形成派遣缺失，孩子缺少阶段性目标，也没有来自父母积极的反馈，阻碍了孩子的成长。

要解决好孩子的问题先要解决孩子与父母的关系，从学校心理教学而言，帮助这个年龄段的孩子理解父母，感受父母的爱，使其愿意与父母主动沟通，形成良好的亲子互动关系就显得尤为重要。

【教学设计】

教学目标

1. 让学生明了与父母之间的“代沟”是客观存在的。

2. 帮助学生理解父母，感悟父母的爱，建立主动与父母沟通的意识。

教学对象

初中一年级

教学准备

1. 活动室内设置路障、游戏所需乒乓球（鸡蛋）、直径 15cm 纸碟子若干。

2. 制作教学 PPT。

教学场所

建议在心理课专用教室。

教学过程

（一）热身活动：大风吹

1. 说明规则

在自己座位上，听到老师指令后，在前后左右同学中搜寻跟指令相符合者做“吹大风”状，注意只刮风不下雨。

2. 活动

师：大风吹，

生：吹哪里？

师：吹在戴眼镜的同学身上。

同学前后左右找到相同特征同学，然后做“吹大风”状，如此往复，除了外部特征外，教师可以指令，“吹在帮助过我的同学身上”，“吹在笑得很灿烂的同学身上”等。

3. 引入

现在大风停了，老师感受到了你们风平浪静之后的愉悦，不知生活中的“大风”你们是否喜欢，特别是当这股大风刮在我们和爸爸妈妈之间的时候。

（二）谁垒起了我与父母之间的心墙？——心理“代沟”的探讨

1. 畅所欲言

在成长的过程中出现过与父母难以沟通的问题吗？

师：听了大家这么多真实的烦恼，老师很困惑，父母肯定是我们生命中最亲密的人，怎么最亲密的人反而不理解我们了？

生：七嘴八舌畅谈各种原因。

师：大家说的听着都有些道理，还有同学提到了“代沟”，“代沟”到底指什么？老师想请大家先探讨两幅心理趣图。

2. 心理趣图

图片 1：是鸭头还是兔头：

让生感受：坐在不同位置的同学，不同的视角，就看到了不同的图案。

让生领悟：看到鸭头还是兔头，不存在对错，看问题的角度不同所以得到的结果也不同。

图片 2：你看到了海豚了吗？

师：处于青春期的我们因为有了一定的性意识，所以很难看到海豚，而容易看到拥抱的男女人像，同样这幅图片，幼儿园小朋友肯定都能看到是海豚而不是人像。

让生感受：看到海豚还是人像同样不存在对错，我们与幼儿园小朋友区别在于我们对性的意识的萌发。

让生领悟：经验不同所看到的结果也不同。

归纳与过渡：就因为我们所处的不同视角，不同经验，同一张图片，解读出来完全不同的事物，所以我们与父母之间即便有前面同学提到的“代沟”冲突，这“代沟”也是正常、可以理解的。

我们很难改变父母的视角，但我们可以移动自己的视角，我们很难去说服父母的“经验”，但我们可以表达我们自己的观点。

（三）心理游戏：鸡爸爸鸡妈妈快点把我送回家——理解父母

1. **游戏介绍：**鸡宝宝的成长之路有四大难关需要鸡爸鸡妈的帮助。（由四排纸盒组成递进式的高低不同的障碍物来代替难关，愈往后路越难，障碍物相应越高）

第一关是：保证鸡宝宝的健康；

第二关是：稳定鸡宝宝的情绪 ；

第三关是：督促小鸡学习本领；

第四关是：培养小鸡良好的性格。

2. **游戏规则：**

（1）每个小组推荐成员扮演鸡爸爸鸡妈妈。

（2）鸡宝宝躺在纸碟子内，爸爸妈妈各执托盘的一边一起跨越障碍物，无恙，不打碎为游戏胜利。

（3）第一、二关只需鸡爸爸鸡妈妈一同跨过去，但第三、四关需要爸爸妈妈一起跳过去。

（4）请认真履行自己的角色，关注自己在游戏过程中情感的变化。

3. **游戏分享：**

师：有多少个鸡爸爸鸡妈妈完成使命护送小鸡安全成长了呢？（只有寥寥数手举了起来）

师：大家都那么认真去做了，为什么只有少数同学完成使命呢？

生：鸡蛋在托盘里只要稍微一动就会滚起来，不好控制。

生：我跟某某合作不默契，不是同时起跳，鸡蛋就从托盘里滚出来碎掉了。

生：我们第一、二关护送得很好的，但第三关跳过去难度加大了，就碎掉了。

生：我们失败是在第四关，障碍物比第三关还高，不是很有自信能不能过去，结果真的碎掉了。

生：看到很多同学失败了，暗暗对自己说不要碎掉，哪知道越想越紧张，在第一关就碎掉了。

生：我是一个人做的鸡爸爸，以为一个人会比两个人好控制，结果我动鸡蛋也动，第二关就碎掉了。

生：我也说不清楚我们怎么成功的，就是我和搭档一直小心翼翼的。再来一次啊？那我没把握我们是否还能成功。

师：看的出来各位鸡爸爸鸡妈妈做得很用心，有什么好方法让鸡蛋保证不碎掉？

生：用纸杯或袋子盛放鸡蛋、藏在裤袋里、用手抓住鸡蛋，控制住它……

师：刚刚只是一个游戏，假设真的有这样一个生命，眼睁睁看着它在你手里摔下去，你会忍心、内疚吗？还敢让它冒险吗？”（大家不约而同摇着头。）

4. 游戏设问：

（1）小鸡成长之路所碰到的难关我们碰到了没有？

（2）我们的父母是否面临着同样的困惑与考验？

（3）父母知道所面临的危险，会选择让鸡蛋贸然滚动还是安全地抓在手心？(可以边说边把鸡蛋从盘中拿出紧握在手中以作示范)

（4）鸡蛋碎了，游戏可以重来，生命可不可以重来？

（通过设问让学生理解父母出于爱，会对成长中的我们种种规范与限制，这些也是生活中大部分亲子冲突的来源，是“爱”的“误会”。）

（四）烦恼之我见

1. 每个同学写下一件与父母交往的烦心事，放进教师事先准备的小纸箱。

2. 每位同学随机抽取纸条并给出自己的建议，填在相应的表格上。

3. 完成后可组内相互传阅。

例如：抽到的纸条是：

最近一次与父母的烦心事：周末同学生日聚餐，爸妈不让我去。	
主人公可能的想法是： 不给我自由 同学会疏远我……	他父母可能的想法是： 作业不能按时完成 路上不安全……
你建议他（她）采用的处理方式是：	跟父母据理力争； 好好跟父母沟通……

（五）诵读与感悟：《爱，总是差那么一点点》

那个一进门就喊“肚子饿了，饭怎么还没有做好”的是儿女。那个一进门，衣服都来不及换，就下厨房烧菜做饭的人是父母。

那个一会说“粥烫了”一会儿嫌“菜咸了”的人是儿女。那个哪怕就一点儿青菜、豆腐，也要精心烹饪，力争做出滋味的人是父母。

那个成天抱怨作业多，实在太累的人是儿女。那个累了一天毫无怨言，洗衣打扫卫生再“陪读”的人是父母。

那个动不动就开口要钱，不给就生气的人是儿女。那个省吃俭用，精打细算，却从不在教育投资上吝啬的人是父母。

那个早上赖床，还不停抱怨家人的是儿女。那个深夜入睡，黎明即起，准备早点的人是父母。

那个受了一点儿委屈回家苦水倒个不停，以求得同情和安抚的人是儿女。那个在外面受了再多气，回家却强作欢笑的人是父母……

爱，总是差那么一点点！

【教学反思】

在某种意义上说，孩子与父母成为朋友，父母是起决定性作用的。而课堂教学所能涉及的只能是孩子，只能在孩子身上找突破口。面对孩子群体的优势在于改变孩子要比改变父母相对简单。所以这节课，想让学生认识到，亲子冲突是成长过程中时常会发生的一种情况，了解彼此的感受、选择主动与父母交流能帮助改善冲突的状况。父母的看法与我们不一致很正常，只是说明他们的想法与我们不一样罢了，每个人都可以有自己的想法，并不代表他们不公平，大多时候父母的一些我们不认可的做法是源于他们的人生经验与对我们深深的爱。当学生认识到这点后，他们往往愿意尊重父母的观点并愿意改变自己去尝试与父母积极沟通。

实践下来，本节课较好地完成了课的设计意图。

课的开始，简短的热身活动活跃了课堂气氛也自然过渡到了课的主题，学生们打开了话匣子，抱怨着各自与父母的烦恼，拉近了彼此间的距离。

心理图片的出示，让初中学生在认知上对“代沟”做了新的解读，图片既是他们感兴趣的，也给予了他们一定的触动与思考。

主题活动《鸡爸爸鸡妈妈快送我回家》是在认知的基础上再去体验，也是整堂课的情感高潮与关键。在轻快的音乐声中，整个教室沸腾了，同学两两组合，有鸡爸爸鸡妈妈一组的也有鸡爸爸与鸡爸爸、鸡妈妈与鸡妈妈一组的，此起彼伏的生鸡蛋破裂声音及“哎呀”之类的感叹声，待音乐声停止，全部游戏结束，同学们的脸上尚留着余兴。之后的游戏分享，说到鸡蛋碎了，游戏可以重来，生命可不可以重来？全班顿时寂静，似有感悟，游戏的意图达到了。学生或多或少体会了做父母的深深的爱与无奈。

最后“烦恼之我见”，是让学生带着认知与体验再去看亲子难题，试着理解父母，学会从父母的角度来看问题，并为下节课的亲子沟通做铺垫。“指导别人”是初中学生都喜欢做的事情，抽签的形式也保证了每个学生的参与，“指导”质量有高有低，那不是这节课要解决的，这节课看重的是他们有了换位思考与主动沟通的意识。

【教学建议】

1. 解读海豚图需要给予学生一点时间

学生很难一下子找到海豚，让学生在努力寻找还未果的基础上教师再去指导，对学生的冲击力会更大，收获的感悟也会越深。

2. 重视游戏的体验

游戏需要一定的耗时且道具准备有一定的繁琐。鸡蛋可以用乒乓球代替，但实践下来，鸡蛋更接近生命的本质，所以对学生的体验触动更大。“啪的一声”，蛋黄流出，会伴有一片惋惜声。鸡蛋可以让小组同学自己协商带来，结合类似“护蛋”活动，每组保证1枚，也就是保证每组中一对鸡宝宝是真的，其他同学的体验可以用乒乓球代替。

3. 安全为原则

障碍物的高度教师自定，既要有递增的高度诠释游戏的内涵让学生体验鸡爸爸鸡妈妈的难处，亦要关注游戏中的安全。游戏中需要准备拖把，及时清理碎蛋液，以免学生滑倒。

4. 给予学生充分的接纳与尊重

初一学生也是青春期的敏感期，游戏分工中，鼓励男孩子做爸爸，女孩子做妈妈的男女家庭合作。对于一定要坚持男男，或者女女合作的同学也予以接纳，个别不愿意与他人合作者，允许其单独体验游戏。交流分享时可以特别关注他（她）的感受，可以象征为单亲家庭父母的状态。游戏的分享讨论要充分，鼓励学生说出各种感受，教师作出相应的引导。

“烦恼之我见”环节中若是抽到自己的纸条需要跟教师说明后调换。写自己的烦恼时不需署名，以保护学生个人隐私。学生在做指点时则要求署名，一般署名后，学生会更认真地去执行此项任务，避免个别学生敷衍的态度或者恶作剧。鼓励学生独自完成，时间允许的话还可以组内相互交换传阅。

（李雪梅　著）

第二十三章

我爱我家

【教学背景】

著名“家庭治疗大师”萨提亚认为，一个人和他的原生家庭有着千丝万缕的联系，而这种联系有可能影响他的一生。原生家庭是指自己出生、成长的家庭，而新生家庭是指进入婚姻生活后所建立的家庭。原生家庭对我们的影响如同遗传密码一般，刻进我们的人格、行为模式中。

父母和孩子都在学习“爱”的正确形式。不是你愿意给，孩子就愿意要；同样，孩子也在这样的过程中学会如何正确的看待和接受父母的爱。

新生命的到来，渐渐组成了一个温暖而忙碌的完整家庭。父母为出现在我们生活中的这个新生命，倾注了满腔的关爱和希望。他们努力要做负责任的父母。孩子只有在一种负责任的婚姻关系里，才会有未来的安全感。当他们把这个幼小的生命抱在怀中时，心中升腾的关怀与希望共同构成了一个充满爱和安慰的家。孩子在这个家里，获得生命所需的支持，接受正确的行为模范引导，并能够逐步自己做出独立的判断和决定……逐渐地，旅途接近中旬，我们在不同的生命起点上车，然后因着永远无法解除的血亲关系，坐在了一起，但不会永远坐在一起。儿女会长大，父母会衰老，生活平淡却充满温情、信任与安全感，直到终老。

父母对一个家庭的意义是不可忽视的，但首先父母是一个人，如母亲来说，她首先是一个人，其次才是妻子，是儿媳，是母亲。母性神话总是要破灭的，所有母亲应该是伟大的、爱意满满的、无所不能的、没有自我需求的、充满奉献精神的……终是要回归现实的，因为这些强加的要求完全忽视了身为母体的需要，她可以做得很好，也可以在操劳之余抱怨一下，也可以在生产的剧痛后对这个生命产生那么些厌恶，试问哪个母亲完全对自己的孩子没有任何负面情绪？不被疼爱的孩子也会长大，长大后他会明白，他生下来，活着，并不是为了要被爱的。他可以自然有属于自我的人生要体验。无论甘苦，全是自己的人生，找到了我存在的意义。他与一个人构成了母子关系，她是我来到这个世界的路口，而之后的人生，完全是属于自己的。

所以在亲子交往中，我们要引导孩子学会客观的看待“家庭”。

家庭治疗大师伯特·海灵格（Bert Hellinger）认为，如果孩子在心中排斥父母的一方或双方，他们就会感到空虚和不完整。

系统理论告诉我们：家庭作为一个整体，每个成员只是其中的一个部分；各部分按照一定的规则组合着，在一定条件下保持着平衡；各部分之间存在互动关系，其中某一部分需要改变，就会引起其他部分作出改变，继而要求整个系统作出相应调整，以达到一种新的平衡，亦即“牵一发动全身”的道理。

系统理论还提出一个“非总和”的概念，即各部分的相加不等于总和。因为“总和”强调的是数量上的相加，或可说一个整体中的各部分相加，得到的仅仅是数量上的总和。而一个家庭的组合，不仅仅是几口人的简单相加，也不仅仅是各成员自身特质的累加，还要把家庭各成员间互动关系产生的力和功能发挥等因素综合进来考虑，由此我们可以确信：家庭的组合比其总和更大更复杂。

一个人每接受一个社会角色，就会自然地承担了与此相对应的责任。这些角色中，子女对父母的承担从生理学上来看，父母是你的拥有者，他们给了你生命，但你又是一个独立的个体，有独立的思想，所以对于家庭也有着对应的责任。

父母对于我们的爱是毫无疑问的。不论父母给了我们一个什么样的环境，让我们吃的是山珍海味还是杂粮野菜，我们都应以满腔的爱来回报他们。这一点上不应有任何折扣，不应以父母向我们提供的物质财富和精神财富以及机会财富的多少来衡量他们的爱有多少。因为这些财富的多少往往取决于他们的能力而不是意愿。只要他们的意愿是好的，我们都应该心怀感恩。

感恩的同时一定要留一只客观的眼睛，知道家庭的现状，承认父母的弱点，客观地去看待家庭后，也会学会客观地对待自己。

父母和孩子都有权利追求个人意愿，实现个人价值，谁也做不了谁的主，双方都不该过分地干涉对方，这是亲子关系中任何一代人都无法改变的命题，如何以最合适的尺度实现双方的个人价值，是双方都需要学习的。

卡尔·罗杰斯(Carl Rogers)：爱是深深的理解和接受。帮助孩子认识“家庭”，去领悟这种“爱”，这就是本节课的设计初衷。

【教学设计】

教学目标

1. 学会理解、尊重父母，感悟营造温馨美好的家园是亲子共同努力的结果。
2. 建立积极心态，寻找与父母沟通的渠道，探索有效的沟通方式。

教学对象

初中一年级

教学准备

彩色笔、16 开与 8 开的白纸、“智慧盒”。

教学过程

（一）热身活动

哑语表演：这是什么（教师用哑语打出），先请同学们猜，再一起集体学做这个动作。

（我爱我家）

（二）头脑风暴

完成句子（看谁的句子写得又快又富有想象力）

家是____。

家是____。

家是____。

家是____。

家是____……

小组成员在大白纸上写下对“家”的理解，并在小组内交流分享。

提问：

你这样写的理由是什么？其他同学有什么不同意见？你是怎么想的？

中国的象形文字非常有趣，“家”的上面部分“宀”是表示一个屋子，下面部分的是表示豢养家畜的意思，这说明古代人认为家是能为人遮风避雨、给人以温暖、食物的地方……而今，大家对家的作用之理解更为宽广，要求也更高。家除了要满足人的基本生理需要外，更要给人安宁幸福；给人良好的学习环境、教育影响；给人精神上的支持……

那么，如何营造美好温馨的家庭？

（三）情景模拟

1. 心理剧

当你电视正看得入迷时，父母第 N 次对你说："不要看电视了，快去做功课！"然后把电视机关了。你很生气，通常你会怎么做？

小组成员讨论提供合适的意见。教师逐一分析学生中有分歧的意见，给予适当的引导。

2. 假如我是父母，我会……

每位同学在小纸条上写出自己与父母交往中的烦恼和困惑事件（不要写自己的名字），写完后对折两次放在老师手中的"智慧盒"里，请同学在盒子里任意抽取，读出纸上的内容，并假设"我是父亲（母亲），我会……"

小组讨论交流：

- 你的做法可行吗？
- 如果有朝一日你真的成为父母，这样对你的孩子来说，你觉得你是个称职负责的父亲或母亲吗？
- 你觉得这样有利于孩子的成长吗？
- 小组其他成员同意你的做法吗？
- 谁的办法比较好？为什么？

（四）亲情树

画一棵家庭树，树上有很多树叶，在当中的一片树叶上先写下你自己的名字，然后把父母亲及与你有联系的亲属：祖父母、外祖父母、叔叔、伯伯、舅舅、阿姨、姑姑、兄弟姐妹等按照与你关系的亲疏分别写在你周围的树叶上，一片树叶写一个人名。

想一想：

- 为什么你把某人的名字写在靠近你的地方？
- 为什么你和他的关系相处得比较融洽？你对他怎样？

- 为什么你把某人的名字写在离你最远的地方？

写一写：

两人一小组。写下父母亲的三项优点和三项缺点，并举例佐证，互相分享，并根据每位家人的缺点，写下自己如何应对配合。

视时间进行团体分享，教师邀请学生叙述令人感动的、正向的亲子互动经验，大家给予鼓励、支持。

师提示：

俗话说："两好合一好"，建立融洽的亲情关系，需要相互之间的沟通、理解、谦让、宽容。知道吗？有时候父母也特别需要你的理解、表扬呢！

（五）情景故事

摊开日记让你看

新时代的孩子都是渴望自由的，可是父母永远对你不放心。特别是日记，每次都被老妈搜出来。终于有一天，我想不如把我的不满都写进去，这个想法倒不错。然后我就动手写了一篇煽情的文章，让人一读就会鼻子酸的那种，特别是用了几句：我是个失去自由的孩子，整个世界是个囚笼；我们相隔是那么遥远，母亲永远不去体会我的感受，我感觉无尽的落寞……当然，重要的是我把自己的真实感受写了进去，把日常发生的点滴都写进去，并且很仔细地剖析父母与子女之间所存在的隔阂。

隔天，我发现老妈果然看过了我的日记，因为我偷偷地把一片小叶子放在封面上，现在这片叶子在日记本下面，就说明有人翻动过了我的日记。此时，我没有感到生气，反而有一种轻松的感觉，大概是把想说的话都吐露出来的原因吧。当晚，老妈没有像平时一样坐在我旁边盯着我做完作业，而是独自去看电视了。我有一点点的兴奋，因为日记起了作用。

我一直假装不知道自己的日记被翻看过。每天，我都会抱怨那么一点，提出建议，但不会多，我想老妈应该可以接受这种不需要直面交流的比较委婉的沟通方式。过了没多久，老妈的态度逐渐好转了，接电话时她不会问很多，我做完作业看一会儿漫画她也不会啰嗦了，有时她会故意推托有事，把钱塞到我手里让我自己去挑选喜欢的衣服。最让我高兴的是，她开始尊重我的意见，我在这个家里开始有发言权了。在她眼里，我已经是个有发言权的家庭成员了，而不是个需要时刻叮咛的小孩子。

我才发现原来是我一直不敢说，而现在我用这种不需要面对面交流的方式来吐露我的心声，她也逐渐接受，也感受到我的思想已经成熟了，不需要过分操心了。这其实是一个很好的暗示方法，特别是对于一些和父母已经有了隔阂矛盾的孩子，这种交流的方式不会过激；对于沉默寡言的孩子，更不失为一种巧妙的交流方式。(摘自《新民晚报》)

1. 想一想：

(1) 为什么“过了没多久，老妈的态度逐渐好转了”？

(2) 除了“每天,我都会抱怨那么一点”,还可不可以经常表扬那么“一点点”,让“老妈”也知道你是懂得关爱，体贴人的好儿女？

2. 我思所以我悟：

(1) 请写下你的想法，如果你有更好的方法也可写下来：

(2) 教师引导：

尽管“老妈”没有掌握正确的沟通方式；尽管“老妈”的一些行为方式不为你所接受，但是“老妈”非常渴望了解逐渐长大的孩子，并且愿意为孩子作出点点滴滴的改变。因为“老妈”太爱你啊，亲爱的孩子，你明白吗？父母与子女之间对问题的看法有差异是正常的，只要加强沟通与交流，制造适当的环境与机会主动沟通，代沟是可以消除的，而且父母也需要孩子的鼓励、关爱啊！

（六）自助作业

请你设计一个“关爱父母”的主题活动。

活动要求：在父母期望之中，预料之外的“节目”。

开动你的大脑，相信里面一定会有好多的金点子！

【教学反思】

如何营造美好温馨的家庭？这节课其实涉及了三个方面。

一是通过“情景模拟”引发学生“假如我是父亲（母亲），我会……”的讨论，引导学生理解父母，建立积极沟通的心态。

二是通过画“家庭树”、“父亲与母亲的优缺点”引导学生去探索、梳理与亲人的关系，传递给学生这样一种理念：感恩的同时一定要留一只客观的眼睛，知道家庭的现状，承认父母的弱点，客观地去看待、接受家庭后，那样我们对家庭的“抱怨”也会少点。

三是通过情景故事分享再次引导孩子去理解父母，建立沟通的积极心态，寻找有效的沟通方式。

整节课实施下来，“家庭树”的操作与诠释是个难点，有两个方案可实行：一种是老师事先画好树，打印出来，学生只要画位置，这样做的好处是节约课堂时间，弊端是限制了学生对家庭深层次的表达，树都是千篇一律的，老师收集到的资料就相对少，课堂分享也少；另一种提倡学生自己画亲情树，这样画出的树各有特色，交流起来很丰富，学生的情绪也高涨。带来的问题是，需要耗费一定的时间并对老师的解读是个挑战。亲情树环节的引导时特别关注了这点：你们的树不管它是大是小、是看上去很茂盛还是有点特异，它们都是树，它们都是美丽的，它们都是有生命能量的，同时它们也需要我们去灌溉、修剪枝叶、小心呵护。这样的引导是消退一部分“单亲”家庭孩子在画画时可能存有的自卑，同时让大家感悟到营造温馨美好的家园是亲子共同努力的结果，对于家，孩子也是有责任的。

这是一节有点难度的课，但诠释好了，对学生会很有帮助。

【教学建议】

1. 适当的课前调查，留心非传统家庭结构的孩子

在进行本课时教学前，教师需了解所执教班级学生的家庭状况，尤其是特殊家庭的学生（主要是离异家庭和缺损家庭），关注他们的课堂活动言行，给予其恰当的关注与积极的引导，必要时辅助以个案咨询。

2. 教师适时的指引

（1）“假如我是父母,我会……”环节时,可能有些学生会不理解父母的角色，会写些不负责任的句子，教师巡视时需要及时指出与引导。

（2）“亲情树”环节，是个难点，教师需强调此画不是追求画的好看，而是着重探索与理清你与亲人的亲疏关系。

(3)“写下父亲与母亲的优缺点”这一环节的分组时，教师应允许学生自由搭配分组，找自己信任同学分享（特殊家庭的，可以用“写下亲情树中离你最近的人的优缺点”代替），对于个别不愿意交流的，应心中有数，尊重其行为。若条件许可，可在课前引导阅读《30分老妈》绘本，交流阅读心得，再进行此环节，交流体验会更深刻。

3. 营造安全的环境

“家庭”是个敏感话题，不管学生的表现如何，教师自己的言语与引导要体现“爱是深深的理解和接受”。

（李雪梅　著）

第二十四章

沟通，让我们相处得更好

【教学背景】

千百年来，孩子一直倚靠家庭中成人的教导，或者在与其他孩子玩耍中学到基本的情绪处理和社交技能，在今天的社会里，这些学习的途径却日渐消失。

今天的孩子大都是独生子女，他们每天用大量时间对付学业，除此之外就是面对着电视、电脑和电子游戏机。这些新科技产品固然有它们的用处，但却不会使孩子在人际沟通、沟通技巧、情绪处理和其他许多重要的生活知识以及能力上有所进步。

今天的家长，也需要卖力工作，工作时间很长。表面上看，工作之余他们很关注孩子，但是他们对孩子的关注大部分只聚焦在学习上，撇开学习，真正关心与在意孩子所思所想的不多。

所以家长和孩子之间，本来应该有着最亲密的关系，却发展到除开学习往往无话可说，孩子亦常常不愿把心中的想法与家长分享。在不少家庭里每天都会发生争执，导致两代之间的矛盾随着时间推移而加深，显然家长和孩子之间需要一些沟通和处理情绪的技巧，使家长与孩子每次有不同意见或者不满时懂得如何处理，从而使关系变得更紧密而不是更疏远。

幸福家庭相似之处在于气氛和谐、成员平等、言论民主，做到这些“沟通”是重要一环。所以本节课的设计初衷在于帮助青春期的学生认识到家庭沟通中应持有的态度，帮助他们掌握一些恰当的沟通技能，积极解决问题，从沟通开始。

【教学设计】

教学目标

1. 帮助学生认识自身与父母沟通时存在的一些问题。

2. 引导学生掌握一些基本的沟通技巧。

教学对象

初中一年级

教学准备

普通白纸若干、PPT 制作。

教学过程

（一）小游戏“妙手生花”

1. 游戏规则：

人手一张同样的白纸，然后按照 PPT 显示指令完成白纸的折叠，看谁的手艺巧妙，能折叠出老师期望的图案。（特别强调：游戏中不提问、不交流合作，需要自己独自完成。）

“妙手生花”

（1）把这张纸上下对折

（2）再把它左右对折

（3）在左上角撕掉一个等腰直角三角形

（4）再左右对折一下

（5）然后上下对折

（6）在右上角撕掉一个扇形

（7）指令完成后，请展开，相互看看最终撕出来的形状

2. 想一想：

（1）相同的指令，为什么会出现不同的结果？

（2）整个游戏过程中，只许你听着做，不许你发问、讨论，你的感受如何？

（3）在做一件事情时，是不是只要将自己的意思表达清楚了，对方就一定能明白？

（4）这样的沟通方式在你生活中存在吗？是在跟谁的相处中经常运用这种模式呢？你现在能体会当你们那样沟通时对方的心情吗？

(5) 若想大家都顺利折叠出老师期望的图形，游戏规则该怎样变最方便呢？

在人际交往中，我们需要准确地明白彼此的意思，这样我们的交往才会更加顺利，明白彼此的意思，这个过程就是沟通。通常沟通方式有单向与双向，前面，老师是故意设计了单向沟通的游戏，感谢同学们充分与坦率的分享！

我们发现了原来生活中我们经常是在不自觉的用着单向的沟通方式，特别是在与父母的交往中，难怪有时的我们会委屈，明明我照着大人说的做了，为什么他们还不满意？此刻的你可能能体会大人一样也在委屈，明明我是那样说了，你怎么那样做？我们彼此的沟通方式真的需要一点改变，才会少点误会，多点温暖。

（二）心·有灵犀

1. PPT《沟通小故事》

男：“你又怎么了？”

女：“……看来你真的不懂我。”

男：“你怎么了？你讲啊？”

女:“我以为你懂的。”

男:“你要讲出来我才知道我懂不懂啊。”

女:“不懂的人讲了也不会懂，懂的人根本不需要讲。”

男:“你不讲我怎么知道啊！”

女:“有些东西不需要讲。”

男:“……”

讨论:

(1) 男生回答:这段对话中男生的情绪如何？想法是怎样？

(2) 女生回答:这段对话中女生的心情如何？想法是怎样？

可以看出，对话中男女的关系是很亲密的，他们彼此也在回应着对方的话语，进行着双向的沟通，我们作为旁观者感受到了他们沟通时的情绪但没有听见他们真正想法的表达，他们也一样，所以沟通的效果不尽如意。心有灵犀好难啊！

现在老师收集了父母常说的几句话，请同学们猜猜是什么意思，看是否和父母一致，能不能心有灵犀？

2. 心有灵犀

1）放学早点回家——晚了我要担心的。

2）不要乱花钱。——挣钱不容易，要注意节约。

3）还有人考得比你更好。——你考得不错，我很高兴，但是不要骄傲。

4）不要老听流行歌曲。——其他的歌曲也很好听。

有些同学和父母之间还是比较默契的，有些还需要多努力。只有正确的读懂对方的意思，我们才会有匹配的情绪与言语反应。那么有哪些办法可以帮助我们与父母之间更好地相互沟通呢？

(三)沟通之练兵

1. 模拟情景：牛奶风波

情景预设：每天，小莉吃早饭的时候，妈妈都说，“吃完早饭去喝牛奶，别忘了。”其实，牛奶和书包都放在小莉的台子上，小莉上学拿书包就看见的，小莉接着……

要求：

(1) 学生随意组合，两两扮演体验，可以是母女、父子、母子、父女关系的呈现；

(2) 角色扮演过程中需认真投入，故事发展进程需要按照自己生活中真实的沟通状态呈现；

(3) 角色互换，每人都需体验子女与家长的不同感受；

(4) 挑选部分小组观摩并分享：在角色扮演中你有何体验？

在与父母的沟通中我们需要注意些什么？

在人们传达信息的时候，实际上语言表达只占表达方式的 35%，而其余的 65% 则是通过肢体语言传达。说同样一句话，如果加上手势和表情，会带来完全不同的效果。

所以，怎么说比说什么要重要。

2. 检阅自我沟通技巧水平

检查要点	是　　否
随便打断他人的谈话	
只听自己想听的	
没有眼神的交流	
不断地晃动手或腿	
经常看表，心不在焉	
没有适当的回应	
经常不明白对方的意思	

3. 畅所欲言：今天的课对你有什么启示？

结束语：爱需要理解，爱需要宽容，爱需要沟通，沟通是可以学习的，让我们和父母共同努力，维护人世间最珍贵的情感——亲情！

【教学反思】

青春期的孩子情绪缺乏稳定性，容易波动，特别是与家长沟通时，容易出现逆反、对抗心理。所以，帮助学生认识到自身与父母沟通时存在的一些问题，帮助学生掌握一些基本的沟通技巧是这节课设计的初衷。

本节课由游戏入手，通过小小的撕纸游戏让学生意识到：原来在与父母的交往中，我们经常是在不自觉的用着单向的沟通方式，而单向的沟通模式往往不能清楚地表达信息，容易造成误会，让我们有对方不理解自己的感受，同时也是在提醒学生，沟通方式真的需要一点改变，才会少点误会，多点温暖。

活动二“心有灵犀环节”是更一步的诠释沟通。先从他们都感兴趣的恋人间的沟通难题开始，诙谐表达相爱容易相处难的事实。再请同学们猜猜父母们的一些家常话，鼓励他们解读出父母看似家常话语中隐藏的积极情感，能不能与父母“心有灵犀”？这个过程是在帮助学生明了：良好的沟通不是简单的回应，需要我们有匹配的情绪与言语反应，同时也是引导学生在沟通时学会去换位思考。

活动三：“沟通之练兵”是整节课的关键，鼓励学生真实地去展现自己在家庭中的沟通状态，提示他们可以从语调、动作、眼神、语言去表达，并请演绎逼真的小组上来展示，很多同学在的演绎或者旁观的过程中就能觉察到自己沟通时的问题了。然后自我沟通技巧水平的检阅让他们再次反思自己沟通时的小细节，教师引导时，可以简略地把这些小细节蔓延至师生交往、同伴交往，问及他们的感受，也是在间接地提醒着学生：良好的沟通方式有助于和谐的人际关系，所以一定要重视自己在与他人的沟通时的合适表达。整节课氛围轻松活泼，又有适度的感悟，最后在笑声中欢快结束。

【教学建议】

1. 小游戏“妙手生花”环节

注意控制游戏时间与节奏，好充分让学生体验单向沟通带来的困难，从而明了在亲子交往中，自己对父母及长辈的问话不理不睬时对方的感受；至于撕出等腰三角形与扇形，只是为了增加游戏的挑战度，可以告诉学生只要做到形似就可以了。

2.“心有灵犀”环节

《沟通小故事》建议全班分角色朗读，在读的过程中去感受故事中男女的情绪，组织讨论这些情绪背后可能的想法，联系到亲子沟通中父母的习惯性言语，帮助学生去领悟：原来沟通中很容易有误会，当我们换一种想法解读父母的话语时，我们的情绪也相应地在变化。

3.“沟通之练兵”环节

情景模拟时注意引导学生要按照自己家庭原生态的沟通模式去表现；若有落单的同学，可安排他去小组间观摩；建议老师选取有代表性组合在全班展示。如：发生争执的组合、面部表情，肢体语言丰富的组合、沟通良好的组合等，让学生结合自己的体验再一起观察与讨论，从而得出沟通中需要注意的事项。

4.“自我沟通技巧水平检阅表”环节

教师可 PPT 边读边呈现，配合肢体语言让学生积极参与对照。如，选择“否”的同学可以伸出大拇指以示自己这点做得很好，大拇指鼓励下自己，选择“是”的同学可以伸出自己的小指提醒自己做得还差强人意，需要加油，最后还可以简单统计下大小拇指的选票，再请大家畅所欲言，这样，在热烈的课堂气氛中关注自己的沟通方式会使学生印象深刻。

5. 课后作业

可以布置“代沟测验小游戏”，鼓励学生带动家长一起参与做，或者运用家长学校等平台，指导家长重视亲子沟通，也可对家长适当进行亲子关系沟通技巧的培训，积极沟通，从现在开始。

（李雪梅　著）

第二十五章

我和我的家人

【教学背景】

心理学研究表明，青少年阶段是个体形成自我认同的关键期，同时也是人格发展的关键时期。

与刚刚进入青春期的初中学生相比，高中生的自我意识发展更为成熟，独立意识也更强，他们对于自我、家庭、以及社会的思考日益丰富，当然，与之俱来的“成长烦恼”也不少，其中不得不提的便是代际交往中的矛盾。

对于大部分高中生而言，父母正从当年的绝对权威者逐步“转型”为生活起居的照料者和衣食住行的保障者，却未必是倾诉心事，畅所欲言的对象。不少家庭亲子之间的关系便从这个时候开始淡漠，直到有一天，父母和孩子都发现好像回不去从前了，彼此之间没什么话好说了。

其实，高中生更愿意与同龄人相处，这些都是成长过程中再也正常不过的表现了。问题是——仅有朋友就够了吗？高中生们真的像自己所认为的那样了解自己的父母吗？在经营友情的同时，我们如何安放和善待生命中同样重要的亲情呢？

在此阶段，相关的教育引导与自我成长便显得尤为重要。因而，关于代际交往主题的酝酿与设计便在此背景下逐步生成。

本堂活动课系“高中生亲子沟通”主题心理活动的第一节，拟采用教师组织、引导与学生讨论、活动、分享相结合的方法，以文字、视频、讨论交流等多种形式展开教学。

同时，作为高中“自我认知”系列教学活动的开篇，所期待达成的目标主要是以下两点——引导学生对家庭成员的初步探索，启发学生对原生家庭影响的思考。

【教学设计】

教学目标

1. 通过活动与交流，引导学生对自己的家庭成员进行初步探索；
2. 通过游戏与分享，启发学生对于原生家庭影响的思考。

教学对象

高中年级学生

教学准备

学生用材料、相应多媒体课件等。

教学过程

今天起，我们的心理课将进入一个新的主题，究竟是什么呢？让我们一起来通过下面这个热身活动，猜猜看，本单元的主题是什么？

（一）热身活动：抓手指

请学生们以小组为单位，围坐成一圈（如果是传统的上课教室，可让相邻的两排学生组成一组，围成一个首尾相连的长方形亦可），每位学生伸出双手，右掌向下，左手食指向上，并且将自己的右掌安放在右侧同伴的食指上方，而自己的左手食指则抵着左侧同学的右手掌。确保组内每位成员都和大家联结在一起。

一会儿，老师会念一段文字，请同学们认真听好了，凡是出现“ma”、“ba”、“jia”这几个音的时候，请大家以最快的速度“左手逃，右手抓”，即右手尽可能抓捕住右边同伴的手指，而自己的左手指则快速逃脱。每一次抓逃之后迅速归位，直到文字全部被念完。

“大家准备好了吗？那我们就开始吧！有这样一个地方，它是我们遮风避雨的港湾，能把我们安顿得舒舒服服。那里有我最亲爱的爸爸和妈妈，我和我的家人之间的关系是怎样的呢，我了解我的父母吗，我回到家最想做的事是什么，我是否加倍注意过父母的需要和内心世界……”

今天，我们要和大家分享的主题便是“我和我的家人”，让我们一起走近身边最亲近的那两人。

（二）咱爸咱妈

发给每位学生一张大白纸，请学生将白纸对折，挑选自己喜欢的颜色在左右两侧分别写下“爸爸”、“妈妈”，然后按顺序给出以下三个问题，请学生依次认真思考回答。

爸爸	妈妈
1.________	1.________
2.________	2.________
3.________	3.________

1. 请各用一个词语描述你对于父亲和母亲的第一印象。

2. 除了第一印象外，你认为自己的爸爸妈妈还具有那些比较明显的特质？

3. 你觉得自己身上最像爸爸的一点是？最像妈妈的是？（外表、性格等各方面）

回答问题的过程，亦是学生们开始对自己父母展开思考的过程，建议可适当邀请几位学生分享一下第 3 题的答案，并以此引出第二部分“家庭的烙印”中关于家庭影响的内容。

（三）家庭的烙印

在大家的回答中，我们不难发现，自己身上或多或少地都带有一些父母的影子。知道吗，人的一生中有两个家，一个家是我们从小长大的家，有爸爸妈妈和兄弟姐妹。另一个是我们长大以后的，自己成立的一个家，自己担当起家长的角色。我们把第一个家叫做原生家庭，原生家庭会在成长的潜移默化中给我们带来一系列影响。那么，就让我们一起来聚焦家庭带来的烙印。

1. 小组讨论：

在我们的家庭中，通常家人会给我们带来哪些方面的影响（如说话的语气、走路的姿势等）？请举一些具体的例子。

发给每个小组一张白纸和一支记号笔，请学生们记录下讨论所得的内容。

分组讨论后请每个小组派代表进行集体交流，教师须对于学生的发言进行及时回应与总结——我们会不自觉地学习父亲的手势，重复母亲笑的样子和声音，训斥他人时会出现的口气……家庭留给我们的烙印着实不少，总的来说比较常见的主要有外在的行为习惯和内在的思维方式、价值观等。

2. 视频分享

《成长的烦恼》第 136 集“生活的意义”片段

- Jason 烤萝卜的动作习惯和自己的父亲一模一样；
- Mike 像父母那样让 Ben 听话（而他自己一向都不算是个听话的孩子）；
- Mike 教训弟弟的时候说出母亲经常讲的话"我是为你好，你总有一天会感谢我的！"（想想当平日里母亲对着他说这句话的时候他的心中想着什么呢，看来不管怎样，对于母亲的教育，Mike 至少在潜意识里是记住了，也是认同的）；
- Carole 送妹妹上学，像母亲那样给妹妹讲励志故事，同时在照料妹妹的过程中理解了母亲的伟大与不易。

……

我们来分享一段视频，看完之后，整理一下，视频中孩子们的哪些剧情让我们看到了原生家庭的影响？

在人际互动中，很多时候我们不是仿照自己在原生家庭里不知不觉中学到的一些行为，就是反其道而行之。

细心的同学能够发现，我们成长过程中慢慢遇到的同伴关系、师生关系、婚恋关系等，几乎都会带有原生家庭亲子关系的影子。比如，在同伴关系中会看到自己和兄弟姐妹相处时的习惯，成年后挑选的恋人往往可能带有父亲或母亲影子等。

（四）一些思考

毫无疑问，原生家庭对我们是有影响的。那么，我们该如何对待这份影响？是不假思索地完全接收，还是存在着变通和调整的可能？

请大家一起来看这张原生家庭关系图。

原生家庭关系图

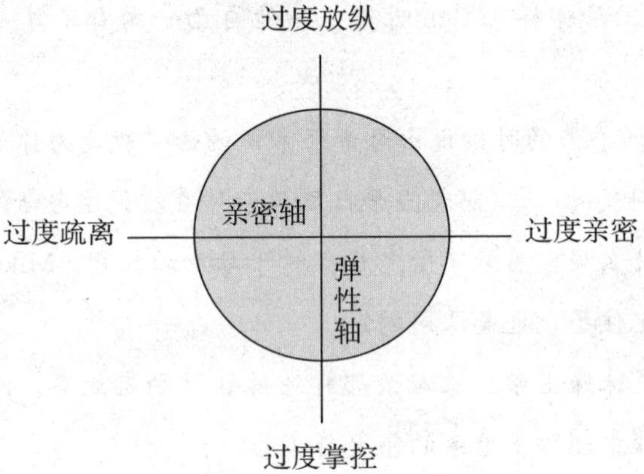

（注：原生家庭关系图摘取修改自欧森、斯普伦克尔等学者所创的“原生家庭模式图”）

如图所示，它告诉我们，影响家庭关系的主要因素是“亲密感”和“掌控度”，不同的组合，带来不同的家庭相处模式。你可以尝试在图中做一些标记——

1. 请用“*”标注自己当前原生家庭的关系；

2. 请用“○”标注自己理想中的家庭关系；

3. 请用“☆”标注将来自己会在第二家庭中采取的状态。

思考：这些标记对于我们而言有着怎样的意义呢？

通常情况下，“*”和“○”之间的差距从一定程度上显示了当下亲子关系中的冲突，尤其是孩子对父母的期待与现实之间的落差；而“*”和☆之间的差距则显示了我们对于原生家庭关系及影响所作出的调整的意愿。

人们都说幸福家庭是生命的加油站，的确如此，你可以怀疑这个世界，但你没有理由怀疑人类对亲密的渴望，不管金钱、权力、名利对人有多大诱惑，都不能替代亲密赋予生命的力量，而家庭，恰恰是人类最亲密的场所。

所以，同学们，尝试走近父母吧，了解他们也了解自己的家庭烙印，并思考未来的成长方向吧，加油！

课后作业：

1. 请认真思考原生家庭对自己现在人际关系的影响；

2. 选择 2 个来自于原生家庭的你愿意带入未来生活的良好的特质或传统；

3. 选择 2 个你在今后的生活中愿意抛弃的不良特质及传统。

【教学反思】

大部分的心理学派都有这样的认同，即当我们理清了和原生家庭成员之间的关系时，我们就等同于理清了所有的人际关系。因而，帮助学生较为清晰地了解自己的父母，也等于是在初步地帮助他们思考并梳理自己的家庭烙印。

这一节的教学活动安排得比较丰富，既有传统的热身，也有利用媒体支持学生对家人及家庭关系所做的新视角观察，之后的探索活动与思考作业都较好地符合高中年级学生的认知水平，帮助他们在课堂中、甚至课堂外有所沉淀。

【教学建议】

（一）建立信任关系

1. 营造安全的环境

由于所设计的话题是关于家庭，因而课前与学生建立良好的信任关系，营造和谐、安全的课堂环境也相当重要。

2. 留心非传统家庭结构的孩子

对于教师而言，在课堂中，需要对于非传统家庭结构的孩子更加留心一些，尤其是活动设置应尽量考虑得细致一些，比如在第一部分回答关于父母的 3 个问题时，可以建议学生们选择自己身边的主要关系人、照料者进行回答，这样，可以使离异、丧亲等家庭的孩子得到尊重和保护。

(二)灵活进行课堂设计

1. 适当的课前调查

考虑到如今的孩子和我们当年的情况并不完全一样，所以教师有必要提前进行一些小型的调查，了解当下学生的真实想法，而调查所得的素材也会很好地帮助我们更有效地实施教学过程。

2. 给予学生及时的关注和积极的回应

此外，对于学生的课堂反馈，教师应尝试智慧地捕捉有用信息，并进行回应和引导。如在第三部分，标示家庭关系记号的环节中，有些同学会报告说“我觉得现在的状态不够好，但当自己身份切换成为父母的时候，我又会回到和现在父母一样的选择，真奇怪！”这就是一个很好的切入点，教师可以随之继续引导，展开讨论。

同时，本节内容仅仅是一个开始，其设置为学生提供了一个初步了解家庭成员及家庭关系的机会，同时也为后续更进一步的探索与个人成长形成铺垫。

（杨艳　著）

第二十六章

爱的语言

【教学背景】

列夫托尔斯泰说:“幸福的家庭都是相似的，不幸的家庭却各有各的不幸。”然而当我们深入观察那些所谓的“问题家庭”时，往往会心痛地发现，这样的家庭其实并非没有爱，而是由于不知晓如何解读和表达爱的语言，从而使得那些满载着深沉爱意的行动和交流在琐碎中被无奈地掩埋。

快速运转的生活节奏以及社会发展所带给每一个人的生存压力，让人们太容易忽视那些来自身边最亲近人的爱。比如，父母几乎时刻在为孩子付出，而孩子感受到的则少之又少；又比如，孩子们用尽一切方法想让父母满意，而期待中的肯定与鼓励却总那么遥遥无期……

于是，世界上最不该对立的人，终于对立起来了；世上最不该相互伤害的人，不停地彼此伤害着。试想，父母的唠叨与严厉背后是否隐藏着我们不曾去探寻的温情？除了表面的责备争吵之外，家庭关系这座大冰山下是否有着能量与资源等待被挖掘？

本堂活动课系“高中生亲子沟通”主题心理活动的第二节，继之前带领学生对自己的家庭成员、家庭影响进行初步探索之后，这一节的课堂时间，我们将与高中年级的学生们一起去感受和发现隐藏在身边爱的语言、爱的行动，从认知层面尝试较为全面和客观地解读父母的言行，以期进一步达成亲子间的理解与包容。

都说，想要改变行为，必先改变思想，本节内容便是从思想、理念的角度帮助高中生对于家庭关系中的冲突做一澄清，同时也为下一节内容——“亲人间的沟通”设置了充分的铺垫。

【教学设计】

教学目标

1. 引导学生尝试全面解读父母爱的语言；

2. 引导学生体会并感悟父母对自己的关爱和付出。

教学对象

高中年级学生

教学准备

1. 学生用材料、相应多媒体课件等。

2. 课前思考：（在教学前一天或之前一节心理活动课后发给学生，请学生认真思考并记录自己的答案）

> 1. 你认为什么是亲情？
> 2. 如果他/她是你的亲人，这给了你如何对待他们的权利？
> 3. 你是怎样称呼自己的父母的？称父亲为“__________”（爸爸，老爸……）称母亲为“__________”。“__________”对你而言代表着什么？

4. 亲情关系的存在对于你而言有哪些好处？

教学过程

（一）热身活动——“安安静静把队排”

请学生们全体起立，全班同学以最快的速度按年龄从大到小排好队，关键是，整个过程中，请大家保持安静，不允许说话。

教师提问：

- 你觉得刚才的活动困难吗？难在哪里？
- 想要又快又准确地完成这个游戏，最关键的是什么？
- 生活中是否有类似的情况——我们难以读懂对方的语言，又或是我们的表达让他人无法理解？在我们与父母间有类似的情况发生吗？请简单说说。

（一）生活案例

1. 案例

家庭生活中其实存有太多的爱，但我们常常不知不觉，或者后知后觉，究竟是什么阻碍了我们。请大家一起来看这则案例：

案例：父子之争

某天晚上，儿子正在做作业，被一道难题卡住了，久思不得其解之后便开始走神，后来索性玩起了手机游戏，这一幕正好被刚进入房间的父亲看见。望子成龙的父子自然很生气，想到最近孩子学业退步的事实，便责备了起来：“怎么不好好做作业，一天到晚就知道玩，成绩怎么会进步！”没想到孩子竟然理直气壮地回了句：“不会做怎么办？难道你教我？！你自己也不会的，凭什么要求我？！”被儿子这样顶撞，父亲的情绪可想而知，便继续开始他的干预和管教。于是，两人之间从最开始那个实属善意的提醒，愈演愈烈，最终爆发了一场严重的家庭纷争。

2. 思考与讨论

✧ 想象你是案例中的父亲，当发生类似情况时，您在责骂孩子的同时，往往会伴随怎样的情绪？

✧ 为何面对如此冲突和冒犯，父亲依然选择干预和管教的方式，而非弃之不理呢？

✧ 如果你是父亲的话，你会怎样做？

✧ 如果你是儿子的话，你会怎样做？

3. 教师总结和引导

父亲的责骂源于愤怒，除此之外，只要我们细心观察，一定不难发现案例中父亲强势背后的伤痛和失望，伤痛是因为儿子如此顶撞，失望是孩子根本不理解自己的良苦用心。然而，为什么面对这样的冲突，父亲依然选择干预和管教的方式，而不是弃之不理呢？此时，我们看到了柔情和亲密感。

美国著名家庭治疗师维吉尼亚•萨提亚在她的著作《新家庭如何塑造人》中提到——“家庭生活就像一座冰山：大部分人只意识到正在发生的事情的1/10，即他们能够看到和听到的那1/10。有些人猜想除此之外还有更多的事物，但是他们不知道是什么，也不知道怎样去发现。而‘不知道’会让家庭置于危险的进程中，就像海员的命运依赖于他们知道冰上的大部分在水下一样，一个家庭的命运依赖于理解日常生活事件下面隐藏的感受和需要。”所以，请记得：

➢ 当我们觉得受伤的时候，并不等于旁人故意要伤害我们。

➢ 当我们没有感受到爱的时候，并不代表爱不在身边。

一个人可以给别人最珍贵的礼物，是他内心深处真正的想法与感受。一个人可以给别人最珍贵的支持，是读懂对方内心深处真正的想法与感受。

（二）爱的语言

1. 苹果树

下面这部作品，也许可以让我们更深刻地感受到身边无声却永恒的爱。请同学们一起安静地欣赏美国绘本画家希尔弗斯坦的哲理漫画——《苹果树》。

讨论与分享：

（1）男孩儿回来过几次，每次回来的理由都一样吗？

（2）面对男孩的要求，苹果树是如何回应的？

（3）你认为苹果树爱男孩儿吗？为什么呢？（它从来没有说过一句“我爱你”）

（4）这样的一份关系，让我们想到一些什么？感受到一些什么？

教师及时回应和总结，引导学生感悟生命中有些爱并非是用听得见的言语来表达的，但那同样是弥足珍贵的亲情之爱。

2. 小组采访

男孩儿与苹果树的故事是这样的，那我们和自己生命中的苹果树之间又是如何相依相处的呢？

让我们一起来完成下面这个采访任务：

请每组同学取一张大白纸，将其分成四部分，一共设置四个采访问题——

I.“父母为我做的事……”

II.“我还需要父母为我……”

III.“我为父母做的事……”

IV“我还可以为父母……”

I. 父母为我做的事：	II. 我还需要父母为我：
III. 我为父母做的事：	IV. 我还可以为父母：

根据课堂时间，请 2 ~ 3 组学生和大家分享他们的采访结果。

追问在采访和回答问题的过程中，学生们有哪些觉察。

学生分享摘录

——父母的确很不容易，日复一日地为我们忙碌，而我们有时候认为理所当然。

——我感觉到了父母与子女间那种难以割舍的相互依赖，如果换成别人，也许我不会对他们有任何期待，但是因为我们是亲人，反而有时候要求得很多。

——我觉得第二个问题很有意思，本以为问完父母为我做的事，就该谈谈我为父母做了什么，但是这个问题让我发现，即使父母付出了那么多，我依然还有很多的期待和要求，突然觉得自己和漫画里的那个男孩儿很像。刚才我还在批判那个男孩，现在自己却成为了他，有点讽刺，但很真实。

——我觉得其实每个家庭都不是完全平衡的，但是随着我们慢慢长大，我们可以主动地去维护家庭的平衡，我们组就找到了很多可以为父母做的事情，其中有些很简单，简单得甚至有时候都不屑于去做，但是倘若我们一直不行动，那么父母就一直无法了解我们的爱，所以，如果有想法，应该让它付诸实现。

——我们发现，父母为我们做事都是很主动的，而我们为父母做的事里，不少是出于被动的回应，比如：他们唠叨我们的学习成绩了，我们就乖乖地听。虽然心里知道父母是对我们而言很重要的人，可平日的语言和行动上并不表现出来。

3、五种爱的语言

在大家的分享与交流之中，我们会发现——家人之间有许许多多爱的细节和表现，如果将它们一一归类的话，可以分为以下五种“爱的语言”：

	爱的语言	**例：**
1	肯定的言词	做得好！你真棒！我真为你骄傲！
2	精心的时刻	全家一起出行、家庭生日 party 等

续表

	爱的语言	例：
3	给予 / 接受礼物	交付学费、生日礼物、买 Iphone、Ipad 等
4	服务的行动	准备早餐、清洗衣物、整理房间、接送上下学等
5	身体的接触	拍拍肩、摸摸头、拥抱、亲吻等

请同学们回忆一下刚才的采访，对你而言：

(1) 父母经常使用的“爱的语言”是什么？你能够敏锐地感受到那些行为意味着爱吗？

(2) 你所期待的“爱的语言”是什么？你的期待被很好地满足了吗？有什么方法可以让父母更加了解你的需求和感受？

(3) 父亲和母亲各自最希望得到的“爱的语言”是什么？对此你可以做些什么？

请学生分享、交流他们的思想。教师进行及时回应和总结：

每个人都有爱与被爱的需要，都有一个情绪的“爱箱”。我们需要明白的是，人与人之间存在的差异，不同的人表达爱和接受爱的方式也会不同，当我们感受不到爱的时候，并不意味着爱不在身边。

家庭关系中的许多误解、隔阂和争吵，都是由于我们不了解或忽略彼此的主要“爱的语言”造成的。例如：对于在意家长“肯定的言词”的学生而言，会比较介意父母是否对他 / 她所做出的努力有所关注和肯定，倘若父母能很好地满足孩子的主要“爱的需求”，经常支持和鼓励他 / 她，那么亲子关系容易相处得融洽。反之亦然，有些父母也会在乎来自孩子的肯定，他们愿意勤勤恳恳为孩子付出一切，只要求一句“谢谢爸爸妈妈”或者“爸爸妈妈你们真好！”，然而事实是，很多时候，我们主观地以为父母才不会需要这些呢，因而多年来从未肯定过他们的付出。这不得不说是一种遗憾。

同时，学生们也应该有所觉察的是，很多时候，父母都是把他们认为最好的给我们，无论是哪种“爱的语言”，其出发点都是善意的，充满关爱的。如果我们能敏锐地捕捉到那些看似平淡行动背后的爱，并积极与父母沟通，表达自己的需要，同时也关注父母的内心需求，那么家庭中的不少冲突和矛盾将得到很好的化解，家庭关系也会因为我们的努力而变得更加和谐。

（三）简单的冲突处理

1. 冲突处理三步骤

那么，如果生活中，我们与家人间发生了冲突或矛盾，我们该如何处理呢？倘若你一贯的处理方式并未取得明显的效果，那不妨试试这三个步骤：

第一步：察觉表面立场

第二步：探索深层需求

第三步：合理寻求双赢

2. 案例分享

某节假日，父母宴请亲朋好友，打算带上孩子，一家人共同出席，但被孩子拒绝了。针对去不去参加聚会的问题，双方发生冲突。

第一步：察觉表面立场

- 父母想带着孩子一起参加节假日聚会，孩子不愿意去。

第二步：探索深层需求

- 父母想带上孩子，一方面作为主人，全家一起出席能够表达对来宾的尊重和礼貌，另一方面也可以利用这个机会让学习压力较大的孩子得到放松。孩子拒绝的理由是此类聚会通常只有大人们在交流，一来比较无聊，二来比较浪费时间，原本这些时间可以用来多看会儿书，完成一些作业。

第三步：合理寻求双赢

- 孩子可以邀请和自己谈得来的伙伴或兄弟姐妹一起参加聚会。用餐后，孩子们无需一直陪伴在家长身边，有权利选择自己喜欢的娱乐休闲方式，或是回家学习。

3. 练习

情境一：家长想为孩子报名参加昂贵的课外辅导班，孩子认为自己不需要，于是拒绝。
情境二：孩子和三五好友约好假期里一起外出旅行，家长认为这样的做法不妥，于是反对。
情景三：孩子喜欢在做作业的时候听音乐，家长认为这样没法专心学习，于是批评了他/她，孩子觉得父母管得太多了，很烦人。

根据冲突处理的三步骤，各小组展开讨论，思考并尝试解决以上问题。

冲突并不可怕，智慧的家庭会在每一次磕磕碰碰中总结经验，从而增进彼此的了解。

现在，让我们花一点时间，来回顾和分享一下大家的作业吧。还记得那几个问题吗？

1. 你认为什么是亲情？
2. 如果他/她是你的亲人，这给了你如何对待他们的权利？
3. 你是怎样称呼自己的父母的？称父亲为“________”（爸爸，老爸……）称母亲为“________”。“________”对你而言代表着什么？
4. 亲情关系的存在对于你而言有哪些好处？

倾听学生的答案。

家庭中，因为有爱，才有心甘情愿地付出，因为亲情，才有无时无刻的关注和牵绊。有时候，眼睛所见与耳朵所闻，不如用心所感来的真切。相信通过今天的课，大家对于家庭关系又多了一份体察和感悟，将这份理解和爱带回到我们的生活中去吧，智慧地解读父母爱的语言，聪明地化解家庭中的争执，让我们的家庭生活品质得到提升。

课后作业

1. 找一个合适的时间，与家人一起坐下来分享一下你所填写的“爱的语言”

表格（表格详见教学反思及建议 6），看看你们彼此间对于爱的语言的感受是否一致。同时请做好本次家庭分享的记录。

2. 尝试给予你的家人最需要也最容易接收的“爱的语言”，如：你的母亲最需要的爱的语言是“肯定的言语”，那么当她做了一些让你感觉很受用，感觉很好的事情时，请记得告诉她你很感激 / 喜欢 / 欣赏她所做的这些。同时请做相应记录。

【教学反思】

在课堂实施的过程中，我发现，作为教师应充分尊重高中学生的思想深度。根据课堂教学需要，设计有针对性和启发性的课前思考非常必要。学生们的答案往往会令我们惊叹于他们敏锐的洞察和感悟，同时，也可以帮助教师更好地了解他们的想法，利于课堂活动的开展。

本堂课尽管没有直接出现萨提亚的冰山理论，但无论在“生活案例”板块，还是之后“爱的语言”的解读、冲突化解等部分，都是以该理论为基础的。教师在开展教学之前，需要对这个工具有充分的理解和认识。

而对学生来说，短短的课堂教学时间内要通过讲解，得以理解和运用萨提亚冰山理论实在太困难。所以建议老师可以简单地引入和介绍一下冰山理论，激发学生的学生兴趣，而在分析具体案例的时候，对于行为背后的分析则可尽量简单、易懂些。

值得一提的是，这节课的内容设置比较丰富，需要两节课的时间才能较好地达成教学目标。目前，有些学校已开始尝试采用两周一次心理课，每次两节课连上的排课方式，值得借鉴。

【教学建议】

在教学的过程中，我们有必要提醒学生，也许我们短时间内较难改变父母的处事风格和沟通习惯，但我们可以从自身做起，以积极、有效的沟通模式生活，并影响我们的下一代。建议有以下几点：

1. 本堂课暖身游戏时，为了更好地激发学生的参与动力，教师可以采用计时的方法，记录学生们的完成时间。
2. 教学过程中，注意追问。如关于“父子之争”的讨论，学生的回答容易停留在表面的行为和情绪，教师应鼓励他们进行深入的挖掘，发现隐藏在“冰山”背后父亲深沉的爱。
3. 在做采访练习时，由于题目间存在递进的关系，依次给出采访题的效果更好。即当小组成员们完成前一题的采访后，再给出下一个采访题，一则调动学生兴趣，只有前面的任务完成后才能拿到下一个问题，另则帮助学生聚焦当下的问题，并给予充分的时间思考。
4. 在活动中，引导学生了解自己同样可以选择合适的爱的语言，表达对父母的关心。
5. 根据笔者平日的学校心理咨询和辅导经验，高中年级学生的认知水平已能够较好地理解和接受萨提亚的冰山理论，尤其在咨询实践过程中的效果良好。冰山部分的内容可以通过学校的拓展型、研究型课程或社团活动加以强化和训练。
6. 在“爱的语言”部分，运用下面这张表格和标记，可以帮助学生更好地思考：

	爱的语言	我	父亲	母亲
1	肯定的言词			
2	精心的时刻			
3	给予 / 接受礼物			
4	服务的行动			
5	身体的接触			

请用“☆”标出你和你的家人们最需要同时也最容易接受的“爱的语言”；请用“△”标出排在第二位需要且容易接受的“爱的语言”。

（杨艳　著）

第二十七章

亲人间的沟通

【教学背景】

延续之前的学习内容，当我们能够有意识地体察家庭关系，且读懂那些生活细节所代表的爱时，我们与家人之间的联系必然更进了一步。

当然，仅有含蓄的理解还不够，想要拥有顺畅、和谐的代际关系，聪明有效的沟通必不可少。

人际沟通——这项需要学习、操练、实践才能够掌握好的技能，帮助我们达成了各类需求的满足。但必须承认的是，没有人生来就会与人沟通，每个人都是在经验中摸爬滚打，习得属于自己的沟通模式，在与他人的交流互动中寻求安全感、归属感、尊重感以及爱的感受等。

很多时候，人们会根据自己的本能做出反应。比如，青少年在沟通的时候会比较在意群体眼光、他人评价，同时又带有比较明显的主观性与个人好恶的成分；父母们则比较重视自己对孩子的期待，以及本人在亲子关系中的权威性。

人际关系管理大师埃里克·伯恩在他的 PAC 人际交互理论中提到，每个人在于他们交往的过程中，都有父母 (Parent)、孩童 (Child) 及成人 (Adult) 三种状态。当双方都放下固执与任性，均调整至客观、理性的成人状态时，往往是最有利于问题解决的。

当然，这些都不是一蹴而就的。需要对事件的审视及对自我的反省等多种能力，好在这些能力是可以慢慢培养的。本堂课的设计正是以人际沟通的学习与训练为切入，分听与说两条主线进行，再加以集中回顾和后续练习，支持学生初步了解与掌握有效的沟通方法，从而推动和谐家庭关系的建设。

【教学设计】

教学目标

1. 通过活动引导学生了解沟通过程中的一些主要原则；

2. 通过活动带领学生进行家庭沟通中的听、说练习，初步掌握有效沟通的方法。

教学对象

高中年级学生

教学准备

学生用材料、课堂活动材料、相应多媒体课件等。

教学过程

（一）导入

幽默大师的西裤

有一次，幽默大师马克·吐温要去美国一所大学演讲。在演讲的前一天晚上，大师发现新做的西裤右边断了一小截。因为时间太晚了，裁缝铺都关门了，没办法，第二天只能这样登台了。这一切，大师的母亲、女儿和妻子都看在眼里。

等到了晚上，大师已经睡着了，可他的母亲却怎么也睡不着，因为她牵挂着那条短腿的裤子。左想，右想，怎么也不能让孩子穿短腿的裤子去上台演讲呀。于是，大师的母亲悄悄地起来，她又怕惊醒家人，摸着黑找到了那条裤子。剪了剪，缝了缝，然后带着满意的心情，摸着黑回去睡觉了。

过了会儿，大师的妻子也起来了。作为爱着大师的妻子，她怎么能让自己的丈夫穿着短腿的裤子去演讲呀！于是，大师的妻子也悄悄地起来了，她也怕惊醒了家人，摸着黑找到了那条裤子。剪了剪，缝了缝，然后带着满意的心情，摸着黑回去睡觉了。

又过了一会儿，大家猜到发生什么了吗？对了，大师的女儿也起来了。原因吗？爱着大师的女儿，怎么能让自己崇拜的父亲，穿着短腿的裤子上台演讲呢。于是，摸着黑，剪了剪，缝了缝……

第二天早上，三个女人都早早地起了床，她们希望看着自己所爱的人，穿着精神的西裤去演讲。可当大师穿上了裤子，三个人全呆住了。因为她们看到右边的裤子不短了，而左腿的裤子却短了一大截。

大师也愣住了，当知道事情的原委后，随即爽朗地笑了起来。幽默大师就是幽默大师，他穿着这条裤子就去了会场。

到了会场，他还没说话呢，全场就爆笑如雷。但大师很镇定地开始了当天的演讲，演讲的题目即兴地改为：爱与沟通！

思考并交流：

（1）西裤何以越改越短，三个女人的好心，何以变成爱的幽默？

（2）你有没有类似的沟通不畅的经历，使得原本的好心变了味道？

（3）从这个幽默的故事中，你有什么样的感悟？

演讲大师的意外，其实在每个家庭都会发生。有时候这些意外，看起来很滑稽，而更多的时候，这些意外会令家庭中的成员，感觉备受伤害。生活中不乏好心的妈妈，对孩子苦口婆心，谆谆教导，而孩子却因为她的唠叨和没有重点而苦恼万分；生活中也不乏善意的爸爸，对孩子严格要求，倾囊相授，可孩子却因为其强势的态度选择回避或心不在焉。

如何在家庭中进行更为有效的沟通？让我们心中的爱得以被很好地传达，是一门需要学习与练习的功课。首先，让我们来了解沟通中最为重要的一些原则。

（二）活动体验——你说我画

请同学们两人一组（如果是传统教室的话，同桌搭档即可），每组将拿到一个信封。请学生自行分配一下A、B两个角色，请分配到A角色的同学打开信封，取出里面的材料，注意，该材料在活动的过程中只有A同学能看，不能给搭档B看到。随后，请分配到B角色的同学准备好纸、笔。

我们所要挑战的任务是，两两配合，A说B画，最大程度地再现出材料纸上的内容。时间5分钟。

确认完成的情况并展开讨论：

- 每个小组完成的图形，和原图的相似度为百分之多少？
- 你们是如何达到以上相似度？
- 未还原的部分主要是什么原因造成的？
- 如再次进行游戏，注意事项有哪些？

教师总结：人际交往与沟通的过程，其实也是信息认知、表述与接收的过程。期间，每一个环节的准确性决定了这段交往与沟通的品质。

因此，对于表述方而言，需尽可能地做到客观、准确和清晰，而对于信息接收方而言，不要忘了自己有确认和询问的权利，当感到疑惑的时候，不妨礼貌地问一下，好过自以为是猜测着行事。

（三）听、说练习

1. 如何“听”

（1）听力“是与非”

这里有一份倾听练习的材料，请同学们竖起耳朵，仔细地听好了，然后做出判断：

“一个生意人刚把店里灯关了，这时一个男人出现在店里，并且要求对方给钱。接下来，店主打开了一个收银机。收银机里的东西全被拿走了。那个男人很快离开了。同时一个警察被及时地通报了这件事。”

请判断对与错：

（a）店主刚把店里的灯关了之后，一个男人出现在店里。

（b）打劫的人是男人。

（c）那个打开收银机的男人是店主。

（d）有一个人打开了收银机。

（e）当要求给钱的那个男人把收银机里的东西拿走后很快跑开了。

答案：

（a）× 关灯的是“生意人”，而“生意人”不一定就是“店主”。

（b）× 材料中并没有明确显示“要求对方给钱”的行为是“打劫”。

（c）×“店主”打开收银机，但是并未交待“店主”是男人。

（d）✓

（e）× 原文显示“很快离开”，要知道，“离开”并不等同与“跑开”。

同学们，刚才的练习，你做对了吗？很多时候，我们自以为听到了、听懂了，殊不知人际交往与沟通中倾听亦是有技巧和方法可循的。那么，如何聪明地做好“倾听”呢？

（2）卡萝尔的烦恼

截取《成长的烦恼》中《Super Father》一集片头部分的视频内容进行播放：

女儿卡萝尔气呼呼地走进厨房，父亲询问她发生什么了，她带着情绪地拉开冰箱，大声说：“我找不到我的花生酱了！”……当父亲问及是否愿意和他谈谈时，卡萝尔喃喃道：“我不知道……我不知道。”……最后，在父亲的引导之下，卡萝尔终于说出了心中的苦闷，原来是她听朋友说，自己喜欢的男孩儿说自己“长得像个橡皮熊！”

在这段素材中，出现了以下三句值得关注的话：

- “我找不到我的花生酱了！”

- “我不知道……我不知道。”
- “他说我长得像个橡皮熊！”

请大家回忆刚才的视屏内容，仔细想一想，卡萝尔所要表达的仅仅是字面的这些内容吗？结合她的肢体语言、情绪状态和语音语调，你还听到了一些什么？

学生答案交流。过程汇总注意引导学生考虑到对方的情感成分及言语背后隐含的意思。之后，教师做以下总结：

通常情况下，一个聪明的倾听者，会关注到这几部分内容，即对方的

✧ 信息内容

✧ 感情成分

✧ 隐含成分

举个简单的例子来说，在家庭中，当一个小孩子回家进门后嚷嚷着：“妈妈，我饿死了，饿死了”的时候，他 / 她想表达的第一层意思是“我很饿”，背后的感情成分也许有撒娇、亲昵或者是急着想吃到东西的愿望，再深入下去我们会发现，“饿死了”背后还隐含着“妈妈你快点拿东西给我吃呀！”这样的期待。同样的，对于父母来说，临睡前一句简单的“很晚了哦”，其感情成分是关心、怜爱，甚至心疼，隐含的意义的“孩子你可以休息了，看到你这么晚睡爸妈真心疼，要好好照顾好自己的身体啊！”

有时候，我们沉浸在持续不断的自我表达中，令我们专注于自己的主观世界，而脱离共同探讨的主题，也失去对于对方的尊重与理解。所以，沟通中，适时运用良好的倾听技巧，会让我们与家人之间保持更为良好的互动关系。

2. 怎么“说”

情境

A、你考试没考好，父亲 / 母亲很严厉地责备："怎么考这么差？！平时不知道好好用功，分数越考越低，就这成绩将来也别读大学了！"

B、晚上 12 点多，你还想多看一会儿书，父母在反复催促你早点睡觉休息没有效果之后，提高了音量，非常严肃地警告你必须马上休息，"天天弄到这么晚，不是折腾自己吗，早些时候怎么不抓紧点时间呢？不许再看了，快上床休息。"

遇到这类情况，你会怎么说？

给出以上情境，请学生们讨论给出答案。简单交流后，教师引导大家尝试"三段式表达"的方法和身体语言的使用。

(1) 三段式表达：

- 当……发生的时候，
- 我感觉……，那就好像……
- 其实我真正想要的是……

例：当您责备我考得很差，并且否定了我的努力，甚至让我别考大学了的时候，我感觉很受伤，那就好像我自己像团没用的垃圾一样，被狠狠地扔在了冰冷的角落，其实我真正想要的是您的安慰和理解，以及对于提高学习成绩的更为有效的建议和帮助。

三段式的表达，能够帮助我们澄清当下发生了什么？我的感受是什么？以及我所需要的是什么？

相比于抱怨和争执，这样的说话方式无疑促使沟通双方都经历了更理性的思考，得到了更真诚的对待，其效果当然也是显而易见的。让我们一起来练习一下：

请你回忆最近发生的某件家庭事件，它可能带来了一些误会或不好的感受，将你的同桌当成事件的另一位主角——爸爸或者妈妈，进行三段式表达的联系。

教师需鼓励学生所做的尝试，并提醒大家将这样的表达方式带回到实际的家庭生活中去。也许一些固有的交流方式很难改变，但至少你得做些什么。相信改变是有可能的，改变自己，就等于改变世界。

（2）身体语言的使用

除了表达的内容之外，表达的方式同样重要。

这里是媒体抓拍的一张照片——美国总统奥巴马亲吻法国总统萨科奇的夫人布吕尼，旁边是美国第一夫人米歇尔的表情，你察觉到了一些什么吗？

我们的身体是最诚实的，它会如实地汇报你真实的情绪状态。例如：当你觉得厌烦的时候，会不自觉地皱眉头、将脖子侧向一边，如果你坐着的话，有可能会让自己靠在椅背上，跷起二郎腿等，这些细微的肢体语言，往往会被对方捕捉，某种程度上决定了沟通双方的信任关系和沟通的品质。怎样的体态语言是比较合适的呢？这里向大家介绍“SOFTEN 原则”：

- S—Smile　保持面部微笑，传递友好信号；
- Open Posture　开放的姿势；
- F—Forward Lean　身体前倾，表示沟通的意愿；
- T——Tone　注意自己的语音语调，同样的话由于音调不同，传达的意思可能大相径庭；
- E——Eye Communication　自信而友好的目光交流；
- N——Nod　适时地点头，表示你在交流过程中的倾听与回应。

让我们来练习以下吧：

➢ 请尝试用这样的身体语言向你组内的同伴表达你对他们的赞美；

➢ 请学生分享他们的感受。

当我们做一些新尝试的时候，总会有这样或那样的感觉。而值得肯定的是，这样的交流是有意义的，游戏中如此，生活中更是如此。

（四）临时家庭

学生三人一组，分别扮演爸爸、妈妈和孩子，临时家庭的任务是尝试运用上述听说技巧，同时又诚实地保有自己的意见和建议，商量制定一份家庭旅行计划。

给予学生充分的时间商讨完成“临时家庭”的任务，随后进行课堂分享。

- 大家成功地商定好了假期旅行计划吗?
- 你觉得你们“一家人”的沟通顺畅吗？过程中发生分歧了吗？发生分歧时大家的情绪是怎样的？你们又是如何处理的?
- 最后达成 / 没有达成一致意见最关键的原因是什么?
- 如果在你自己的家庭中，真的发生了类似事件，你认为相比于以前，现在的自己可以做哪些尝试和努力?

任务的过程，也是体验生活的一段旅程。现实生活中，问题和状况时时有可能发生。好的沟通会令彼此心情愉悦，倍感尊重，从而积聚正向的能量投入于需要处理的生活事件，而非彼此的情绪与指责中。

（五）尾声——快乐感恩

在今天课程的最后，我们分享一个来自美国加州大学戴维斯分校的研究。该校罗伯特·埃蒙斯教授的研究显示：一星期能表达感激五次以上的人比别人——

更快乐 Happier

更健康 Healthier

更能处理压力 More able to deal with stress

更乐观 More optimistic

更愿意帮助人 more willing to help others

所以，还等什么呢?

今天，我想感谢的是________________，因为________________。

学生答案分享

如:

今天我想感谢的是同桌，因为他提醒我英语课要单词默写，而我原本忘了复习;

今天我想感谢的是妈妈，因为她很早就起床为我准备早餐了，其实她一直都这么做;

今天我想感谢的是好天气，因为太阳照在身上暖暖的，心情特别好……

著名的心理学家，家庭婚恋关系大师黄维仁博士说过:“活在爱中的秘诀，是拿着心灵的笔，常常标明别人的长处、善意和所做的努力。”恭喜同学们已经迈出了第一步。

今天的内容就到这里。请记得爱与沟通是维系家庭幸福的润滑剂，让我们善待身边人，从今天起，智慧地听，聪明地说，快乐地活!

课后作业

从我做起，影响家人，尝试在家庭生活中培养书写“致谢纸”的习惯。

【教学反思】

本节活动课的内容设置较为充实，以练习和分享为重点的活动过程，能带给学生轻松、愉快的积极情绪体验。

同时，作为教育者，我想，我们必须承认的是，仅仅针对学生进行的家庭亲子教育有其局限性。毕竟，在家庭的沟通过程中，除了孩子的体验与学习之外，家长们的自我成长同样必要。只有彼此双方都愿意积极尝试科学、有效的沟通方式，原本僵硬的家庭关系才可能被撼动，继而得以改善。

“如果你对父母尝试了不少积极的沟通方式，而他们却没有任何改变时，你该怎么办？”在教学过程中（课堂结尾部分），教师有必要把这一无法回避的问题坦白地抛给学生。在鼓励孩子尝试用新方法做一些改变和调整的同时，也提醒他们思考并着手应对可能面临的难题。

心理课程，是关注学生终生成长与发展的课程，作为教师，我们无需夸大课程的功效，至于将来会发生什么，是我们所期待的还是意料之外的，孩子们会通过自己的亲身体验找到答案。所以，踏实地尽力做好力所能及的部分吧——关注课堂氛围的营造，准备生动有趣的素材，推动活动之后的思考，引导积极真实的沉淀……便是对学生最真诚的付出和回应。

有时候，承认自己的有限性，是老师与学生共同需要面对的课题。好在萨提亚女士说过：“改变是有可能的。改变自己，就等于改变世界。”所以，希望仍在。

【教学建议】

1. 时间管理

本节内容比较理想的进行时间为 1 小时左右，老师们可以自行调节、控制。

2. 活动处理

（1）“你说我画”部分提前完成的小组，教师可建议他们尝试进一步完善所绘制的图形，尽量做到和原图接近。在交流阶段，请绘制得比较出色的小组分享他们的操作过程，并还原一部分对话的内容，这样的良性示范，可以便于其他学员在自省的同时，也汲取到他们沟通中的优点。

（2）当我们要求学生以特定的身体语言去表达赞美时，往往会出现“笑场”的情况。他们会在之后的反馈中表示“有趣、好笑、奇怪……”，这些都是值得尊重和肯定的答案，教师有必要引导学生他们已经有了一个很好的开始，当我们做一些新尝试的时候，总会有这样或那样的感觉，但有一点是肯定的，就是在刚才的活动中，大家的情绪状态都是积极的，当看到同伴友好地向自己表达赞美时，心情是愉快的。

甚至有些孩子会汇报“太假了！”之类的评价，我们在微笑表示肯定和接纳的同时，也可以机智地捕捉到这一信息，继续追问："哪一部分让你感觉假了呢？"、"怎样才可以做得更好呢？"我们会得到一些很有趣的发现，比如，学生会汇报说，他的同伴刚才笑容比较僵硬，或者点头过于频繁又或者身体前倾地都快撞到对方了……这些发现可以作为很有用的讯息通过学生的发言传达到各位参与活动的学生，让大家对自己的行为有所反思。

（3）"临时家庭"互动环节，由于每组学生的性格特点均不同，习惯的沟通方式也大相径庭，因而每组用于完成任务的时间会差异较大。建议教师提前做好准备，将后期的讨论题事先制作在卡片上，提前完成的小组可以在组内先考虑活动讨论题，并进行答案收集与思想交流。这一安排，既灵活地应对了学生的需求，对于之后的活动总结及分享也起到了预热和铺垫的作用。

3. 整体把握

本节活动课以沟通的训练为切入点，内容较为丰富，课程重点在于带领学生做好各项沟通练习，同时充分交流大家的活动感悟和收获。

（杨艳　著）

第二十八章

亲子主题活动之智慧人生

【教学背景】

考虑到高中年级学生所渴望的家庭支持，除了呵护、疼爱之外，还须有尊重与理解。因而除了传统的心理活动课之外，邀请家长共同参与的亲子互动主题活动亦十分必要。

本节内容便在此背景下应运而生，旨在通过活动增进家长与孩子之间的交流。并以一系列活动的参与引发各种思辨性的探讨，令参与者反思自己的沟通状态，接纳多元价值及既成事实。

众所周知，良好的亲子关系并非依靠孩子或父母单一方的努力便可促成。邀请家长们参与到亲子主题的课堂中来，使得我们从某种程度上而言争取到了家长的力量支持，教育辐射范围被扩大，教育的效果也更为明显、持久。

【教学设计】

教学目标

1. 通过体验式活动增进家长与孩子之间的交流；

2. 引导亲子活动参与者们反思自己沟通与表达的状态，探讨有效的沟通方式；

3. 通过活动引导家长和学生们发现不同价值观的存在及其价值，同时感受到亲子关系中尊重与接纳的重要性。

教学对象

高中年级学生及家长，尤其是对于改善亲子关系有需求的家庭

教学准备

1. 乐高玩具若干、眼罩若干、长绳一根、活动选项卡若干；

2.《父子对话：那是什么？》视频；

3. 书签若干；

4. 背景音乐及配套多媒体课件。

教学过程

（一）热身活动——寻亲记

今天的课堂里特别热闹，除了同学们，我们还请来了爸爸妈妈们一起参与。让我们用掌声欢迎家长们的到来。

既然有了亲人的支持，相信今天的主题活动大家一定能够完成得更加出色。首先，我们要挑战的是“寻亲记”。

活动规则：每位学生和自己的家长为一组，同组人员自由地取亲子代号，同组人员须记住彼此之间的代号。之后，学生和家长将会被蒙眼，并分为两组。大家依靠之前设定的亲子代号来呼唤自己的亲人，最快找到亲人的获胜。

活动操作：

1. 请学生和家长们设置亲子代号（如儿子代号叫“包子”,父亲的代号为“烧卖”，妈妈代号为“老鹰”，孩子代号为“小鸡”等）。

2. 待所有活动参与者起好代号后，请父母和孩子分别形成一列队伍站在教室的两边。如下图：

3. 活动带领者向大家分发眼罩，请所有人戴上眼罩，并随着欢快的背景音乐在自己所处的队列中自由交换位置（这样的操作，是为了让孩子与父母们并不知道对方具体在哪个位置上，便于之后活动的进行）。

4. 当宣布“开始”时，两边的人员大声呼唤着自己亲人的代号向对面走去，并通过声音尽快找到自己的亲人。

总结：如何才能又快又好地完成这个任务？大声呼唤、主动寻找都是必不可少的。其实无论父母和孩子是站在教室的两端，还是相隔千里，总有一根无形的纽带联接着我们，那便是亲情。

（二）活动 1——介绍人

接下来，请大家以家庭为单位，相互介绍认识，由孩子向对方家庭介绍自己的父亲或母亲，再由家长向对方家庭介绍自己的孩子。（播放舒缓轻松背景音乐）

活动中教师的建议：如果可以的话，你可以尝试选择一些不一样的介绍方式。

讨论：

1. 你是怎样向别人介绍你的爸爸 / 妈妈 / 孩子的？

2. 你喜欢父母 / 孩子这样向别人介绍你吗？如果喜欢，请说说喜欢的理由；如果觉得不够理想，那么尝试告诉对方你所期待的介绍方式是怎样的？

3. 经过刚才的问题和交流，大家有什么发现或者什么想法愿意和我们分享吗？

家庭成员的相处过程中，我们须仔细聆听、尽可能尊重对方的需要，同时有能力主动、积极地表达自己的需求、喜恶，从而建立起信任、平等、互通的沟通渠道。切忌自以为是，以爱的名义越俎代庖。

（三）活动 2——诺曼底登陆

简述诺曼底战役的历史背景，并请全体人员自由分为 3 个小组（视活动具体人数而定，一般情况下 9 ~ 15 人为一组，若人数较多，则适当增加，活动器材须同时增加）。

大家在接下来的活动中，需要扮演的是当年诺曼底登陆时不同角色的士兵——侦察兵、通信兵和建造兵。他们的职能分别是：侦察兵负责在前方观察、查探敌军武器详情；建造兵在后方负责搭建相同的武器；通信兵则在两者之间起桥梁作用，来回奔走于前线和后方，负责侦察兵与建造兵之间的信息交换与彼此联络。

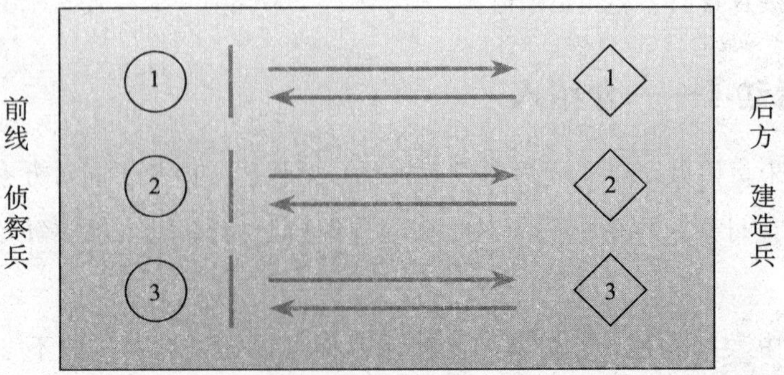

来回传递信息的通信兵

本活动所涉及的武器，均由乐高玩具拼装搭建而成，教师需要在课前准备好至少 3 个敌军武器模型（飞机、大炮、军舰等），分别放置在如图所示圆形 1、2、3 位置，并用木板或其他材料将其隔断开，使得只有前线的侦察兵能够亲眼看到模型，而通信兵和建造兵均无法看到。每组搭建兵将拿到一套零散的乐高玩具，在本组通信兵的帮助下，尝试最大可能地复制敌军武器。活动时间 25 分钟左右。

讨论一：

✧ 评价一下刚才本组成员们的表现？

✧ 通过这个活动，你想到了一些什么？感受到了一些什么？

✧ 怎样做可以让这个游戏更成功？

✧ 生活中有没有类似的情况，大家有扮演这几种角色的经验吗？通常你是怎样做的？

✧ 你认为自己今后还有哪些可以改进的地方？预计一下这些改进将会给你带来怎样的影响？

讨论二：

- 倘若活动最后搭建的“武器”没有百分百地按照原样进行复制，你会如何看待搭建好的作品？（是否会觉得不够满意？心存遗憾等？或者有其他的想法）
- 请大家想想看，生活中、家庭中有没有类似的情况发生，纵使我们很努力地做了，去观察、传递、要求、执行……结果可能依然和最初的设想不一样？
- 通常在家庭中，父母和孩子对彼此都会有期待，请思考当期待没有实现的时候，是否意味着我们都没有努力，没有为彼此付出呢？
- 请问，有多少人因为自己的爸爸妈妈或者儿子女儿的表现和自己所预料的不一样而失望过？失望之后，我们通常会做些什么？
- 对于此类情况，你认为在今后的生活中，还可以有怎样的看法和行动？

总结：

通过活动，相信家长和同学们对彼此间的交流沟通有了更深的感受与认识。

生活中，每个人都有自己的角色，同时也背负着相应的责任和义务，也许我们认为对方做得并不够好，但请相信，每个人都在努力。充分的尊重和良好的沟通是梳理亲子关系的有效途径。

（四）活动 3——“疯狂二选一”

生活中，每天都会遇到不同的事件，不同的人会给出不同的反应，这些反应都是从何而来的呢？请大家一起参与到“疯狂二选一”这个有趣的活动中来。

- 如果必须二选一，强盗与小偷，你选择当哪个，为什么？
- 如果必须二选一，疯子与白痴，你选择当哪个，为什么？
- 如果必须二选一，草原与森林，你会把家安在哪里，为什么？
- 如果我们可以回到过去，你更愿意回到学前还是小学，为什么？

教师准备好选择卡，即写有“强盗”、“小偷”等内容的卡片，将一条长绳置于活动场地中间，手持选择卡请大家根据自己所选的角色分别站在长绳两侧：

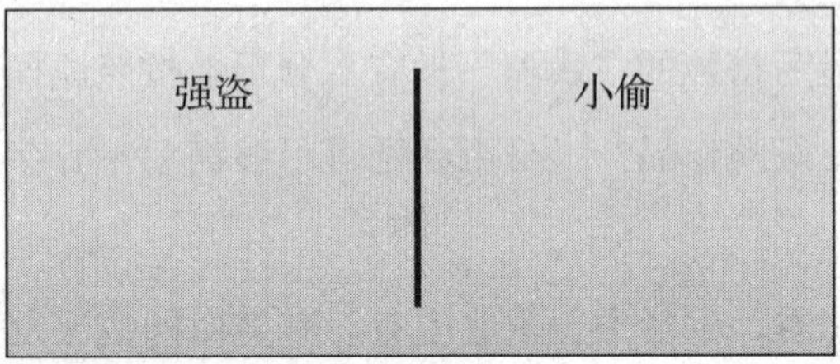

每一次选择之后，均邀请两边人员分享选择理由。大家很快就会发现，这样的选择内容和形式不仅有趣，而且成员们给出的理由也五花八门，丰富多彩。提问、选择、阐述、倾听的过程，亦是感受群体中多元思想、多种价值选择的好时机。

讨论：

1. 你的父母 / 孩子和你的答案都一样吗？你介意他们的选择吗？为什么？

2. 你认为活动中为什么会有那么多不同的答案和理由出现？

3. 生活中你和你的父母 / 孩子间有明显意见不一致的时候吗？通常发生分歧

时大家的心情是怎样的，你会介意他们的选择吗？又会如何看待对方？

4. 通过整个活动，你有怎样的感受和发现？

总结：虽然刚才的选择看似有些“疯狂”，而现实生活往往更复杂、更纠结，所以我们有理由相信，每一个行为反应背后都有一定的缘由，当然也有一定的需求。有时候，我们急于改变对方的反应，却忘了在改变之前，先得学会接纳，这样才不至于遗失了亲人间宝贵的联接。让我们一起来看一段视频，看看这位父亲行为背后的原因和需求吧——播放视频《父子对话：那是什么》。

著名的家庭治疗大师萨提亚女士说：“唯有当个体真切地感受到爱的时候，才能够发自内心地做出行为上长期的改变。”所以说，家庭不是讲道理的地方，而是讲感情的地方。在改变发生之前，无论是父母，还是孩子都需要学习着“接纳当下”。这样，才能够以足够理智的头脑和开放的胸怀来促进彼此的进一步成长。

（五）尾声

给每位参与者发放一张“尊重接纳卡”，请大家根据自己的实际情况填写，尊重 / 接纳的对象既可以是你家人的某些行为、建议，也可以是你自己的某些状态。

> **尊重 / 接纳卡**
>
> 我打算尊重 / 接纳下______________，因为______________，
>
> 我要求自己____________________________，
>
> 我记得无论如何要让自己快乐，要让亲人幸福！

如：我打算尊重 / 接纳下父母要求我冬天穿羽绒外套的建议，因为那样做虽然显得臃肿不够帅，但的确保暖，不容易生病，我要求自己好好照顾自己的身体，我记得无论如何要让自己快乐，要让亲人幸福！

我打算尊重 / 接纳下孩子和好朋友们一起外出聚会，迎接新年的要求，因为

年轻人应该有自己的生活和空间，我要求自己对孩子有信心、信任孩子能自我照料且玩得开心，我记得无论如何要让自己快乐，要让亲人幸福！

请家长和学生们分享自己写下的内容，作为本次心理活动的温馨结尾。

【教学反思】

本节内容以体验式学习的理念，通过活动、体验、讨论、分享等过程引发学生与家长们对于亲子沟通问题的思考。

由于本节亲子互动活动所涉及的人员和器材比较多，有必要在活动前尽可能细致地完善准备工作。其中，还包括教师对于各个主题活动熟悉程度及掌控度的准备，尤其需要把握团体活动的讨论方向。

《诺曼底登陆》游戏最困难的地方在于信息传递的每个环节都重要：观察的人重要，不只是要讲，还要有思路，从哪里入手让人容易理解；通信传递重要在于自己有没有听懂，记牢，准确无误地传递所掌握的信息；建造者处于最下端，容易一头雾水，那么就要学会主动提问，进行信息核查。除了活动过程的探讨之外，还需紧密围绕课程主题展开讨论，从沟通过程聚焦亲子沟通的方式和理念。根据教学对象、教学需求、目标的不同，讨论问题的设置也应有所差异。

【教学建议】

在整节活动过程中，参与者和主持者会有不少惊喜的觉察和发现。例如，在 尊重/接纳卡环节中，不少家长和学生会自行地发现“接纳是一种智慧，沟通是一种力量”。很多时候，表面上看起来是我们选择对他人宽容大度，其实最后成就的往往是我们自己的幸福人生。

1. 考虑到本节内容是父母与孩子共同参与的主题活动，所涉及的活动需要一定的空间支持，建议在条件允许的情况下，尽量选择较为宽敞的地点进行。

2. 一般情况下，每位学生邀请一位家长来校参加亲子主题活动，如果一家三口都来了，那么在热身游戏寻亲记中三人都寻找到彼此才算完成任务。
3. “诺曼底登陆”游戏需要比较细致的前期准备和规则说明，建议教师可事先在小范围群体中进行尝试，再面向学生和家长开展活动。
4. “疯狂二选一”活动除了以本教案所述进行外，还可以让学生和家长们分成 6 人左右小组，将答案选项及原因在组内进行交流、分享。尤其是当大家在“诺曼底登陆”活动后表现得比较累时。
5. 考虑到在当前大部分的高中校园里，父母孩子共同参与亲子活动的机会并不算多，而良好的家庭关系并不是依赖一次活动就能够形成的，还需要双方持续地努力和自我成长。建议活动后向父母们推荐一些家庭教育方面的书籍，如《遇见世上最好的爱》、《正面管教》、《新家庭如何塑造人》等。

（杨艳　著）

第二十九章

关于未来家庭的成长须知

【教学背景】

当你询问一百位教育家——什么是教育？你可能会得到一百个不同的答案。但是，相信没有人会否定，教育所服务的不仅仅是今天，更是未来。早在公元前几百年，柏拉图说“教育是为了今后生活所做的训练，它能使人变善，从而高尚地行动。”

毫无疑问，当今的校园心理课程面临着同样的挑战——在关注学生心灵健康成长的同时，也须有意识地为孩子的终生发展服务。其实，关于代际交往、亲子沟通的话题，并不仅仅存在于青少年学生们当下的生活，未来的每一天，他们都将带着原生家庭的烙印前行，恋爱、结婚、为人父母、教育孩子……都亦如此。我们的教育真的支持到孩子们的持续成长了吗？目前，部分高校已开设针对大学生的婚恋指导，而关于爱的理念及责任教育等内容在任何年龄段都是合适的。于是，这节的内容设计便由此而生，旨在引导学生畅想未来家庭生活的同时，思考什么是真正的爱，同时感悟到人格成熟对于未来家庭幸福的重要影响，从而引发学生自我成长及自我完善的需要。

【教学设计】

教学目标

1. 通过活动引导学生思考未来家庭生活所面临的挑战及营造幸福生活的关键；
2. 与学生一同讨论分享爱的内涵及爱的能力培养；
3. 引导学生感悟人格成熟对未来家庭幸福的重要影响。

教学对象

高中年级学生，尤其是对家庭关系、亲子交往有一定了解的高中学生

教学准备

学生用材料、相应多媒体课件、视频资料、讨论用大白纸、记号笔等。

教学过程

（一）热身活动——真心·话大造句

➢ 如果有一天，我成为了父亲，

我________________________________；

➢ 如果有一天，我成为了母亲，

我________________________________。

（二）未来家庭蓝图

将全体学生分为若干小组，教师准备好写有人生阶段的卡片，内容为“恋爱”、“结婚”、“生子”、“为人父母、为人子女”等，请各小组抽签决定讨论主题。

讨论：在这些生命阶段中我们会经历些什么？又会面临怎样的挑战？

恋爱	结婚	生子	为人父母，为人子女

由于讨论的话题围绕学生们触手可及的未来，讨论气氛往往十分热烈，能够收集到许多有用的反馈和分享。（详见教学反思）

教师引导：看起来，大家未来的生活都很丰富，同时又处处充满了挑战，比我们想象中来得艰辛一些。请同学们想一想：

①当我们经历了这一切可能发生的事件后，我们会收获到一些什么呢？②你认为未来婚恋及家庭生活幸福的关键又是什么呢？

（三）幸福的关键

由活动一引出关于“家庭幸福关键要素”的讨论——

“你认为未来婚恋及家庭生活幸福的关键是什么？”

1. 集体公投

采取集体公投的方式，评选出学生们所认同的家庭幸福关键。

重要的并不是最后的结果，而是大家在交流和讨论的过程中，所进行的思考及生成的想法。同时意识到，这些被评为关键要素的项目，亦是今后自己在经营婚恋及家庭关系的过程中需要重视的部分。

在这一讨论交流部分，教师可以追问的问题有：

- 你为什么这么认为？
- 为了达成 **（如宽容、信任……），你认为该怎么做呢？
- 家庭生活中仅仅需要 ** 这些就够了吗？

……

2. 谈谈爱及个人成长

大家说得都很好，幸福的生活不是凭空产生的，它需要用智慧去经营，用爱心去浇灌。在众多的关键词中，今天，我们主要和大家来谈谈“爱”及“个人成长”。

(1) 爱

➢ 什么是爱情?

➢ 什么是真正的爱?

➢ 爱需要哪些能力和准备?

教师可以层层递进，将上述三个问题一一抛出，推进学生们的思考。

毋庸置疑，“爱”是一个深受青少年喜爱的讨论话题，先让我们来看看同龄人们是怎么谈论爱情的吧。

来自学生的课前思考——你认为什么是爱情?

爱情是——

- 深深的喜欢，友情的深入；
- 对异性的欣赏和爱慕；
- 对异性的有一定生理因素的爱的情感；
- 自从爱上他/她，心中就容不下第二个人；
- 连缺点也觉得可爱（因为包容）；
- 非常无私地付出，却又非常自私地希望对方只属于自己；
- 相濡以沫，相互扶持地趋向亲情的情感（最后成果是成为一家人）；
- 一种专一、自私的情感；
- 两人之间的彼此依赖、支持、照顾，即使有矛盾，未来的日子，还是一起走；
- 没经历，不清楚，大概是荷尔蒙分泌吧；

……

必须要承认，每个人心里都有一幅爱情的蓝图，爱情的感觉也属于只可意会、无法言传的内容。一般说来爱情就是男女之间基于一定客观物质条件和共同人生理想，在各自内心中形成的对另一个异性的最真挚的仰慕，并且希望对方成为自己人生伴侣的最强烈的、专一的感情。心理学家斯滕伯格对爱情的元素进行了长期的研究，在他的爱情三元论中提出爱情由亲密、激情、承诺三元素组成。缺乏任何一个元素的爱情都是不完整、不成熟的。

天下之爱，恋人之爱，亲子之爱，同伴之爱……都是需要通过学习而掌握的。爱的关键在于是否有爱的能力。

请判断，以下案例中的个体具备了爱的能力吗？

A、高中生小林恋爱了，他的心情总是被恋爱中所发生的事深深影响着，一旦与女友发生矛盾和争吵，小林的心情就会非常低落，沮丧至极，他认为自己很爱那个女孩子，常常想如果有一天分手了，他根本活不下去。

B. 茉莉喜欢成熟的男性，几任男友都比她大很多，并且在恋爱关系中习惯依赖对方，喜欢被照顾，却不习惯付出，因而她的恋情总是无疾而终。平日生活里，也没有什么能够交心的好朋友。

C. 麦克一向说话直白，不留余地，常常在开玩笑和取笑人之间掌握不好分寸，是一个让人头疼的家伙。身边人觉得他比较自我中心，比如为了看演唱会将未完成的工作扔给团队内其他人做，又比如明明知道自己的朋友已经很累了，还硬拉着他去打球、打牌……至于别人会怎么感受，他完全不在意。

D. 艾米丽是个热心的姑娘，她认真负责地工作，闲暇时间会做义工，帮助那些有需要的人，无论对方的身份、经历是怎样的，艾米丽都把他们当做朋友来真诚地对待。在与别人交流时，艾米丽总是专心倾听，给予回应，认识她的朋友都很喜欢她。

爱需要哪些能力和准备？也许我们可以零零散散罗列很多，但以下这些，都是必不可少的：

- 人格的稳定
- 心理的独立
- 体察他人的感受
- 拥有尊重和关怀的能力

成熟的爱应该以自爱为基础，只有在自己的人格完全成熟时，知道自己需要怎样的爱，并且具有给予爱的能力时，建立起来的爱的关系才是稳固的。

弗罗姆说："必须具有创造性的健全人格，使自己成为成熟的人，才有爱的能力。”

如何才算是成熟的，拥有能力的人？相信每个人都用自己的方式在探索着这个问题。在此与大家分享一些重要的价值观，当我们的内心种下这些种子时，“成熟”亦正在养成。

一些重要的价值观

✓ 能够对他人的生活起到积极和重要的影响；

✓ 愿意冒险和犯错误；

✓ 形成自己的价值观，而非不假思索地接受其他人给予的价值观；

✓ 喜欢和尊重自己，对自己的能力和天赋感到自豪；

✓ 保持开放和相信而非恐惧和多疑；

✓ 尊重和关爱他人；

✓ 在长大的过程中，始终保持愉悦的心情；

✓ 懂得表达自己的感情，并且愿意和你的重要他人分享重要的生活经历；

✓ 保持自己的信念，并拒绝放弃；

✓ 尊重人与人之间的差异；

✓ 对世界保持灵活的态度，并愿意根据新的经验和知识来修正自己的观点；

✓ 通过改善生活的环境来回馈世界。

——摘自《心理学与个人成长》

什么是真正的爱。这是生命成长中最常见的追问。你找到答案了吗？请试着判断，以下这些属于真正的“爱”吗？为什么？

- 只要我爱他／她，并且一心一意地对对方好，那么对方就也应该爱我。
- 我希望有一个成熟的爱人，这样她／他就可以一直照顾我了，而我就无需做什么了。

- 亲人/爱人之间应该坦诚，所以只要有想法，我就应该马上说出来。
- （亲子/婚恋）关系一旦建立了，那么对方就理应对我好。
- 倘若对方（父母/伴侣）太在意尊严，那么她/他一定不是真的爱我。

教师带领学生讨论以上爱的理念。

我们常常认为爱就是一种本能的感觉，殊不知，爱同样是一门艺术，一门需要不断学习和历练的学问。

弗罗姆——《爱的艺术》一书作者，提出“爱是人积极能动的力量”，他指出：爱使人克服孤独和分离感，然而又让他仍为他自己，依然存在于其整体性中。爱在给予的同时，还包含了关心、责任感、尊敬和了解等基本要素。这些因素缺一不可，例如，没有了尊敬的爱容易演变成支配和占有；缺乏了解的爱往往盲目且不持久。

爱的成长，即自我的成长。

（2）个人成长

爱的过程也是一个人人格健全与成长的过程。

冒险家的故事

2003年4月的一天，一个青年踏上了自己的登山冒险之旅，不料身为登山好手的他却遭遇意外，经历了五天多的挣扎与自救，青年最终用小刀割断了自己的右手臂成功逃生。这是发生在电影《127小时》原型——艾伦·拉斯顿身上的真实故事。

人们为他的勇敢喝彩，为他的不幸唏嘘，而对于这个年轻人而言，意外更像是一场考验，甚至一份恩赐。

过去的艾伦有着年轻人常见的桀骜、孤僻与自以为是，也从不在意和亲人之间的联络。那次冒险并未告诉任何人，因此在他失踪5天5夜时没人知道他在哪里。而直到身处绝境，他才意识到自己拥有这么多值得去爱、去留恋的人。

在接受采访时，艾伦说：“我确实变了，就在我身陷峡谷的时候。那块差点夺走我性命的巨石留给我的不止是让我学会珍惜生命，还让我学会主动去爱人……能够逃离那儿让我狂喜不已。对我来说，比起能重新回到我爱的人身边，失去一条手臂无足轻重。”

生之可贵在于，宏大的自然界让我们看到自己在宇宙中、在巨大的存在之链中所处的微不足道的地位，与此同时，人类并不甘心混混沌沌、随波逐流，相反始终怀抱希望，寻找着那份能够得到自己认同与肯定的意义感，倾听自己内心的声音，诉说着要我们活出意义来。

劫后重生的艾伦发现自己比以前更强大了，因为他找到了生命中真正重要的东西。如果说以前冒险的动力是内心的空虚感与自我不满足感，那么现在依然单手参加攀岩探险活动的艾伦，则充满了爱与勇气。

成长中，没有哪一步是无关紧要的。每一步都非常重要，因为每一步都会开启一个新的方向。为了继续你的发展，你可以自己（或者家人、朋友一起）选择做很多事情。不同的方式适合于不同人，或者适合于同一个人的不同人生阶段。总之，找到最适合自己的成长途径，为自己好好负起责任来吧。

个人成长的途径

➢ 开展一个阅读计划。

➢ 启动你的写作程序。

➢ 花时间沉淀和评价自己，为将来的成长计划提供启示。

➢ 考虑自我指导的行为改变。

➢ 利用支持小组。

➢ 参加咨询或成长类工作坊。

➢ 勇敢做梦，探究梦的含义。

（四）尾声

请不要把原生家庭当作不肯成长、改变的借口，因为你的幸福和快乐掌握在自己手中。过去原生家庭中所发生的一些事情，你不需要负责任。但是，从今天开始，你所做的每一个选择，你都要自己负责任。

请记得：你未来就是你的子女的原生家庭！你在重新创造一个文化。过去不对的事，不要持续下去；过去好的祝福，请传承下去。

课后作业

站在未来，给今天的自己写下一份寄语。

学生反馈

——如果不是这样一堂课，我对未来的畅想始终很朦胧，仅仅聚焦在爱情、事业、幸福等关键词上而忽略了生活的现实。

——将我们未来所要面临的挑战轻松地、诚恳地展现在我们面前，无疑是给我们每一位处于高中阶段学生的一份很受用的礼物。

【教学反思】

很享受与孩子们探讨未来话题的课堂。以坦然的态度，和学生谈爱、谈婚姻、谈家庭、谈成长。都说孩子小，其实他们什么都知道。当平日里忙碌于应付学业的孩子谈到自己的将来时，无不充满期待和想法。不禁令我想到，心理健康教育，应该是能够激发学生持续成长愿望，培养相应成长能力的，可以服务到其一生的教育。

由于探讨的是和每个人都密切相关的未来话题，这些平日里忙碌于应付学业的孩子仿佛找到了一个释放的端口，无比积极地讨论着，课堂氛围十分热烈。学生们在小组讨论的过程中会得出各种各样的分享，例如，孩子们会分享到在恋爱过程中会面临寻找、认识、争吵、妥协、包容、亲密等过程；而结婚在他们看来是一件需要天时、地利、人和才能够完成的大任务；谈及生子，学生们会有不同的声音，一方认为繁衍后代是自然规律，而另一方则觉得只要过得幸福，生子环节并非必须；提及为人父母和子女的双重角色时，同学们大都提到了伴随成长而来的越来越重的责任及对家庭意义的思考。

【教学建议】

1. 充分的课前准备，坦然的倾听及分享姿态，要知道，教师对于家庭、婚恋问题的态度会影响到你面前的这些学生。

2. 在学生欢畅淋漓地讨论分享时，教师认真倾听与回应的同时，亦须把握课堂进度，敏锐地发现优质素材，适时引导、追问，鼓励学生的继续思考，推动课堂的有效开展。
3. 课件中，“爱”及“个人成长”两则命题是笔者在课堂教学时所选择的切入点，仅供参考。教师们也完全可以根据自己的教学目标及实际教学情况进行调整。
4. 根据学生情况及课堂活动安排，适当地选择一些视频资料，利用多媒体技术达成丰富、有趣、良好的课堂效果。

（杨艳　著）

第六部分

团队建设

第三十章

精诚合作更成功

【教学背景】

生活中我们常常会看到这样的实例，团队内部成员的内耗和冲突往往会使整个团队变得平庸，在这种情况下，1+1 不仅不会大于或等于 2，甚至还会小于 2。在工作团队的组建过程中，管理层往往竭力在每一个工作岗位上都安排最优秀的员工，期望能够通过团队的整合使其实现个人能力简单叠加所无法达到的成就。然而，在实际的操作过程中，众多的精英分子共处一个团队之中反而会产生太多的冲突和内耗，最终的效果还不如个人的单打独斗。

在通常情况下，团队工作的绩效往往大于个人的绩效，但也不是那么绝对，这取决于团队工作的性质：如果团队的任务是要搬运一件重物，单凭其中一个成员的力量绝对搬不动，必须要两个以上的成员才能够搬动，这时团队的绩效要大于个人绩效，1+1 的结果会大于或等于 2；但如果换成是体操比赛中的团体项目，最后的成绩往往会因为某位成员的失误而名落孙山，这时，团队的绩效还不如其中优秀成员的个人成绩，1+1 的结果反而会小于 2。

一个成功的团队一定需要团结一致、精诚合作。如果各顾各的，再有实力的队伍也会遭遇失败。

合作的意识和能力，是现代人所应具备的基本素质。未来社会中，越来越注重个人能否与他人协作共事、能否有效地表达自己的见解、能否概括与吸收他人的意见等能力，只有学会合作，学会从他人智慧中获得启迪，才能最大限度地发挥个人潜能。因此可以说善于合作已经成为21世纪必备的个人基本素质。

因此合作是目前各界的共识，我们需要合作。

1994年，斯蒂芬·罗宾斯首次提出了“团队”的概念：为了实现某一目标而由相互协作的个体所组成的正式群体。在随后的十年里，关于“团队合作”的理念风靡全球。如果团队合作是出于自觉自愿时，它必将会产生一股强大而且持久的力量。

团队合作的表现主要有三点：成员密切合作，配合默契，共同决策和与他人协商；决策之前听取相关意见，把手头的任务和别人的意见联系起来；在变化的环境中担任各种角色；经常评估团队的有效性和本人在团队中的长处和短处。

对当今的学生尤其初中生来说，大多数是独生子女，普遍存在以自我为中心的特点。同时又处于青春期，在生活和学习中不会也不愿与他人合作。因此，学校教育培养学生团结、协作的群体合作精神就显得尤为重要。而且随着时代的发展，社会竞争的日益激烈，学生为了将来更好地走出校门适应这个社会，也必须具备和增强自己的团结、协作、沟通的能力，只有这样才能最大限度地发挥自己的潜能，从而提高自己的综合素质。

在这个理念指导下，设计本课活动是为了让学生明白团结合作的重要性，体会到团队目标与个人目标有冲突时只有实现团队目标才能实现个人目标；学生通过参与团体拼板的游戏，深刻体验到合作过程中出现的多种影响合作的要素，并从中总结出促进良好合作的经验。引导学生把活动感悟迁移到现实生活中，指导学生在生活中遇到类似情况时如何合作。

【教学设计】

教学目标

（1）指导学生认识合作的重要性；

（2）引导学生学习合作的技巧，增强合作的能力。

教学对象

本节课的设计主要适用于初中生（如果是没接触过这方面内容的高中生，也可以使用本课程设计。但是要注意在使用时，需要设计一些适合高中生难度的任务）。

教学准备

（1）教师事先制作精美的课件；

（2）教师准备好团体拼板（可购买或者自行用硬纸板制作）；

（3）教师准备小奖品（对初中的学生，用奖品激励的效果比较好）。

教学过程

（一）导入：世界上最昂贵的运动

教师：你们最喜欢的运动是什么？说说你最喜欢的运动。

几个学生随意分享自己喜欢的运动。教师给予关注与简单的评价，以友善的支持鼓励为主。

教师追问：看来大家都很喜欢运动，知道的运动也很多。那我再考考你们：你们知道世界上最昂贵的运动是什么吗？

学生或许知道，也或许不怎么清楚，说不出来。

教师揭晓答案：刚才大家说的都各有道理，但要说到最昂贵的，或者也可以说是科技含量最高的运动，还要数F1运动了。也许也有同学关注这项运动，也喜欢这项运动。有没有同学去过上海赛车场现场的比赛？

教师简单分享比赛的激烈与车手的辉煌，话锋一转，在车手个人辉煌的背后，其实还有很多大家不知道的，接下来我们一起看一些资料。

材料内容如下：（使用电子课件或者相关视频音频材料均可。）

F1赛车是世界上最昂贵、速度最快、科技含量最高的运动。在F1赛车中，尽管车手是万众瞩目的焦点，但其实这是一项需要团队合作的运动。时间精确、分毫不差的一系列停站维修运作对于车队的成功有着巨大作用，因为更换轮胎、替换损毁零件、调整前翼关系到整场比赛的时间。

事实上，有序的停站并不一直都有。在20世纪70年代，停站毫无秩序，常常耗费很长时间，场面一片混乱。1994赛季关于允许比赛期间加油的规定出台至今，车手进入维修站的过程变得越来越分秒必争，以至整个过程只需要五六分钟时间。

F1赛车停站是一项需要团队高度配合的工作，通常需要22位工作人员的参与。

12位技师负责换轮胎（每一轮三位，一位负责拿气动扳手拆、锁螺丝，一位负责拆旧轮胎，一位负责装上新轮胎）；1位负责操作前千斤顶；1位负责操作后千斤顶；1位负责在赛车前鼻翼受损必须更换时操作特别千斤顶；1位负责检查引擎气门的气动回复装置所需的高压力瓶，必要时必须补充高压空气；1位负责持加油枪，这通常由车队中最强壮的技师担任；1位协助扶着油管；1位负责加油机；1位负责持灭火器待命；1位负责擦拭车手安全帽；还有1位称为"棒棒糖先生"，负责持写有"Brakes"（刹车）和"Gear"（入挡）的指示板，当牌子举起，即表示赛车可以离开维修区了，而他也是这22人中唯一配备了用来与车手通话的无线电话的。

教师：大家看了这个材料，最大感触是什么？

学生发言。

教师点评：我们往往看到的是车手的光环。其实在每个冠军的背后，都有一个强大的团队支持着他。没有他们与车手的合作，车手很难取得成功。其实在我们的生活中也是如此。单一的人在社会中很难立足，每个人必须扮演好自己的角色，通过与他人的合作才可以取得成功。

今天我们的主题就是：合作才可以成功。

（二）活动：拼板大行动

教师：接下来我们做一个有点难度但很有趣的心理游戏——拼板大行动。我们全班同学来个通力大合作，一起共同完成这个游戏。这个游戏要求所有同学，无论观察员还是参与游戏的小组成员，都必须严格地按照游戏规则进行。“游戏过程中”请大家仔细地体会你在参与时的所有感受和想法，相信你会豁然开朗许多。

1. 游戏体验

（此环节目的在于让学生参与合作活动获得初步体验。）

（1）把全班学生按每组 6 人分成若干组。6 个人围坐在两张桌子边。其中 5 人参与拼板游戏，1 人负责到另一小组担任监督员和观察员。如果班级人数还有剩余，这些同学也可作为观察员，观察各组合作情况，在活动分享时谈谈自己观察所得的体会。

（2）将装有拼板卡片的大信封发给每个小组，每人取一个小信封。卡片是按 ABCDE 类别放在五个小信封里。

（3）教师宣布活动规则（活动规则用 PPT 清楚地列出）：

（a）每组一个大信封，每人一个小信封；

（b）拆阅信封必须等老师的“开始”指令，而且首先要检查卡片是否齐了；

（c）小组的任务是拼成五个面积相等的正方形，每个人必须拼成其中的一个正方形；

（d）活动过程中不能说话；

（e）组员间交换卡片才可能完成任务，可主动把自己的卡片传给顺时针方向的下一位同学，但不可以向别人索取；

（f）最先完成的小组胜，最后的小组或到时不能完成的小组输。

（4）任务布置结束先给小组 60 秒商量策略时间。

（5）比赛开始后，教师要留意各组拼板过程中出现的一些特别情况（比如某些比较自以为是的组员坚持自己的正方形不拆而阻碍了小组任务，有些小组无策略地传送等），以便于分享时可提问这些同学。

（6）各组完成后，颁奖给胜出小组，引导学生小组讨论，分享完成过程中个人的感受。

2. 小组讨论

（此环节目的在于让组员之间通过共同交流，分享个人体验，提升认识，总结经验。）

（1）讨论要求：小组内轮流发言，一人负责记录。小组讨论也是一个合作的任务。

（2）课件展示讨论题，小组成员组内交流分享：

（a）活动中你有哪些特别深刻的感受？

（b）活动中促进和阻碍完成任务的因素分别有哪些？

（3）全班交流分享，给学生充分的发言机会。每组 2 分钟的发言时间。

（4）结合学生的发言，教师提炼要点：

（a）只有团队成功，个人才能成功；

（b）要学会关注别人，为他人着想、为团队着想；

（c）了解影响合作的内外因素：成员个性（自以为是、自私、宽容等）和能力（如短板效应）、不准沟通的环境、计划与策略、领导组织、旁观者压力等。

最后教师与学生一起总结如何更好合作的条件：团队目标放首位、有效的领导、有计划与策略、有效的沟通、成员有好的个性与能力等。

联系现实生活思考（此环节目的在于让学生把刚才提炼的经验和收获迁移到实践中，使这些经验能持续发挥作用，指导学生的实际生活）。

学生分享生活中发生的或者听到的、读到的相关例子。

教师分享生活中发生的或者听到的、读到的相关例子。（最好有教师自己的真实体验和感受）

3. 教师小结

在现实生活中我们都会从属于某个团队，比如学习小组、班级、宿舍、球队、各种社团等，在生活中我们经常会遇到需要合作的事情，如课堂上的合作性学习，运动会上的接力赛和拔河比赛，大扫除中的各项任务等，都需要我们同学合作完成。想想看你们在生活中做得怎样？如果做的还不够好，请结合我们今天的课去考虑以后可以怎样去努力？并请大家一定要落实到具体的行动中。

（三）总结

教师：今天这节课大家了解了团队合作的重要性，同时经过体验感悟到了促进我们良好合作的几个条件：团队目标放首位、有效的领导、有计划与策略、良好的沟通、成员有好的个性与能力等，希望大家能将这种合作的精神运用到平时的学习生活中，从小事上培养自己的合作意识，让自己成为一个善于与人合作、有团队精神的人，在班级中自觉地做好应该做的事情，真正发挥自己在班级中的力量。

让班级以你为荣，只有所在的集体强大了，你才能在团队力量的帮助下发展得更好，飞得更高！

【教学反思】

1. 本课的成功之处：本课设计的主线比较清晰，层次递进关系比较明显。活动素材符合学生心理特点，游戏活动轻松有趣，学生乐于参与此类活动，而且体验较多，感悟比较深刻。在做游戏的时候，由于规则等因素，容易产生很多生成性的问题。基于这类问题的良好处理，有助于对学生进行全方位的教育。
2. 本课有待改进之处：本课的活动环节比较少。对于少数学生而言兴趣很容易消失，需要教师及时关注并引导。本课对教师课堂管理要求比较高。在做拼板游戏的时候，教师需要和观察员一起帮助各小组在规则允许的条件下完成游戏，而且在讨论环节一定要关注到那些游离于活动之外的同学，给他们机会发言。

【教学建议】

1．课前教师要了解学情

教师在课前要在了解当下学生心理特点（尤其是比较追求个性及自我中心的特点）基础上，还需要了解学生目前的团队合作现状。一方面注意搜集他们在生活中的合作事实，用以举例激励强化其合作后成功的体验；同时也要注意搜集他们在生活中因为缺乏合作意识或者不会合作的事例，用以作为生活中需要提高警惕不要再犯错的例子。这些都可以从教师和学生那边获得，身边可以举得例子越多，课堂教学的有效性就越高。

2．教师要详细备课

教师一方面要预设学生在各个环节可能出现的问题，并尽量以自己的学识和人生经验来指导学生，做到对学生的各类问题予以及时恰当的回应反馈；同时教师也要明白现在学生的学习能力强，接受的新事物多，要坦诚面对自己不会或者难以解决的问题，在教学中教师要放低自己的姿态，平等地倾听与接受学生的问题，要多给学生展示自己的时间和空间。

3. 关于游戏的取舍

团队合作的游戏非常多，可以就地取材，可以因陋就简，一切选择以学生的兴趣为主，切忌学生已经做过的游戏再“炒冷饭”。

特别要引起老师注意的是：合作和竞争是一对矛盾综合体，切忌在谈利弊时把话说死，要引导学生在生活实践中去思考和探索。

（魏超波　著）

第三十一章

规则的守候

【教学背景】

请看如下一则材料：一个优雅的手势。

在上海的世乒赛中，有一场球赛令人难忘。

但那并非一场决赛，只是一场淘汰赛，中国选手刘国正对德国选手波尔，胜者进入下一轮，负者则只有打道回府，再无机会。

两强相遇，打得难解难分。在决胜局里，刘国正以 12 比 13 落后，再输一分就将被淘汰。就是这关键的一分，刘国正的一个回球偏偏出界了！极度沸腾的场馆顿时寂静无声，观众们似乎不敢相信眼前的一切，刘国正自己好像也蒙了，愣愣地站在那里；波尔的教练已经开始起立狂欢，准备冲进场内拥抱自己的弟子。

而就在这一瞬间，波尔却优雅地伸手示意，指向台边——这是个擦边球，应该是刘国正得分。

就这样，刘国正被对手从悬崖边“救”了回来，而且，最终反败为胜。

这是一场足以震撼世人的经典之战！不仅是因为双方选手的高超球艺，也不仅是刘国正在绝境中的坚韧不拔，更因为波尔那个优雅的手势。

对于波尔，夺取世界冠军是梦寐以求的夙愿，却屡屡失之交臂。这一次，他再次如此接近自己的梦想，只要赢下那一分，就可顺利晋级。而这个球是否擦边或许只在 0.01 厘米之间，观众看不到，对手也看不太清楚，而即便是裁判也可能错判。

但是，波尔却毫不犹豫地选择了主动示意。

波尔失利了，同时赢得异国观众雷鸣般的掌声。

赛后，记者们追问他为何要这么做。他只是轻描淡写地说了句："规则让我别无选择。"

赢要赢得堂堂正正，输要输得光明磊落。波尔几乎是不假思索地作出的那个动作，说明规则已成为他的一种下意识的举动。

将遵守比赛规则变成一种习惯，这位赛场上的失败者给我们上了一堂生动的人生之课。

赢要赢得堂堂正正，输要输得光明磊落。当遵守规则变成一种习惯，我们就会超越胜负，赢得恒久的尊敬！

规则意识，是指发自内心的、以规则为自己行动准绳的意识。比如说遵守校规、遵守法律、遵守社会公德、遵守游戏规则的意识。规则意识是现代社会每个公民都必备的一种意识。

在我们的生活中有着各种各样的规则，尤其是对学生来说，可能家庭、学校、社会都会给予很多规则的约束。很多学生不喜欢规则的约束，经常挑战规则；有的学生受到社会上一些不良风气的影响，学会钻规则的空子，行走规则的边缘。而这些对学生今后的成长和发展是非常不利的。作为一名教师，经常能听到大家在聊天时的抱怨"现在的学生越来越不得了了，哪像我们那个时候，老师让干什么就干什么，多乖！哎，老师难当啊！"的确，90 后的学生自我意识增强，以自我为中心、合作意识规则意识淡薄，缺乏居安思危的责任感。因此，我们希望有这样的一堂课，让学生意识到，对于任何一个国家、任何一个集体来说，规则是大于一切的。

讲到规则意识，很多学生都赞同，但当自己面临的时候，他的利己思想往往会占上风，而置规则意识于不顾。因此在这堂课中，我结合学生生活中的现象引用了一个主题大讨论“汽车该驶向哪个方向”，希望能让学生在规则和生命的选择面前，让学生的心灵接受一次强有力的震撼，真正感悟到规则的重要。当学生的心灵真正受到强烈震撼的时候，引导学生一起探讨发生在学习生活中的一些问题，才能够收到较好的效果。

【教学设计】

教学目标

1、感受任何一个团队、一个社会，必须要有规则的守候才能和谐有序。

2、学会树立良好的规则意识，在规则许可的范围内自由活动。

教学对象

本节课适用于高中学生。

关于规则意识的话题对低年级的学生讲可能他们感悟不深，讲不透。而对高中阶段的学生来说正是处于似是而非的阶段，来和他们共同探讨这方面的话题很有必要，而且学生也能理解。

教学准备

1、将学生分为 6 组，每组 8 人左右，每个小组一个白板或一张 A4 的白纸、彩色水彩笔或油画棒一盒；

2、配合课堂讲义用的 PPT 文件；

3、课堂使用的多媒体设备，包含投影仪、电脑、显示屏幕、音响等设备。

教学过程

（一）导入

我们先来做个游戏，这是一个要讲究速度的游戏，看一下我们班里谁是冠军？能不能挑战我们的最高纪录？

心理小游戏

游戏规则：这是一个需要速度的游戏。总共30道题，请你先看一遍题目，然后在右边的空白纸上按题目的要求做，速度越快越好。做完后请你看看自己花了多少时间，能挑战我们以前的纪录吗？

计时准备：

1. 在纸的正中写上你的姓名。
2. 在姓名的旁边写三个“好”字。
3. 把你的性别和生日写在纸的右上角。
4. 在纸的最上方写上今天的日期。
5. 在纸的左下角画三个正方形。
6. 在这三个正方形外各画一个圆。
7. 再在这三个正方形里各画一个三角形。
8. 在你的姓名上方写上你父母的姓名。
9. 把你们三人的生肖属相分别写在姓名的旁边。
10. 把你的生日数字单个相加，把答案写在生日的下面。
11. 在纸的左上角写出你所读过的一所学校的名称。
12. 把你最喜欢的一样东西写在纸的左边。
13. 把你最讨厌的一样东西写在纸的右边。
14. 在纸的右下角画五个五角星。
15. 在你的姓名下面画一条波纹线。
16. 在父母的姓名旁边写上他们的生日。

17. 算算你父亲比你大多少岁。

18. 算算你比你母亲小多少岁。

19、再看看你父母相差多少岁。

20. 在你最讨厌的东西上打一个 ×。

21. 在你最喜欢的东西旁边画一个✓。

22. 接下去的三题你不用做。

23. 将题目前面的单数题号圈出来。

24. 在题目前面的双数题号上打✓。

25. 在纸的下端写出 28 乘以 82 的答案。

26. 把第 7 题中你所画的三角形全部涂黑。

27. 把第 14 题中你所画的五角星全部涂黑。

28. 看完后你只需要做第 1 题和最后两题。

29. 数一数当你“翻然省悟”时已做了多少题。

30. 在你的姓名下面写上“遵守规则我第一”。

活动注意事项：教师在学生答题过程中应观察学生游戏的进展，及时调整。

教师：同学们，你一共做了几道题？用了多长时间？活动结束有何感受？

请几位同学交流互动感受。

教师．在我们的生活中，规则是无处不在的。就拿我们学生来说，吃饭有规则、上课有规则、自习有规则、过马路有规则，等等。但不守规则就要付出不守规则带来的后果，有时可能是以生命为代价。今天我们就来讨论一下当规则和生命发生冲突的时候，我们该怎么办？也许今天的选择是很残酷的，但我还是想请大家表明自己的观点。

（二）触动心弦：主题大讨论“你希望汽车往哪个方向开？”

请看材料：有四个学生放学回家时必须要穿过一条马路，而为了避免让行人乱穿马路，在马路的中央有一条隔离栏，行人要过马路就必须走到前面的路口，从人行横道线过马路，然后再绕回去，需要多走一段路。隔离栏里面树了一块牌子，上写“严禁跨越隔离栏”。一天，四个孩子在回家时又来到了这条马路边，其中三个孩子不想绕那么远的路，想直接从隔离栏跨过去。而另一学生看到牌子上的警告后，他劝另外三个同学不要冒险，但那三个同学不予理会，快速向隔离栏冲去。为了安全，他自己则沿着马路向前走。假设这时一辆公交车疾驰而来，速度太快，已经来不及刹车，作为驾驶员直接向前开就会撞上这几个正在穿马路的学生，而把方向盘向右打，那么快的速度会撞到那位沿马路行走的学生。

投影问题一：如果你是那个驾驶员，你会把方向盘向右打吗?

小组讨论、自由发言。

教师引导：很高兴那么多的学生能坦诚自己的观点，我们看到当自己是旁观者的时候，我们觉得大部分的同学都能做一个规则的守护者，认为公交车不应该随便打方向，理由是：不遵守规则就应该付出代价，哪怕是生命的代价。那么老师还有一个问题想听听大家的想法：

投影问题二：如果你是那三个乱穿马路的学生之一。你希望驾驶员把车子驶向哪个方向？为什么？

各个小组就以上两个问题进行讨论，提出自己的观点和看法，并给出相应的理由和解释。

教师点评：

非常感谢每一位同学的观点，每一种观点都是你们对规则、责任、生命的诠释。我想，对我们每一个人而言，生命是最重要的，也许任何规则对他来说都比不过生命重要；但对于社会而言，恐怕规则比生命更重要，因为，没有规则的社会必将一片混乱，我们每个人最基本的生存权利都无法得到保障。因此，在我们课的最后还想和大家说句话：规则有时是一种约束，但有时更是一种保护。

活动注意事项：

1. 在这个活动中，教师首先要遵守价值中立。教师要让学生充分地发表自己的观点，尊重每一位学生的观点，并允许有自由争论，尤其是当假设自己就是三个乱穿马路的学生之一，很多同学都希望自己活下来时，教师不能简单地评价学生是自私，而是肯定这是人求生的一种本能，让学生感受到老师不是一个单纯的说教者。

2. 其次，教师在尊重学生的基础上，应该表明自己的价值观，强调遵守规则的重要性。当学生出现对待他人要求遵守规则、而对待自己生命最重要的强烈反差，教师要对学生进行适当的引导，让学生意识到自己对待自我和他人的价值标准是不一致的，从而引导学生不要养成随便违反规则的不良习惯。

3. 这个活动在做的过程中，有些学生会向你提出看到汽车过来，这三个学生是来得及躲开的，所以不用做这道选择题，也有些学生会直接说弃权。其实这说明学生的逃避心理，教师一定要说明这仅是一个假设的情景，事实上谁也不希望这类事件发生，而现实生活中每天都有这类事件发生，所以每个学生都必须正视自己的想法，必须要做出选择。

（三）心·动行动：制作海报

俄罗斯人面对严重的物质匮乏排起整齐而安静的队伍，“9·11”恐怖袭击中，危险迫在眉睫，也没有专职人员疏导，但人们沿着摩天大楼的消防楼梯有条不紊地撤退，结果使数万人的生命得救，这份淡定与从容远非一朝一夕可以生成。

把视线回到我们学校，中午食堂窗口，很多同学在排队，但有几个学生会理直气壮地插队，早锻炼铃声响后，大家有序地下楼梯，但总有几个学生在楼梯口推推搡搡；期中考试紧张地答题中，有个别学生却总想作弊；红绿灯切换的当口，总有人想“宁抢一秒，不停三分”……面对这些现象，学生会要发出倡议，现在请你帮忙，如果你是学生会主席，请草拟一份宣传海报。

1. 教师把纸笔发下，请每个小组以组为单位，设计一份宣传海报。

2. 全班交流各自的海报。

3. 教师可以挑选好的海报在学校展出，营造浓浓的氛围。

教师总结：大家提出的倡议都很好，那么课后还要请大家思考这样的问题：在生活中我是个遵守规则的人吗？这份倡议书你能做到吗？在接下来的生活中我将尝试如何改变？

课后阅读材料：让规则看守世界

1764年的一天深夜，一场大火烧毁了哈佛的图书馆，很多珍贵的古书绝籍被毁于一旦，让人痛心疾首。第二天这场重大事故学校上下得知，有名学生尤其面色凝重。

突发的火灾把这名普通学生推到了一个特殊的位置，逼迫他做出选择。在这之前，他违反图书馆规则，悄悄把牧师捐赠的一本书带出馆外，准备优哉游哉地阅读完后再归还。突然之间，这本书就成为哈佛捐赠的250本书中的唯一珍本。怎么办？是神鬼不知地据为己有，还是光明坦荡地承认错误？一番激烈的思想斗争后，惴惴不安的学生终于敲开了校长办公室的房门，说明理由后郑重地将书还给学校。霍里厄克校长接下来的举动更令人吃惊，收下书表示感谢，对学生的勇气和诚实予以褒奖，然后又把他开除出校。

哈佛的理念是：让校规看守哈佛，比用其他东西看守哈佛更安全有效。

与哈佛人相似，德国人也被认为是世界上最守规则的人之一。一位留学德国多年的中国学生说，他在德国所到之处，从未看到过一辆闯红灯的车，即使在深更半夜，空寂无声的街头，德国人依旧沿着横行线，根据红绿灯的指示过马路，德国老人喜欢向别人炫耀的是，在他几十年的驾车历史中，违章记录栏内始终是一片空白。

经济学家茅于轼先生在美国做访问学者时，曾对美国邮局前的排队做过观察。他发现排在队伍前面的顾客，一般距离正在接受服务的顾客至少一米远：一方面避免彼此靠得太近不舒服，一方面也是尊重别人的隐私空间，免遭嫌疑。如果服务窗口不止一个，也不是每个窗口前面都排一个队，而是只排一个队，前面的人依序到空出来的窗口去办事，以保证先来的人先接受服务。没有一个人会打破这种默守的规则。小中窥大，茅于轼先生深有感触地说："在美国生活的一年中，我无时无刻不在思考，为什么美国如此富有？有哪些地方值得我们学习？"

对比之下，中国的银行服务窗口前都画有鲜明的警示线，而有些漠视"请在线外等候"字样的人们，仍然选择无序紧张的拥挤，同样也让外国人百思不得其解。

当我把上面的事例说给周围人听时我得到不同的意见版本：哈佛人是做作的，书交上来了，人家改过了，还计较什么；德国人是刻板的，能够趁机过马路为什么不过，浪费时间；美国人是固执的，来得早不如来的巧，能够早点把事办完为什么不挤。规则是死的，人是活的，活人为什么要被死的规则缠着？

到底是怎样的生活才更惬意？没有规则的自由是不是一种真的自由？

德国人的名言是，循规蹈矩，一丝不苟才是轻松的活法，而凡事无章可循，才使人疲惫不堪。自由必须有所约束，不然，A的某种自由可能就要以B的另种自由为代价。德国人把用规则看守的世界，称为“天堂”。在这个天堂里，规则首先是科学合理的，其次要有对规则的集体信任。或许有些人会将此视为“刻板固执”，嗤之以鼻。但实际上，德国人是聪明的，他们对待任何事物都认真负责，他们把自己的国家建设得洁净美丽，他们在不争吵不拥挤的环境里，不凭体力、投机取巧或者其他伎俩，就可赢得平静安稳的幸福生活。规则不仅保证着人们在工作、学习和生活上的公平公正，带给他们高效率，甚至保证着他们心灵的自由：知道有所为，有所不为，灵魂才在高处放声歌唱。

散文家张丽也曾在一篇文章中谈到“规则”的重要，肯定地说：“世界上如果真有所谓的天堂和地狱，那么，天堂的规则应该比地狱的规则更详细。”

让规则看守的世界，是生命的圣洁花园，是人们向往的天堂。而生活在那里的人，也将规则时刻放于心中，心甘情愿接受约束，以获得更完满的自由。相反，无视规则、对抗规则的人，必将受到规则的惩罚，甚至付出全部自由的代价。在好规则面前，懂得捍卫和赞美，才是人类崇高精神的体现。

心中有正义良善的规则，犹如灵魂有了信仰，人的生活才会享受更多的明媚阳光。

【教学反思】

对于这堂课来说，整个主题讨论是本节课的教学重点。而主题讨论后，如何在尊重学生观点的基础上引导学生意识到对于一个团队、一个社会来说，规则是最重要的，有时甚至会比生命更重要，这是整堂课的教学难点。

反思课堂的各个环节，我感到这堂课的上课效果很大程度上取决于教师的教学机敏性。在这堂课中会有很多生成性资源，如果教师能及时发现并适时适度地加以引导，会达到意想不到的效果。如在主题大讨论“汽车应往哪个方向开”的活动中，在讨论第一个讨论题“如果你是那个驾驶员，你会把方向盘向右打吗？”时，几乎所有的班级都会有绝对多数的学生选择不打方向，也就是向着那几个不守规则的学生撞去，理由也基本上都是“不守规则就应该付出代价”“不能因自己犯错，却需要别人付出代价”，也就是当学生处于一个旁观者的时候，能很好地做一个规则的守护者，从而顺利达到教学目标。而有一个班级上课时，46 个学生中，有 24 个学生选择汽车应往这三个不守规则的学生撞去，与 22 名选择应往遵守规则的学生撞去的学生相比，不能形成显著性差异。理由基本上都是人数为 3>1，生命大于一切。这是我改变我原来的教学思路，在肯定学生尊重生命平等的同时，提问“在什么情况下，我们的生命才可以最大限度地得以保障？是大家都遵守规则？还是都不遵守规则？”学生们开始了热议，而教学目标也就自然而然地达到了。

【教学建议】

教师在备课阶段要做好学情分析。现在社会上一些领域内的确存在一些不守规则的现象，包括学生比较感兴趣的赌球事件等，一些负面的看法也很多，以至于很多学生会有一些片面的认识，比如“谁遵守规则谁吃亏”“规则是死的，人是活的”……对于规则，对高中生来说在认知上没有任何问题，关键是认知和行为不一致，对待自己和对待他人的价值标准不统一，因而教师在课堂中应该给予适当的引导。教师要详细备课，提前设计好课堂中的每个环节，对学生在课堂中可能出现的情况有一种预见性，更要尊重每一位学生在主题大讨论中出现的各种观点。

本节课是以小组主题讨论为主要的形式。这个主题讨论环节是根据鞠瑞丽老师的团队游戏“火车该往哪个方向开”，结合兄弟学校的一起交通事故改编的。因为是发生在自己身边的真实案例，所以对学生来说可能更为触动。因为对很多学生来说都能够意识到人要遵守规则，但如何把这种认知转化为个人的行为，渗透到平时的学习生活中去，才是教学的根本，因此教师在教学的过程中应多挖掘身边的人和事，这样可能更能够和学生产生情感上的共鸣，当然如果实在没有这方面的实例，建议还是运用以上的游戏《火车该往哪个方向开》，真的很经典。

另外有几个关键的知识点，教师要很好地学习和把握：

第一是规则。规则是指规定出来供大家共同遵守的制度或章程。规则可以是由书面形式规定的成文条例；也可以是约定俗成，流传下来的不成文规定。而更多的时候，规则是因为得到每个社会公民承认和遵守而存在的。

第二是规则的制约性。社会由种种规则维持着秩序，不管这种规则是人为设定的还是客观存在的，只要是规则，便具有制约性。因为规则都具有绝对的或相对的约束力。人的行为是一种在一定的范围内才可以得到许可的行为，才是可行的行为,而不是一种完全的无拘无束的行为。这种许可包括自然界的许可，社会的许可，他人的许可。这就是规则的制约性的表现。因为在这种制约性中包含着个休切身的利害关系，因此规则的制约性是普遍存在的，是不可消除的。

第三是规则与潜规则。目前很多领域都盛行所谓的“潜规则”，在学生的口中也常常会出现“潜规则”这个词。所谓“潜规则”，是相对于“规则”而言的，是指看不见的、明文没有规定的、约定俗成的，但是却又是广泛认同、实际起作用的一种规则。如果在课堂中学生讲到“潜规则”，教师应当适当引导，即这种在实际上得到遵从的规矩，背离了正义观念或正式制度规定，侵犯了主流意识形态或正式制度所维护的利益，因此不得不以隐蔽的形式存在。

（姜企华　著）

第七部分

创新素养

第三十二章

我的课题我研究
——研究性学习

【教学背景】

研究性学习是“学生在教师指导下，从自然、社会和生活中选择和确定专题进行研究，并在研究过程中主动地获取知识、应用知识、解决问题的学习活动”。

对于高中生来说，研究性学习的意义不在于能获得多少新知识，而在于让学生在自主学习的过程中体验到学习的乐趣，在自己参与实践的过程中体验到学习的丰富性和趣味性，增强学生的探索意识，概括起来说就是“过程”的意义大于“成果”的意义。

从高中学生生理和心理特点来看，他们有探究和创造的兴趣与潜能。实践证明，不少高中生在研究过程中获得了对其他学科学习的兴趣，改变了老师主动教，学生被动学的局面，养成了学生学习的主动性和对知识的渴求欲。

对高中生来说，在研究性学习中，他们积极主动地学习、探索和思考，这种主动的学习对他们的学习效率和学习动机都有比较大的正面影响。

高中生进行研究性学习不仅在于获得问题解决的结果，更注重学习创造性及主体性人格培养。在研究中激发了自己的创造潜能，在研究中养成了小组之间的合作精神、每个成员的主人翁态度，培养了学生的人际关系和主体性人格。

高中生有着自己的优越条件，但是发挥自己优越条件的前提是要对学习感兴趣。而事实表明，对于从没有做过研究性学习的学生来说，他们很少有人主动喜欢去做，坚持做到底的同学更是凤毛麟角，而这些人中的相当一部分对学习不感兴趣，或者认为学习只是为了考大学或找一份很好的工作，令人吃惊的是，在这些人中，有不少人是原来学习成绩很不错，后来却退步的；对于那些已经认真做过研究性学习的学生来说，他们对研究很感兴趣，这种对探究知识的兴趣会迁移到其他学科上，从而带动他们在其他学科的学习兴趣和努力程度，在这类学生中，学习成绩原来不好，但是后来学习成绩得到迅速提高的占很大的比例。这就说明，研究性学习有利于学生培养学习兴趣，改变学习动机，提高学生对学习的认知水平。

通过本课的教学，要为创新人才的培养奠定思维基础。在课堂中，通过组织学生的实践活动，引导学生体验研究性学习的过程，克服对“科学研究”的陌生感，逐步喜欢上科学研究。

【教学设计】

教学目标

（1）帮助学生明白研究性学习的意义，知道研究性学习的基本方法；

（2）通过模仿老师的课题指南，引导学生积极主动发现问题，增强问题意识，树立对问题探索的兴趣，激发对研究性学习的浓厚兴趣。

教学对象

高中一年级的学生

教学准备

1. 研究性学习表格人手一份；

2. 每位学生一份研究性学习课题指南（见课后附录）；

3. 多媒体课件的制作。

教学过程

（一）案例导入

教师：同学们，今天我们走进一个新的领域——研究性学习。给大家讲一个发生在你们同龄人身上的真实的故事。

上海市某中学高二学生小李每天上学放学都从某古镇走过，他经常发现，镇上的很多古树名木前并没有树立保护牌子，这些树木也没有得到很好的保护，是不是管理部门还没有发现这些古树名木？小李思考着这个问题，能不能搞一个调查，看看镇上还有多少这样被忽视的树木？于是他就计划和自己的几个好朋友一起来研究这个问题。说干就干，他们找到指导老师，和老师一起制定了研究方案，开始动手研究了。经过一个多学期的努力，小李团队在指导老师的帮助下，他们的研究性学习进行得有声有色。他做的课题《某镇古树名木保护状况调查研究》被学校评为研究性学习优秀成果并被编入《研究从这里开始》一书。令他兴奋的还不止这些，他在研究过程中学会了和同伴团结协作，学会了主动思考，学会了探究等等。最令他欣慰的是，通过这次研究，他发现学习是很有趣的一件事情，思考更是一件令人感到开心的事。渐渐地，他喜欢上了读书，喜欢上了学习和思考。在刚刚结束的考试中，他的成绩破天荒地进入班级前 10 名，这对原来总是考最后几名的他来说，简直是不可思议的事情。不仅如此，他的朋友也渐渐多了起来。

教师提问：小李同学的例子，给了你什么启发？

（学生回答）

教师：同学们，咱们今天就来一起走进这个看起来神秘的领域：研究性学习。（教师板书：我的课题我研究——研究性学习）

请大家回顾一下，在你们以往的经历中，有没有“灵光乍现”的时候：忽然冒出了一个点子，或者忽然发现了一个问题，或者忽然有了一个新奇的解决问题的思路？如果有的话，请和大家一起分享一下，让我们看看能不能作为研究性学习的课题？

（学生回答）

教师对学生的回答进行点评。

学习，无处不在。

在学校教育中，最能体现学生创新的领域就是研究性学习了。因为研究性学习是学生完全独立自主地去研究自己感兴趣的课题，他们可以充分发挥自己的聪明才智，展开丰富的想象，在知识的海洋里畅游。到目前为止，已经有很多中学生做出了硕果累累的研究成果，甚至有的中学生写研究报告和科研水平几乎和大学本科毕业生的水平相当。那么怎样才能在研究性学习中最大限度地体现我们的创新呢？

（二）主题活动：我来做课题

1. 教师介绍研究性学习的过程

发现问题——提出问题——分析问题——设计解决问题策略——解决问题——总结反思。

对于高中生来说，发现问题和提出问题非常关键，因为研究性学习的一个主要目标是培养学生的问题意识。（在这个环节上，教师要鼓励学生发现问题，对自己已有的各种经验或者现存的各种现象提出自己的看法，发现问题所在，积极进行探索。）

做一个研究性课题首先要确定自己要研究的问题，并对如下问题进行思考和了解：要研究什么方面的课题；为什么要研究这方面的课题；研究这个课题是为了解决什么问题；前人对这个问题有没有研究过；如果研究过，研究到了什么程度，得出了什么结论等。

给每位学生发一张研究性学习表格：

课题的题目	课题的研究目标
课题所需要的材料	课题的研究方法
课题的成果形式	课题的评价标准
我的小组成员	每个组员拟承担的任务

上面表格中课题的题目可以是你认为有意义的任何课题：

◎课题的题目要体现出研究的大致内容，最好能是比较新颖的题目，如果你的研究内容是以前别人没有研究过的，那么你的研究就会更有意义了。

◎课题的价值是你的研究成果能为人类带来什么样的参考价值或意义。比如，你的研究是一项调查报告，那么人们可以通过你的研究结论来进行某一领域的估计或推测。

◎课题研究所需要的材料是指你在研究过程中要用到的一些东西，因为有的东西你可能很难找到，所以，有些所需材料就得你自己去想办法解决了，有时甚至要你自己去动手来做，说不定新的发明就在你动手做的过程中产生了呢！自己要提前对课题所需材料有一个了解，否则到做的时候就会手忙脚乱了。

◎课题的研究方法是非常重要的，因为研究方法的好与坏是决定研究成败的关键因素。在确定研究方法的时候一定要想一想这种方法是否可行，操作的难度有多大等。一个好的研究方法是课题研究成功的保证。

同学们填好了以后相互交流一下，看谁的课题最有研究价值，谁的方法最好，谁的课题题目最新颖。

2．学生交流

学生交流这个环节很重要，因为本节课的重点是通过研究性学习激发学生的问题意识，培养学生的创新意识。在学生交流环节中，学生还可以增进和同学的交往，有利于学生形成良好的人际氛围。

3．我来议一议

下面是一些学生的研究性学习课题，看看你对这样的课题有什么评价。

《某中学师生接种甲流疫苗的情况调查报告》

《宋辽澶渊之盟与宋灭亡的关系探讨》

《关于流浪猫的调查研究》

《关于家庭水资源再利用装置的设计与应用》

《对青少年参与义工活动情况的调查研究报告》

学生评价。

教师总结：

研究性课题切入口要小，要来自我们的学习、生活，更重要的是，要对这个方向有兴趣，因为兴趣是推动我们能走得更远的动力。

【教学反思】

根据上课的实战和总结，感到要上好如上一堂课，要抓好以下环节。

1. 注重情感目标的落实

本节课的重点是通过研究性学习培养学生发现问题的意识，而不是为了要帮助学生获得高端研究成果。通过活动，增强学生的问题意识，树立学生对问题探索的兴趣，激发对研究的浓厚兴趣。所以教师在具体实践过程中，要突出课堂中“情感学习”的目标达成，把“知识学习”目标的达成情况作为一个达到“情感学习”目标的桥梁，最后的落脚点应该是学生的“情感学习”。

2. 给学生一种方法，但是不代替学生完成

这是一节关注学生实践和体验的课，教师只要给学生介绍方法，一定要让学生自己去体验，把“主动探索”的权利和机会还给学生，让学生在探索中学会分析问题和解决问题，教师的作用是“指导”而不是“包办”。千万别以为为学生做得越多越好，要让学生有自我探索的机会，能在探索的过程中感受到研究的价值，体验到自己的作用，对于帮助他们树立自己的信心也有很好的帮助。

3. 对这节课要有恰当的界定

这是一节以研究性学习为载体的团体心理辅导课，具有课后延伸性，因为它的很多目标达成依赖于学生课后研究性学习进行的情况，所以从课堂本身上面看起来有点像研究性学习的指导课，作为教师要有清晰的认识，我们的目标在于通过研究性学习培养学生的创新意识，通过各种问题的发现培养学生的问题意识，通过各类案例让学生有“去探索”的冲动。所以，研究性学习的指导是载体，心理健康教育是目标。

【教学建议】

1. 教师自身的知识准备

在上课前，建议教师首先要对研究性学习有一个清晰的认识，所以，请老师课前认真阅读上海科技教育出版社 2003 年 4 月出版的《研究性学习教师指导手册》，至少要搞明白下列三个问题：(1) 研究性学习的含义；(2) 研究性学习的作用；(3) 研究性学习的开展方式。

2. 这是一节时空跨度较大的课

教师指导和学生交流部分可以在室内用一节课的时间完成，学生课题研究部分则要按照课题的需求分数周完成。心理健康教育老师帮助学生确定课题之后，由学生自己去寻找合适的指导老师，然后在老师的指导下认真开展课题研究。

3. 要对从事研究性学习的学生进行跟踪

心理健康教育老师不仅要指导学生的研究性学习，还要关注学生在探索过程中的情感体验，及时对学生进行必要的协助，有的学生选课题时遇到寻找指导老师困难的情况，心理健康教育老师要做好帮助工作。

4. 关于主题活动——我来做课题

因为“问题”是研究性学习的载体，整个课程主要围绕着问题的提出和解决来组织学生的学习活动。教师首先要组织学生从学习生活和社会生活中选择和确定他感兴趣的研究专题，去发现问题和提出问题。这些问题可以是老师提供的，也可以完全是学生自己选择和确定的；可以是课堂内教材内容的拓展延伸，也可以是对校外各种自然和社会现象的探究；可以是纯思辨性的，也可以是实践操作类的；可以是已经证明的结论，也可以是未知的知识领域。学生在解决问题的过程中会涉及多种知识，这些知识的选择、积聚和运用完全以问题为中心，呈现综合学习的状态。由于研究性学习没有学科中的各种限制，没有了人们所熟悉的规范，而给老师和学生留下了很大的创造空间，但更多的是增加了学习过程中的不确定因素，给教师和学生都提出了挑战，我们教师在实践操作中，注意保护学生的“突发奇想”，鼓励学生在已有知识的基础上创新。

5. 可组织学生成果展示活动

根据学校和学生的实际，可能的话，教师可组织一次学生研究性学习成果汇报，给学生发表自己的机会。这里的发表不是发表文章的意思，而是让学生在其他学生面前有展示自己的机会，鼓励学生树立自信，对培养他们健全的人格有很好的帮助。在团体心理辅导课上，老师鼓励学生把自己的研究过程和研究成果与大家一起分享，给学生搭建一个舞台。具体的课时数可以根据每个学校的不同情况来定。

（王栓柱　著）

第三十三章

多元智能

【教学背景】

请仔细阅读如下二则材料。

材料一：MFA 与 MBA

进入哈佛商学院是件容易的事情，至少每年那几百名没考进加州大学洛杉矶分校 (UCLA) 艺术系的人会这么想。哈佛商学院录取比例是 10%，而 UCLA 艺术学院录取比例是 3%。为什么呢？因为艺术硕士（MFA，Master of Fine Arts）现在是世界最热门的文凭了，就连通用汽车也进入了艺术商业领域。企业招聘官开始拜访顶级的艺术院校寻找人才，比如罗德岛设计学院、芝加哥艺术学院、密歇根克兰布鲁克艺术学院等。这减少了传统商学院学生的就业机会。比如，1993 年麦肯锡公司的员工 61% 都是 MBA，十年过去了，MBA 的比例下降为 43%。麦肯锡公司认为其他专业学科新成员同样表现出色。随着应聘人数的增加，越来越多的艺术毕业生占领了关键岗位，规则改变了：MFA 变成了新的 MBA。

材料二：金庸和鲁迅

金庸先生的小说在思想上并不是很深刻，却受到全世界华人读者的欢迎，为什么？因为，他在具有语言智能的同时，空间智能也是他的强项。这两种智能的结合，使他的作品，不仅语言丰满流畅，在对空间场景的描写和武打场面的编排上，都充满了新奇的想象和华丽的创造。我国研究金庸小说的专家，北京大学教授孔庆东是这样评价金庸先生的："金庸是一个服装设计大师，鲁迅他们都是做布料的，金庸则把布料做成衣服，送到T型台上展示。他能把鲁迅等人挖掘出来的深刻思想，用非常生动的艺术画面展示出来。"

金庸先生的主要智能结构：语言智能＋空间智能＋自我认知智能。金庸独特的智能组合，决定了他是这样一个"惟一"的自己。

尽管鲁迅的小说思想价值极高，但可读性并不是很强。这也是鲁迅的小说为什么没有为他赢得众多读者的原因。与金庸相比，鲁迅具有很强的逻辑—数理智能，鲁迅是医学院毕业，从小受过严格的逻辑训练，所以他思想深刻、作品严禁、富于理性。鲁迅的智能结构使他首先成为了一位思想家，其次才是文学家。鲁迅的主要智能结构是：语言智能＋逻辑－数理智能＋自我认知智能。

1957年，前苏联第一颗人造卫星上天，震惊美国朝野。

通过近十年的研究，最终结论：苏联科学家的艺术素养普遍高于美国科学家。

1967年，美国政府出资1亿美金，召集全国100名权威开始"零点项目"研究，重点在于科学与艺术的关系。"零点"代表美国人对艺术的认识的空白。

哈佛的霍华德·加德纳就是其中一位。

他原是一名从事脑损伤研究的神经学家和遗传学家。

通过他对脑损伤病人的研究发现：脑部损伤的病人根据受伤的部位不同而失去不同的能力。脑部患严重失语症的人仍然保持着音乐能力；失去音乐才能的人却能保持语言能力；前额叶受损导致说话语无伦次，却不影响理解别人的讲话……诸如此类。这些都暗示着：每一种能力都有一定的生物基础，都有属于自己的模块。

因此，霍华德·加德纳将智能定义为：解决问题或创造出对于一种文化具有价值的产品的能力。他认为智能的标准是解决问题和创造产品，强调的是一种能力在真实生活情境中的运用。

根据加德纳的理论，学校在发展学生各方面智能的同时，必须留意每一个学生只会在某一两方面的智能特别突出；而当学生未能在其他方面追上进度时，不要让学生因此而受到责罚。

本课旨在帮助学生了解多元智能，从而客观认识自己的智能水平，发现自己的优势智能。高中阶段往往是学习成绩出现分叉或者在校表现变化比较大的时候，此时帮助他们正确认识自己的优势显得尤为重要。因此，高中生的重点是放在对多元智能的正确认识方面，并运用多元智能去增强和培养自尊自信。如果是初中学生，则可以重点放在培养自己的多元智能方面，怎样发现和挖掘自己的潜在智能。

【教学设计】

教学目标

1. 指导学生认识人的智力因素有多种，而每个人的智力发展是不均衡的；
2. 引导学生正确对待自己的智能水平，并发现和发挥自己的优势智能。

教学对象

本节课适用于高中学生。高中生的多元智能表现已经初步体现出来，可以引导同学改变原有的单一的评价标准，而要用一双善于发现的眼睛去发现自己和他人身上的优势，并去发挥自己的特长或特点。

教学准备

1. 多元智能测试用纸、每个人一张 A4 的白纸或自备纸张；
2. 配合课堂讲义用的 PPT 文件；
3. 课堂使用的多媒体设备，包含投影仪、电脑、显示屏幕、音响等。

教学过程

（一）导入

舟舟表演的录像

舟舟，名胡一舟，1978 年 4 月 1 日出生。出生后一个月，医生无情地宣告，舟舟患有唐氏综合症，即人们常说的“呆傻儿”。舟舟 6 岁时，有一天在排练休息时，首席小提琴和舟舟开玩笑：“想不想当指挥？”舟舟响亮地回答：“想！”舟舟立刻跳上指挥台，指挥棒一敲：“开始！”“演奏什么？”“卡门！”排练厅里，人们都惊呆了。虽然舟舟的智商不到 40，但是，他对音乐的悟性是惊人的，他对节奏感和音乐表现力非常敏感，他具有非凡的音乐潜能。对音乐的热爱，不仅让舟舟得到了快乐，也让他不断改变着自己。他的语言表达能力、思维能力、判断能力、生活自理能力，都有了显著的提高。

舟舟的智商只相当于四五岁的儿童。这个愚人节出生——不会识字、不会计算十以内的加减法，被世界著名的音乐大师斯特恩誉为“创造艺术的指挥家”，他多次在全世界巡回演出，受到党和国家领导人以及外国元首的亲切接见。

你惊讶于舟舟的才能吗？你又如何看待和评价舟舟的“天才”现象？

根据多元智能理论，舟舟只是一个在音乐智能方面表现突出的一个。智能并不是与生俱来，每个人都有能力改进且扩展自己智能。每个人的智能是多元的，并有自己独特的智能组合。

多元智能即 Multiple Quotient（MQ 或 Multiple Intelligence，MI）理论认为，智能是在实际生活中解决所面临问题的能力；发现并提出新问题且加以解决的能力；对自己所属文化做有价值的创造及贡献的能力。

（二）课堂活动一：名人面对面

在现代数学史上，陈景润的名字与哥德巴赫猜想紧紧联系在一起。陈景润 1953 年 9 月分配到北京四中任教。他瘦小多病，口才不好，再加上他蹩脚的福建普通话，教学效果很差，几乎被宣布为“不受欢迎的人”。后来安排其在厦大数学系担任教学辅助人员，负责该系图书资料室的教师阅览室管理工作。由于他对数论中一系列问题的出色研究，被调入中国科学院数学研究所工作。在仅有6平方米的小屋里，陈景润坚持埋头于哥德巴赫猜想的研究，终于取得了震惊世界的成就。

在中华民族优秀儿女的英名录上，陈镜开是一位国宝级的人物。在广东东莞石龙镇街头，一个不锈钢的举重运动员雕像，下面是国家体育总局领导人的题词——“中国举重之乡”，原来这是陈镜开的故乡。陈镜开肢体动作智慧是强势智慧，他以他的强势智慧为国争光，九破世界纪录，到目前为止空前绝后。

（1）分析一下他们的突出的智能分别有哪些？

（2）跟陈镜开谈一次话：老举重不行，要德智体全面发展，你应该去算哥德巴赫猜想！再去动员陈景润：你如此之瘦，今天不抓紧时间健身，将来要抓紧时间养病的，你应该去练习举重！结果又会怎样？

我们每个人在各种智能上所拥有的量参差不齐，组合和运用它们的方式亦各有特色，所以每个人都有其长处所在。读书只占其中的一小部分，统整知识、应用信息在未来将是更重要的能力。人人皆有无限的潜能与可能，从自己的强项智能发展，就能令自己有成就感，从而达到自我悦纳、自我肯定、自我实现，人生也就绽放光芒了。

无论什么时候，我们从来都不仅仅依靠一种智能。比如说，在用词汇智能进行阅读的同时，许多人也会运用逻辑智能对所读的内容进行分析，还可能用图画智能对阅读内容展开联想，头脑中出现一幅幅生动的画面。下棋动用了我们图形智能和逻辑智能。如果你正在打高尔夫，你得将肢体智能配合图形智能和逻辑智能这那两种智能，可能也要把自然智能加进来。

（三）课堂活动二：智能招聘会

如果让你去各个智能中心应聘的话，你会去哪个中心？请详细说明理由。（可根据你的愿望和实际情况分别作出选择）

在长达 2 年的时间里，英才教育儿童专家们联合儿童医院、儿童心理研究中心，通过对 12830 个儿童的调查，研究发现——

约 20% 的孩子怕生，不爱说话；

约 69% 的孩子不爱运动；

约 17.2% 的孩子性格孤僻；

约 66.7% 的孩子动手能力差；

约 11.7% 的孩子学习能力差；

约 6.7% 的孩子怕黑；

约 3.2% 的孩子有睡眠障碍。

加德纳不仅重新界定了智力，而且提出了智力结构的新理论——多元智能理论。这一理论认为，从基本结构来讲，智力不是一种能力，而是一组能力，也就是说，智力不是单一的，而是多元的。加德纳把构成多元智能理论基本结构的智力类型划分为与特定的认知领域或知识范畴相联系的八种智能。这些智能分别是：语言智能、数理逻辑智能、视觉空间智能、身体运动智能、音乐智能、人际交往智能、自我认识智能、自然智能。

■ 每一个人都具备所有的多元智能

每个人都具备多元智能的潜能，但每个人智能发展的程度各有不同。少数人好像在所有的或大多数智能中都具有极高的水准；另一些人因发展障碍，好像除了具有最初步的智能外，缺乏其他所有的智能；绝大多数的人处于这两个极端之间，某些智能很发达，某些智能一般，其余的智能较不发达。

■ 大多数人的智能可以发展到充分胜任的水准

如果给予适当的鼓励和指导，每个人都有能力使所有的智能发展到一个适当的水准。以铃木才艺教育课程 (Suzuki Talent Education Program) 为例，音乐天赋一般的人在高度支持环境 (家长的参与，从小听古典音乐) 的影响下，假以时日亦可以演奏出程度相当高的钢琴和小提琴曲。

■ 智能通常以复杂的方式统合运作

为了方便说明，理论上将智能分成八种；但在实际生活中，智能的运作不是独立的，而是相互统合的。当儿童在玩团体游戏时，他需要运用语言智能与他人沟通以了解游戏规则，运用逻辑数学智能以计算分数，运用空间智能以了解并使自己适应游戏的场所，运用肢体运作智能以便执行敏捷的传球，运用音乐智能听老师的琴声讯号行动，运用人际智能以领导本队团结对外，用内省智能来控制自己的情绪。

■ 每一项智能都有不同的表现方法

以语言智能而言，某人可能不识字，但能讲述生动的故事。以肢体运作智能而言，某人可能不擅长运动但能制作精美的手工艺品。每一项智能里都有多种表现智能的方法。

■ 亲人和老师可能启发与关闭儿童的智能

霍华德·加德纳教授提出明朗化经验 (crystallizing experiences) 与麻痹化经验 (paralyzing experiences) 的观念以说明师长的做法可以如何启发与关闭儿童的智能。明朗化与麻痹化经验是一个人智能发展的转折点，可能发生在一生中的任何时候，但通常发生在童年的早期。例如，小提琴家曼纽因 (Yehudi Menuhin) 在不满四岁的时候，他的父母带他去听旧金山交响乐团的演奏会，这个经历使他十分着迷，后来他向父母要求一把小提琴作为生日礼物，并要那天晚上演奏的小提琴独奏者教他演奏。这个明朗化经验开启了儿童时期曼纽因的音乐智能。相反的，麻痹化经验指的是关闭智能的过程。公开的羞辱、愤怒、恐惧等负面的情绪通常会阻碍儿童的智能发展。另外，环境的因素（是否有机会接近资源或良师益友）也有可能促进或妨碍智能的发展。

（四）课堂活动三：我的行动我作主

请根据自己的实际情况，列举自己八种智能的发展情况，思考准备在什么时候进一步发展哪一种或哪几种智能？并结合自己的智能特点，思考自己学习型态的组合。

智能	发展情况	准备何时进一步发展	调整学习型态
语言智能			
数理逻辑智能			
视觉空间智能			
身体运动智能			
音乐智能			
人际交往智能			
自我认识智能			
自然智能			

每一种智能都有一定的年龄关键期，过了关键期要去发展就很难。比如说音乐的发展要在小时候培养，过了年龄要去学习就很难。但是属于空间智能的绘画，不论年纪多大都可以学习开发。

每一个人除了要找出自己的智能组合外，还要找出学习型态的组合。比如说语言文字智能强的人，可以使用背诵的方式来记忆（这是最传统的教学方式）。但是对于身体运动智能强而语言文字智能弱的人，他可能无法静下来背书，让他使用唱的方式来背诵可能还比较有效。

总结

多元智能理论虽然已经广为运用，但依然受到某些质疑。教师可以运用这个理论帮助某些在学习上找不到信心的学生寻找到信心的支撑点。但教师也需要注意防止学生放弃学习智能，而全部另辟蹊径。多元智能理论中，某一智能特别突出的人毕竟还是少数，大部分人的八大智能相差不是太大。

学习多元智能，并不是为了发现天才，而主要是引导学生根据自己的多元智能情况，有针对性地寻找有效的学习型态。

【教学反思】

根据多元理论智能，每个人都具有不同的智力发展潜能，也能够在不同的方面表现突出。

教师首先要了解和接受多元智力理论。教师要知道自己的角色是什么：传统教师是传授知识的传授者，多元智能教师则是唤醒智能的启发者；传统教师是权威者，多元智能教师则是设计者、辅导者、观察者和协助者。

每个学生都是独一无二的，课堂教学中要给学生机会，让学生得到充分表现自己智力的机会。教师对学生更加包容，教育增加针对性，为学生创造一个宽松和谐的学习环境，提供给学生一个发展多元智能的空间。让每个学生发现和发挥自己的特长，相互交流、沟通，使学生增强自信，开发潜能。

【教学建议】

霍华德·加德纳说过，如果我们能够调动人类所有能力，人们就不仅仅是更有能力或者对自己更有信心，而且会更积极，更投入地为整个团体或整个社会利益工作。

多元智能理论要求教师要成为一个愉快的探索者。教师要反思自己的智能结构，反思自己的教学方式，反思自己对学生的学习方式和学习效果的了解等，对学生的学习有总体的评价。教师要把自己的眼睛训练得像鹰眼般敏锐，要观察到学生细微的动作，探知学生的需要，并支持他们具有积极意义的需求，达到师生之间良好的沟通。

多元智能理论也同样能使教师的教学更充满个性，富有创意。

（沈慧　著）

万千教育 基础教育类书目

书号	书名	著、译者	定价(元)
中学/中职班主任专业技能			
0938	好班是怎样炼成的 ——中学班主任班级建设之道	谢　云　主编	38.00
0061	中学班级心理辅导活动60例	杨敏毅　等　著	35.00
9882	初中主题班会设计技巧与优秀案例	郑学志　主编	34.00
9056	高中主题班会设计技巧与优秀案例	郑学志　主编	32.00
9557	打造高中卓越班级的42个策略	覃丽兰　著	38.00
9990	打造中职卓越班级的41个策略	李　迪　著	32.00
9905	中职主题班会设计技巧与优秀案例	李　迪　著	35.00
9604	中学德育问题与对策	李　季　贾高见　著	35.00
8463	中学班主任的70个临场应变技巧	刘令军　等　著	34.00
中学/中职班主任专业技能合计			313.00
中学生心理健康教育主题课程设计丛书			
0059	中学生心理课——生涯发展	廖丽娟　等　编著	28.00
0060	中学生心理课——情绪管理	杨红梅　等　编著	32.00

0185	中学生心理课——综合篇	中学生心理课综合篇教研组	52.00
中学生心理健康教育主题课程设计丛书合计			112.00
中小学学科教学系列			
9884	阅读教学设计的要诀 ——王荣生给语文教师的建议	王荣生　著	36.00
9573	名师课堂教学细节设计艺术	徐　杰　等　著	36.00
9114	中小学实用教学策略	宋秋前　著	26.00
9007	语文综合性学习教学设计方案40例	赵水英　王林发　编著	36.00
8949	语文口语交际教学设计方案40例	王林发　主编	36.00
8582	智力发展与数学学习	林崇德　著	50.00
7483	走进快乐语文课堂	潘继云　著	26.00
7320	语文课如何是好	王晓春　著	28.00
中小学学科教学系列合计			274.00
教育教学心理系列			
2106	写给教育者的积极心理学（第二版）	任　俊　著	48.00
1791	理解0—12岁儿童的学习	赵　琴　译	36.00
1057	应用学习科学 ——心理学大师给教师的建议	盛群力　等　译	38.00
9358	中学生心理学	林崇德　著	60.00

……

*本目录定价如有错误或变动，以实际出书为准。